기후변화, 에코(ECO)철학으로 응답하다

양해림

충남대학교출판문화원

기후변화, 에코(ECO)철학으로 응답하다

발행일 2016년 9월 20일 발행인 오덕성 저자 양해림
펴낸곳 충남대학교출판문화원 주소 대전광역시 유성구 대학로 99 전화 042-821-6045
홈페이지 http://www.cnupress.co.kr E-mail cnupress@cnu.ac.kr

ISBN 978-89-7599-594-1 93130
정가 15,000원

기후변화,
에코(ECO)철학으로
응답하다

머리말

이 책은 지난 2009년 이후 여러 해에 걸쳐 『환경철학』의 국내 등재학술지(6편)와 공동저서(1편)에 실린 내용들을 다시 재구성하여 대폭 수정 및 보완하여 새롭게 편찬한 것이다. 즉 제1장, 「에코담론의 철학」은 "생태담론의 철학적 근원"이라는 제목으로, 한국환경철학회(제9집, 2010), 제2장, 「마르크스의 에코 담론」은 맑스코뮤날레 조직위원회, 『현대자본주의와 생명』의 공저(그린비, 2011), 제3장, 「생태적 근대화와 에코민주주의」는 "생태민주주의와 생태공동체적 사유"라는 제목으로, 한국환경철학회(제10집, 2010), 제4장, 「기후변화와 환경위기」는, "기후변화와 책임의 윤리", "지구적 기후변화와 탈핵의 정치"라는 제목으로(제8집, I.II.III , 제19집, II.III). 제5장, 기후변화와 윤리적 정의(Justice)는 한국환경철학회(제8집, 2009, 제19집, 2015), 제6장, 기후변화와 공감, 그리고 확장은 한국환경철학회(제20집, 2015), 제7장, 기후변화와 탈핵의 정치는 한국환경철학회(제18집, 2014) 제8장, 「기후변화, 에코철학(ECO)철학으로 응답하다」는 글은 6편 논문의 결론부분을 다시 재정리하여 다른 제목을 새롭게 붙여 수정, 보완한 것이다. 또한 그림, 사진, 도표 등은 새롭게 보완하여 넣었다.

제1장에서 고찰하고 있듯이, 생태학은 독일의 생물학자 헤켈(Ernst Hackel)에 의해 지도를 그렸다. 그는 생태학을 생물과 환경사이, 그리고 생물과 생물사이의 과계를 연구하는 학문이라 말했다. 자연의 경계, 생태계 생물학으로 불리기도 했다. 즉 개체 생태학, 군집 생태학, 동물 생태학, 식물생태학 등으로 지속적으로 분화되어 왔다.[1] 오스트리아 출신의 사상가이자 언론인이었

1) 이상헌, 『생태주의』, 책세상, 2011, 28쪽.

던 앙드레 고르(André Gorz, 1923~2007)는 생태학을 정치생태학적인 이중적 의미로 정의하기도 한다. 첫째, 정치적 생태학에서 생태학이라는 용어는 자연과학적 용어라기보다는 정치적 이데올로기를 의미하는 개념이다. 고르는 생태학을 체험된 세계로서의 자연을 보호하고 공동체의 실존적 자율성을 파괴하는 것에 저항하는 생태주의 운동과 동의어로 이해하고 있다. 체험된 세계는 사회적 개인이 그 세계에서 자신의 행위한 결과를 본 이후에, 이해하고 통제하는 것이다. 둘째, 지리학에서 사용되는 정치 생태학은 생태주의 이데올로기보다는 자연 생태계의 역사적 변환에 대한 정치경제학적 탐구를 의미한다.[2)]

지난 2015년 12월 파리협정의 채택으로 지구촌은 신기후체제 사회로 돌입하게 되었다. 파리협정은 1992년 유엔기후협약이 체결된 이후로 195개 당사국에 적용되는 보편적이고 구속력있는 기후협약에 처음으로 도달했다. 이런 점에서 파리협정은 역사적으로 의미 깊은 사건이라 할만 하다. 파리협정문은 2100년까지 산업화이전 대비 지구 평균기온 상승폭을 2도 훨씬 아래로 유지하며 1.5도까지 제한할 수 있도록 제한할 수 있도록 노력한다는 목표가 담겼다.

주지하듯이, 우리나라는 급속한 산업화와 경제성장의 발전에 따라 이산화탄소와 같은 화석연료의 사용이 급증했다. 2016년 현재 우리나라는 이산화탄소배출량 세계 7위, 역사적 누적 배출량 12위, 1인당 배출량은 연 14t으로 경제협력개발기구(OECD) 국가 중 불명예스러운 6위를 달리고 있다. 신기후체제 출범으로 화석연료의 퇴출이 가시화되면서 우리나라도 과거의 패러다임으로 더 이상 해결할 수 없는 에너지 정책에 일대 전환점을 맞이하게 되었다.

---

2) 앙드레 고르, 『에콜로지카』, 임희근 옮김, 생각의 나무, 2008, 53-56쪽.

화석연료가 거의 나지 않는 열악한 지정학적 환경을 고려하면 신기후체가 불리한 조건만은 아니다. 철강, 석유화학, 시멘트 등 에너지 다소비 업종은 부담이 커지겠지만, 재생에너지, 에너지 저장장치, 스마트그리드 분야는 새로운 기회를 맞이할 전망이다.[3]

지난 2011년 3월 일본의 후쿠시마 원전사고는 안전한 원자력이란 존재하지 않는다는 것을 적나라하게 보여 주었다. 원자력 에너지가 가진 근본적 위험은 기술의 발전이나 안전성의 강화로 절대로 해결되지 않는다. 자연재해는 말할 것도 없이 인재로 인한 기술적 결함에서도 사고의 위험은 언제나 상존하고 있으며, 쓰나미, 폭염, 지진 등 이상기후로 인한 기후변화 등 단 한 번의 사고로도 파멸의 위기를 몰고 올 수 있다. 그럼에도 불구하고 정부는 제5차 전력수급기본계획을 통해 2024년까지 신규원전을 더 건설하고, 원전사업을 수출 산업으로 육성하겠다고 공표했다. 국내에서도 지진이 일어난다면 일본처럼 안전을 더 이상 담보할 수 없다.[4] 지난 2016년 7월 5일 많은 국민을 불안에 떨게 한 울산해역에서 지진은 지진 관측이 시작된 이후 역대 5위 수준인 5도 규모의 강한 지진이 발생했다. 이 지진으로 우리나라도 결코 안전지대가 아니라는 우려가 커지고 있으며, 한국에서 규모 6.5 이상의 지진이 발생했던 이력이 있어 국내에서 강한 지진이 다시 발생할 수 있다는 지질학자나 과학자들의 경고에 신중히 귀를 기울여야 한다.

---

3) 환경재단편, 『2030 에코리포트-파리기후변화의 특별판』, 환경재단, 2016, 45쪽.

4) 에너지 기후정책연구소, 『탈핵-포스트 후쿠시마와 에너지 전환 시대의 논리』, 이매진, 2014, 15쪽.

이상과 같이 이 책은 에코담론의 철학적 이론을 기반으로 기후변화와 환경위기, 기후변화와 윤리적 정의, 기후변화와 공감, 기후변화와 탈핵의 정치 논의를 중심으로 에코(ECO)철학이 응답하는 형식으로 엮어 보았다.

이 책을 만드는 과정에서 수고해 주신 김정태 충남대학교 출판문화원장님, 양광준 출판과장님 등 충남대학교 출판문화원 편집교정 및 모든 관계자분들, 그리고 교정작업을 도와준 제자 김경배君에게도 감사한 마음을 전한다.

2016년 8월
궁동 연구실에서
양 해 림

목 차

제 1 장

에코담론의 철학

제1장
에코담론의 철학

생태학(Ecology)이란?

21세기 들어 우리가 에코담론을 언급할 때, 가장 먼저 생태학이라는 용어를 떠올리게 된다. 에코의 어원은 그다지 명확하지 않다. 에코란 용어는 아주 오랫동안 고대부터 있었던 '전일적이고 유기적인 세계관으로 표현될 수 있는 사유의 전통'에서 찾을 수 있다. 비록 서구에서 근대의 시작이후에 오랜 사유의 전통이 소수(小數)나 주변부의 학문에 머물러 있었지만, 그 전통은 지속되어 왔다. 특히 20세기 이후 에코담론이 새로운 자연관이나 새로운 근대 철학의 등장에서 찾을 수 있다면, 논의의 초점은 기존의 관점과는 달리 해석해야 한다. 이런 측면에서 "에코담론은 고대부터 있었던 생태학적 사유가 근대 자연과학의 업적과 그 발견물들에 근거한다. 이른바 에코담론은 객관성을 획득하는 과정을 배경으로 하여 새롭게 등장"[1]하게 되었다.

먼저 생태학(Ecology)이란 용어는 독일어 Ekologie에서 나왔는데, 1866년 독일의 생물학자 헤켈(Ernst Haeckel, 1834~1919)에 의해 학문의 지도를 새겼다. 오랜 역사적 배경을 갖고 있는 생태학(ecology)의 "logy"는 학문을 의미

1) 문순홍, 『생태학의 담론』, 아르케, 2006, 123쪽.

하는 로고스(logos)를 뜻한다. 에코(eco)는 그리스어의 오이코스(oikos: 경제)와 로고스(logos: 학문)의 논리를 그 어원으로 한다. oikos는 "다스린다"라는 의미의 집을 의미한다.[2] 여기서 생태학과 경제학이라는 단어가 파생되었고, 그 의미는 집(oikos)에 관한 학문(Die Lehre von Haus), 거처, 서식지, 보금자리, 또는 경영 등을 함축한다. 즉 오이코스는 "집에 대한 학문"이라 풀이할 수 있다. 가정에 해당하는 그리스어 오이코스나 라틴어 피말리아(familia)는 "자급자족의 경제단위"라는 의미가 훨씬 더 많다. 로마의 피말리아는 오늘날의 가정처럼 할아버지, 할머니, 아버지, 어머니, 나, 동생 등으로 구성된 집단이 아니다. 일정한 크기의 장원(莊園)처럼 경제적 자급자족이 가능한 단위에서 동일한 가부장(pater-familitas)의 권위와 지배 하에서 생계를 함께 해결하는 모든 사람의 집단을 일컫는다.[3] 본래 이 단어는 유기체와 환경 사이의 과계를 연구하는 학문을 가리켰다. 하지만 최근 생태학의 위력은 처음에 낯 설게 시작했던 때와는 사뭇 다르게 전개되고 있다.[4]

좁은 의미에서 생태학이라는 개념은 "살아 있는 것들의 환경 또는 살아있는 것들과 그것들을 둘러싼 사이의 관계의 유형 또는 유기체들의 상호의존성에 관계하는 과학"을 일컫는다. 이렇게 생태적이란 말은 에콜로지(ekologie)라는 용어와 관계가 깊다. 무엇보다 생태적이라는 단어는 어떤

2) 가정에 해당하는 그리스어 오이코스나 라틴어 피말리아(familia)는 "자급자족의 경제단위"라는 의미가 훨씬 더 강하다. 로마의 피말리아는 오늘날의 가정처럼 아버지, 어머니, 나, 동생 등으로 구성된 집단이 아니다. 일정한 크기의 장원(莊園)처럼 경제적 자급자족이 가능한 단위에서 동일한 가부장(pater-familitas)의 권위와 지배 하에서 생계를 함께 해결하는 모든 사람의 집단의 일컫는다(홍기빈, 『아리스토텔레스, 경제를 말하다』, 책세상, 2001, 2001, 38쪽).

3) 홍기빈, 『아리스토텔레스, 경제를 말하다』, 책세상, 2001, 38쪽.

4) Roy Morrison, 『생태민주주의』, 노상우 · 오성근 옮김, 교육문화사, 2005, 53쪽.

특정한 과학에 국한된 것이 아니라 그것을 뛰어 넘어서 있다. 이런 측면에서 생태학은 단순히 생물을 연구하는 것을 넘어 생물이 생존하기 위해서 서식하고 있는 장소 및 다른 구성원과 맺고 있는 상호의존 관계를 탐구한다. 오늘날 생태학이라는 표현도 고대의 어원에서도 보듯이, 오이코스에 내재되어 있는 특성으로 이해되어 왔다. 생태학에서 자연계에 존재하는 모든 것은 모두 상호의존 관계에 있으며, 그 생명공동체는 모두 하나의 구성원이다. 우리 주변의 인간과 동식물, 토양, 물, 공기 등은 상호연대관계로 얽혀있는 하나의 공동체이다. 이러한 생태학은 네 가지의 관점에서 살펴볼 수 있다.

첫째, 생태학은 계보학적으로 볼 때 대지에 뿌리를 두고 있다. 그것은 반드시 대지를 재료로 하여 대지 위에 세어졌다.

둘째, 생태학은 특정한 지리적, 사회문화적 맥락에 가장 적합한 다양한 형태를 취하고 있기 때문에 획일적이지 않다.

셋째, 생태학은 가치론적으로 볼 때 거주하는 자나 그 대상의 삶을 확장시키고, 가능한 욕구를 충족시키기 위해 기획되었다.

넷째, 생태학은 인간 중심의 관점이 아니라 생태 중심적이다.[5]

앞서 언급했듯이, 생태학은 1866년 독일의 생물학자 헤켈에 의해 이름 붙여졌다. 헤켈은 '생물과 무기적 환경 그리고 공생하는 여타 생물과의 관계'를 연구하는 생물학의 한 분야로써 생태학이라 불러왔다. 즉, 생태학은 일반 형태학(Generelle Morphologie)에서 생물과 외적 세계의 상호작용을 연구한다.[6] 헤켈은 생태학을 "자연의 경제에 관련된 지식의 총체, 동

---

5) 박이문, 「생태학적합리성과 아시아철학」, 숲과 문화연구회편, 『숲께 드리는 숲의 철학』, 철학과 현실사, 2006, 136쪽.

6) P. J. Bowler, *The Science of Ecology*, 2nd ed., Orlando, FL: Saunders College

물이 무기 및 유기 환경들이 맺고 있는 모든 관계에 관해 연구"하는 학문이라 정의를 내린다. 가장 광범위한 의미에서 생태학은 환경적인 실존조건 모두에 관해 연구한다. 말하자면 생태학은 살아있는 유기체들의 외부세계, 그들의 서식지, 풍습, 에너지, 기생동물 등과 맺는 관계에 관한 학문이다.[7] 그래서 헤켈에게 있어서 생태학은 직·간접적으로 연관된 동식물과 우호적이거나 적대적인 관계를 모두 포괄한다. 또한 다윈(Dawin)은 생태학을 "생존투쟁의 조건하에 있는 모든 복잡한 상호관계를 연구하는 학문"이라 정의했다. 이렇게 하여 생태학은 100년이 훨씬 지난 이후에야 학문적 혹은 일상적인 단어로 정착하게 되었다. 그러나 생태학의 이념은 앞서 고찰했듯이, 그 명칭보다 훨씬 오래되었다. 이러한 생태학의 역사는 19세기 무렵부터 시작되었다. 당시 생태학은 지구라는 생명망을 넘어서 보다 포괄적으로 바라보고자 하는 방식에서 등장했다. 생태학은 지구상에 살아있는 유기체들을 상호작용하는 전체로서 기술하고자 하는 관점에서 바라 본 것이다.

점차 생태학은 자연의 경제라는 풍부한 생각들을 탄생시켰으며, 오늘날 과학으로서의 생태학을 등장시켰다.[8] 20세기 초반 클레멘츠(F. Clements)를 선두로 하여 여러 생태학자들은 지구를 포괄적인 유기적 존재로 표상하기 시작했다. 클레멘츠는 지구가 거대한 길드, 즉 생산자(초록식물)와 이차 소비자(초식 및 육식동물) 그리고 분해자(곰팡이와 박테리아)로 구성된 것이라 표현하였다. 클레멘츠는 식물 집단을 초유기체(super-organism)라 불렀고, 그것들이 개체처럼 생성과 성장, 죽음의 단계를 거치는 과정을 관찰하였다.

Publishing, 1994. 365쪽.

7) 도널드 워스터, 『생태학, 그 열림과 닫힘의 역사』, 강헌·문순홍 옮김, 아카넷, 2002. 244쪽.

8) 도널드 워스터, 위의 책, 6쪽.

우리에게 잘 알려져 있는 러브록(Janes Lovelock)의 "가이아(Gaia) 가설"[9]도 시스템 생태학의 이론들을 적용한다. 러브록의 가이아 가설은, 지구는 살아 있다는 주장을 하기 위해 만들어진 이론이다. 이 가설은 과학적 보편성을 학자들에게 받아들여 가이아 이론으로 이 가설이 지닌 과학적 특성이 학자들에게 받아들여져 가이아 이론으로 정립되었다. 여기서 가이아란 대기권을 포함한 지구와 지구의 생물계를 하나의 단위로 취급하여 붙여진 이름이다. 가이아는 지구상에 태어난 시기부터 지금까지를 시간적 경계로 하여 대기권의 최상부까지를 공간적 경계로 설정하였다. 특히 러브록은 생태학에서 보이는 관심이나 시스템 분석의 기법을 생물학에 적용했다. 그런데 다양한 생물에 대한 자료들이 지금껏 아주 사소한 것에서부터 중요한 것에 이르기까지 많은 축적이 있어 왔지만, 백과사전식 기록만 주로 있을 뿐 생물 그 자체, 생물의 실체에 대해서는 찾아 볼 수 없었다.[10] 그래서 그는 『가이아』(1979)에서 지구 생물의 탐구에 관한 비밀을 밝혔다. 가이아를 찾는 노력은 지구상에 생존하는 가장 커다란 생물체를 발견하려는 시도이다.

가이아는 공기라는 투명한 상자 아래쪽의 지구 표면에서 번성하고 있

9) 가이아 가설은 크게 다섯 가지로 나누어 살펴볼 수 있다. 첫째, 영향력을 가진 가이아(Influential Gaia): 생물계는 무생물계에 근본적으로 영향을 미친다. 둘째, 공진화 가이아(Coevolutionary Gaia): 생물계가 무생물계에 영향을 미치며 무생물계는 이와 반대로 생물계의 진화에 영향을 미친다. 이때 진화는 다윈의 이론에 따라 진화한다. 셋째, 항상성 가이아(Homeostatic Gaia): 생물계가 무생물계에 영향을 미치는 영향은 무생물계가 안정이 되는 방향으로 진행된다. 넷째, 목적론적 가이아(Teleological Gaia): 지구의 대기는 항상성을 유지하는데, 이는 생물계에 의해서 뿐만 아니라 생물계를 위한 것이다. 다섯째, 최적화 가이아(Optimizing Gaia): 생물계는 그들의 물리적 환경을 생물이 살아가기에 최적의 조건이 되도록 조절한다(J. W. Kirchner, The Gaia Hypothesis: Are They Testable? Are They Useful?" in: *Schneider*, S. H. and P. J. Boston eds, Scientist on Gaia, MIT Press, 1992.).

10) 제임스 러브록, 『가이아-살아있는 생명체로서의 지구』, 갈라파고스, 2009, 38쪽.

는, 곧 생물권을 구성하고 무한의 다양성을 지닌 생물들에 대해 깊이 탐구하는 과정이다.[11] 그래서 러브록의 가이아 가설은 기본적으로 지구를 살아있는 유기체로 본다는 점에서 유기체론에 가깝다. 오늘날 생태학은 어떤 형태로든지 자연에 질서가 있다는 믿음과 함께 유기체론적 전제들에서 몇몇 시사하는 바가 있다. 먼저 자연계가 질서정연한 체계를 이루고 있다는 것, 개체는 독립되어 살 수 없다는 것, 그리고 인간중심주의는 더 이상 지지될 수 없다는 것들은 현대 생태학에서 지지하는 내용들이다.[12]

옥스퍼드의 생태학자인 텐슬리(A. Tansley)는 영국에서 근대생태학의 선구자로 칭송된다. 그는 생태학이 아닌 생태계란 용어를 사용함으로써 은유적으로 비유되는 상위 유기적 존재를 모두 생태계라 총칭했다.[13] 텐슬리가 생태계의 용어를 사용함으로써 본질적인 방법론을 달리하는 새로운 생태학의 출현을 예고했다. 생태계에서 먹이사슬의 관계는 생명 순환적이다. 제1단계는 빛, 물, 토양, 공기 등으로 이루어진 생명토대이다. 그 기반 위에서 2단계의 초록식물이 생산자 역할을 담당하며, 제3단계의 동물은 주로 소비자로 생명을 이어간다. 여기서 앞서 언급한 생태학과 경제학이라는 단어가 파생되었고, 집(oikos)에 관한 학문(Die Lehre von Haus), 거처, 서식지, 보금자리라는 뜻에서 유래했다. 특히 "집"의 의미는 생명 과학적으로 단순히 주거의 장소를 뜻하는 것만은 아니었다. 생태학은 생물학의 "집"이라는 암수가 선택하여 짝을 지어 서로 힘을 모아 쾌적한 환경을 만들고 먹이를 구하여 먹고 새끼를 낳아 잘 기르며 지속적으로 생명을 유지하고 보전하기 위해 살아가는 생물들의 삶이 이루어지는 서식처를 연구

11) 제임스 러브록, 앞의 책, 35쪽.

12) 황수영, 「생태학적 관점에서 본 베르그손의 자연관」, 경상대학교 인문과학연구편, 『인문학과 생태학』, 백의, 2001, 125쪽.

13) 한면희, 『미래세대와 생태윤리』, 철학과 현실사, 2007, 67쪽.

한다. 생태학은 이 안에서 상호작용하는 생명의 항상성을 유지하고 보존하며 살아가고 있는 것에 대한 생명현상을 주로 다룬다. 먼저 생태학의 학문적인 기원은 생물학에서 시작된다.

생태학은 "초기에는 물리적 환경과 연관하여 자연적 사실에 훨씬 더 부합한다는 이유로 출현하였다."[14] 인간이 그 안에서 사는 여러 가지 물리적인 집들 중 가장 큰 공간과 사야를 차지한 집은 곧 지구다. 이러한 지구는 서로 분리될 수 없는 자연적 요인들과 문화적 요인들의 통일적 결합체를 구성한다. 인간에게는 물리적인 집과 별개로 이념적 집들(ideelle Häuser)이 있는데, 이들 중 가장 큰 포괄성을 갖춘 집은 "존재 전체(das Ganze des Seins)"이며, 이것이 생태학의 탐구대상이다. 즉 헤켈에 의하면, "생태학을 자연계 질서에 관한 지식의 총체"로 정의한다. 생태학적이란 직 · 간접적으로 동물과 식물의 우호적, 적대적 관계를 포함한 유기체나 무기체적인 환경과 동물들과의 총체적 관계에 대한 탐구를 의미한다.[15] 단적으로 생태학은 다윈에 의해 생존투쟁의 조건으로서 언급된 모든 복잡한 상호의존관계에 대해 탐구한다.[16] 이렇게 헤켈은 생태학을 찰스 다윈(Charles Darwin)의 『종의 기원(On the Origin of Scince)』(1859)에서 제기한 "진화와 환경, 적응에 대한 이론으로 생명체들 사이의 조화와 외부세계와의 관계"를 연구하는 학문이라 정의하였다. 다윈의 적자생존은 다음과 같이 해석되었다.

14) 한면희, 『동아시아 문명과 한국의 생태주의』, 철학과 현실사, 2009, 32쪽.

15) 이후 생태학은 두 영역으로 구분하여 연구되었다. 하나는 개개 동 · 식물과 그들 환경간의 관계를 다루는 개체생태학(autoecology)이고, 다른 하나는 환경을 배경으로 한 동 · 식물 간의 상호관계를 다루는 군생태학(synecology)이다. 개체생태학에서 정립된 개념은 진화, 적응, 서식지 등이고, 군생태학에서 정립된 개념은 경쟁, 공생, 먹이사슬, 침입, 계승, 적자생존 등이다(정대연, 『환경주의와 지속가능한 발전』, 집문당, 2005, 19쪽).

16) Frank Benjamin Golley, 1999, 207쪽.

"자연 상태에서 각 개체는 다른 모든 생명체와 무자비한 전쟁상태에 있다. 끝까지 남아서 자신의 유전자를 다음세대에 전하는 개체들은 스스로의 물질적 이익을 가장 잘 지킨 개체들이다."[17]

헤켈은 생물이 상호의존하면서도 서로 대항하는 관계에 있는 다윈의 사상을 계승하여 형태학과 생리학 이외에도 또 다른 연구 분야로 생물이나 환경, 그리고 다른 생물과 상호작용하는 양상을 연구하는 학문의 필요성을 주장했다. 이 학문이 상호작용의 연구를 통해 생물과 환경의 생태계를 형성하고 있으며, 자연의 순환 속에서 비교적 안정된 평형상태에 도달한다는 것이 밝혀졌다.[18]

이렇듯 생태학은 지구의 무수히 많은 생물체들이 생물적(biotic) 환경과 비생물적(abiotic) 환경 속에서 생명을 유지 보전하여 상호작용한다. 또한 생태학은 항상 조화를 이루어 살아가고 있는 생명 현상을 다룬다. 말하자면 생태학은 생물과 환경과의 상호 관계를 연구하는 학문이라 정의할 수 있다. 종래의 생태학은 생물학의 한 분과였지만, 현대의 생태학은 경제학, 사회학, 환경학 등과 밀접한 관계를 맺으면서 폭 넓게 전개해 오고 있다. 생태학에서는 수많은 구성원으로 이루어진 자연계 내의 한 구성원과 다른 구성원 사이의 상호관계를 연구한다. 따라서 자연의 상호 관계를 헤켈 이후의 생태학자들의 궁금증들은 환경과 적응, 생명체들의 상호관계에 대해 다윈이 던졌던 질문들이었다. 생태학에서 말하는 "환경"에는 토양이나 기후와 같은 무생물만이 아니라 함께 살아가는 다른 동식물들도

---

17) Charles Dawin, *The Origin of Speisies by means of Natural Seletion*, Harmondswoorth: Penguin Books. 1968, 68쪽.

18) 오제키 슈지외, 『환경사상 키워드』, 알마, 김원식 옮김, 2007, 74쪽.

포함시켰다. 이를테면 파리 집단과 개구리 집단은 피식자와 포식자로서 서로에게 서식환경을 주고받는다. 생태학은 물리학이나 화학처럼 체계적인 일반이론을 갖추지는 못했지만, 다양한 학문의 통합적 성격이 강하다.[19] 다시 말해 생태학은 직접적인 인과관계를 연구하는 물리학이나 화학과는 다르게 생활양식, 네트워크, 균형, 순환을 연구한다. 그래서 생태학은 일종의 네트워크이다.

생태계를 이해한다는 것은 결국 네트워크를 이해하는 것이다. 물리학자이자 철학자인 프리초프 카프카(Frijof Capra)는 다음과 같이 지적한다.: "생태학에서 네트워크 개념이 부각되면서 체계론 사상가들은 모든 체계 차원에서 네트워크 모델을 사용하기 시작했다. 그리고 생태계는 유기체의 네트워크로 이해하는 것처럼, 유기체를 세포의 기관과 기관계의 네트워크인 것이다."[20] 말하자면 카프라는 생태계를 생명의 그물이라는 복잡한 연출을 통해 하위의 네트워크를 거느리는 것으로 이해했다. 즉 그는 "많은 종들은 치밀하게 짜여진 공동체를 형성하기 때문에 전체 체계는 다양한 유기체를 닮는다."[21]고 말한다. 이러한 생태학의 네트워크를 제러미 리프킨은 『공감의 시대』(2010)라는 저서를 통해 사회생활에서 공감의 개념을 적용했다.

이전의 과학은 자연을 대상으로 보았다면, 새로운 과학은 자연과 긴밀한 관계를 맺는다. 생태학의 목표는 생명체계 전체의 기능을 종합적으로 이해하는 것이지 그 구성요소를 분해하여 분석하는 것은 아니다. 처음에 생태학은 서로 다른 종의 개체군이 어떻게 변동하는지를 연구하는 학

---

19) 김윤성, 『그림으로 이해하는 생태사상』, 개마고원, 2009, 136-140쪽.

20) Frijof Capra, Capra, Fritjof, *The Web of Life: A New Scientific Understanding of Living System*; New York: Ander Books,1966, 34-35쪽.

21) Frijof Capra, 앞의 책, 34쪽.

문을 가리켰다. 예컨대 여우 개체군들은 그들이 먹잇감으로 하는 토끼가 번성하면 증가했으며, 그 반대일 경우는 감소했다. 이러한 두 생물종의 모형은 불안정한 상황에서나 몇몇 실험에서 나타난 개체군 변동과 일치했다.[22] 생태학은 초기의 출발 지점에서나 현시점에도 향후에 발생할 일들을 예측하는 과학이 아니라 사후에 그 원인과 결과를 해석하고 설명하는 과학이라 할 수 있다.

라투어에 의하면, 생태학은 자연의 이해나 목적을 고려하는 것과 아무런 상관이 없고, 모든 것을 고려하는 또 다른 방식이다. 질문이나 대상의 자료를 에코화 한다는 것은 이것들을 생태계의 맥락 속에 끌어넣는 것이다. 생태학은 여러 세기에 걸쳐 진행된 근대화의 정반대편에 서 있다. 그래서 모든 근대화 된 지역은 당연히 에코화되어야 한다. 만일 우리가 생태학을 다양한 관계들에 의한 완벽한 시스템으로만 생각한다면, 이 슬로건의 의미는 모호해질 뿐만 아니라 심지어 오류에 빠질 수 있다. 생태화는 종속관계가 불확실하게 남아있는 준객체들의 네트워크에 적응하기 위해서라도 새로운 형태의 정치적 활동들을 아울러 요구하기도 한다.[23]

앞서 살펴보았듯이, 생태학이란 용어를 처음으로 사용한 헤켈은 찰스 다윈이 진화의 조건으로 표명한 생물과 생물들, 혹은 생물과 환경간의 상호작용을 다루기 위한 학문으로 정의한다. 헤켈은 생태학이라는 용어를 처음부터 진화론의 논의 안에서 체계화했다.[24] 특히 "생태학에서 다루는

22) 어니스트 칼렌바크, 『생태학 개념어 사전』, 노태복 옮김, 에코리브르. 2009, 123쪽.

23) Latour, Latour, B., "To modernse or to ecologize?" That is the Question", in Braun, B & Castree, N.(ed), Remaking Reality; Nature at the Millenium, London & New York; Routledge. 1998, 235쪽.

24) Ernst Haeckel, *Generelle Morphologie der Organismen: Allgemeine Grundzüge der organischen Formen-Wissenschaft. mechanische begründet durch die von Charles Dawin reformierte Descendenz-Teorie*. vols. Berlin; G. Remar, 1866.

주요한 연구대상은 개체 이상의 생물체이며, 각각의 특성에 대한 연구뿐 아니라 상호작용에 대한 질문을 주된 연구과제"[25]로 삼는다. 하지만 생태학은 현대 생물학의 주류를 차지하고 있는 분자생물학과는 질적으로 차이가 있다. 분자생물학의 일반적 연구대상물은 하나의 세포 혹은 분자를 서로 다른 생물들 간의 상호작용보다는 어떤 물질의 고유한 구조와 참신성을 밝히는 연구에 주력한다. 이런 점에서 생태학 연구의 방법론은 기존 주류 생물학과는 다소 차별화된다. 생태학에서 다루는 연구방법은 다음과 같이 살펴볼 수 있다.

첫째, 생태학은 개체이상을 연구하는 대상을 다루고 있기 때문에 각각의 개체가 물리학이나 화학에서 다루는 분자에 해당하는 것과 다른 특성을 띤다. 무엇보다 생태학은 기존에 조직화된 복잡성(Organized complexity)을 띠고 있는 대상물을 다룬다.

둘째, 생태학에서 개체 이상의 반응은 세포수준의 반응에 비해 상대적으로 느린 속도를 보인다. 이것은 커다란 시스템(개체군, 군집, 생태계 등)의 시공간적 규모가 큰 것에서나 그 내부에서 일어나는 상호작용에서 드러난 반응의 복잡성에 기인한다. 그 연구방법은 오랜 시간의 관찰을 필요로 하며 그 결과에 따라 신뢰할 수 있게 된다. 이러한 요구를 잘 반영한 장기생태연구가 생태연구네트워크이다.

셋째, 생태학은 취급하는 대상들의 범위가 아주 광범위할 뿐 아니라 다양하게 분포한다. 예컨대 생태계라는 용어를 말할 때 우리가 던지는 질문에 따라 한 방울의 물방울도 일종의 생태계의 일부일 수 있으며 넓은 호수나 웅대한 산전체가 생태계일 수 있다.[26]

---

25) E. Odum and G. W. Barrett, G. W., Fundamentals of Ecology(5th Ed), Brooks Cole. 1990.

26) 강호정, 「환원주의를 극복하려는 생물학」, 최재천 · 주일우 엮음, 『지식의 통섭』,

넷째, 생태학은 구성 생물체들의 상호작용이나 구성 생물체와 환경사이의 상호작용을 긴밀히 요구하는 분야이다. 상위 계층에서 발견되는 현상들이 하위 구성용소로서 환원이 불가능한 실례는 생태학의 많은 연구에서 발견된다.

정리하자면 생태학은 환경과 생물간의 관계에 대한 학문으로 규정된다. 이때 환경이란 생물환경과 무생물환경으로 나누어지며 생물과 환경은 경쟁, 공생, 피식, 포식 등의 작용을 포함한다. 무생물환경은 기후, 토양, 수분, 기온 영양염 등의 조건이 된다. 생물의 종과 양의 시 · 공간에서의 분포를 다루는 학문이 생태학이다. 생물은 종조성과 생물량이 환경조건에 따라 달라지는데 환경조건은 다시 시간과 공간에 따라 달라지므로 생물종과 생물량을 시 · 공간 축에 놓아 그 변화를 추적한다. 현대생물학에서는 생태학을 생태계의 구조와 기능에 관한 학문이라 정의한다. 생태계는 생물과 환경이 구성한 하나의 임의 단위이고, 생태계 구조란 군집을 뜻하며, 기능이란 군집간 생물적 상호작용, 특히 일차생산, 소비, 분해 등의 작용을 말한다. 생태학은 개체의 환경에 적응하는 개체들로 구성된다. 그래서 생태학은 종이 서로 유사하기 때문에 어떤 환경에서 발견되는 종의 조합은 어느 정도 일정하다는 가정에서 출발한다. 이러한 개체 군집은 생물간 또는 환경사이의 상호작용에 의해 형성된 것이다. 현재에도 이러한 상호작용이 지속되고 있기 때문에 군집과 그들의 서식환경을 묶어서 단위로 설정하여 생태계를 거쳐 발달해 왔다. 생태계에 유기체적 성격을 강하게 부가하면 가이아 이론처럼 전 지구는 살아있다. 특히 20세기에 들어 생태학의 유용성에 대해 논의돼 왔다. 생태학의 생물학에서 발달사와 의미, 생태학의 유용성은 생물학과 생태학의 주제를 고양시키고 있다. 이

이음, 2007, 169-171쪽.

와 같이 생태학은 인과관계를 연구하는 물리학이나 화학과는 다르게 생활양식, 네트워크, 균형, 순환들을 연구한다. 그렇게 해서 생태학의 목표는 생명체계 전체의 기능을 종합적으로 이해한다.

에코담론의 출발점

인간이 지구상에서 다른 생명체들과 어떻게 관계를 맺을 것인가? 생태계에 대한 우리의 간섭이 점차 증가하고 있는 현상, 그리고 생명의 세계와 인간의 관계를 어떻게 향상시켜 나갈 것인가? 에코와 민주주의는 어떻게 조화시켜 나갈 것인가?

에코는 생물과 그 주변 환경과의 관계 속에서의 생활상태, 즉 존재와 그 주변 환경, 그리고 그 둘의 상호작용이라는 세 영역을 통섭(統攝)하는 개념이다. 따라서 에코라는 용어는 생태적 자아인식과 그에 따른 윤리와 실천을 의미한다. 자연을 향한 존중과 경외를 강조하는 동서양의 자연관을 대조적으로 진술한 나쉬(Roderick Frazier Nash)의 자연관은 이제 고전이 되었다.[27] 그의 자연관은 "오래 동안 생태학적 전쟁터의 최전방에 있어 왔다."[28] 앞서 살펴보았듯이, 생태계(ecosystem)는 많은 부분에 걸쳐 서로 복잡하게 얽힌 상호연관체계이며 동시에 거대한 순환체계이다. 넓게 보아 생태계는 물질과 에너지와 생명체들의 순환체계이다.[29]

---

27) Roderick Frazier Nash, *Wilderness and the American Mind*, New Haven; Yale University Press, 1967, 20-21쪽.

28) Roderick Frazier Nash, *Right of Nature: A History of Enviromental Ethics*, Madison: University of Wisconsin Press, 1989, 164쪽.

29) G. Tayler, Miller, Jr, *Essentials of Ecology*, 3rd ed., Brooks/Cole, Thomson Learning, 2005, 5쪽.

그러나 이후 생태학이라는 학문은 단순히 종(種)의 생태학 범위를 넘어서 자연에 대한 종합적인 관점을 제시한다. 더 나아가 에코담론은 자연환경, 지구환경, 사회환경에 대해 일련의 윤리규범까지도 포함하는 용어로서 그 의미의 내연과 외연의 폭이 확장되면서 일반화되어 왔다. 그래서 현재의 에코담론은 인간을 하나의 전체로 보고 개체들이 긴밀한 관계 속에서 상호작용하고 있다는 것을 밝혀낸다.

오늘날 에코담론의 에코란 용어는, 생태학은 물론이고 20세기 들어 태동하고 있는 자연과학내의 새로운 학문경향들, 즉 이원자 물리학, 혼돈과학, 일리야 프리고진의 영역인 비평형 열역학 등 현대과학이 제시하고 있는 세계에 대한 새로운 시각, 즉 인간과 자연, 개체와 개체 등 관계적인 측면을 총칭하는 상징적 표현이다.[30] 그리고 현대 철학자 레오폴드나 롤스턴 3세 등에서 보여주는 "대지의 개념에 의한 생태계의 보전"이나 야생자연으로 뛰쳐나간 철학을 통해서 "생태적 도덕관의 전환"을 촉구하는 에코개념의 또 다른 표현이다.

레오폴드(Aldo Leopold, 1887~1948)의 『모래땅의 시계(A Sand County Almanac)』(1949)는 대지의 윤리(The Land Ethic)라는 이론과 함께 진보적 생태주의의 주요한 탐구주제로 발전하였다. 그는 원래 산림학자로 출발하면서 사냥터의 숲과 동물생태계의 보전에 평생의 노력을 기울였다. 그에게 있어서 자연생태계는 그 자체에 하나의 전체(holism)로 이해했으며, 바로 이 전체가 대지라는 개념이다. 레오폴드는 환경윤리학의 관점에서 보았을 때, 보전되어야 할 대상도 "대지"이다. 생명체들 이외에 생태계를 구성하는 무생명체들도 함께 포함하고 있다는 점에서 그의 에코윤리는 생태중심주의로 분류된다. 레오폴드는 생태학을 흙과 물, 식물, 동물을 포함한 것, 말

30) 문순홍, 『생태학의 담론』, 아르케, 2006, 123쪽.

하자면 집합적으로 대지(the land)를 포함하기 위해 공동체의 경계를 확대시킨 개념이다. 그는 생명피라미드와 대지피라미드의 용어를 사용하여 생명공동체를 설명했다. 이러한 레오폴드 대지윤리의 철학적 원리는 다음과 같이 표현된다.

> 어떤 것이 생명공동체의 온전성과 안전성과 아름다움을 보전함에 이바지 할 때 그것은 옳다. 그렇지 않은 쪽은 이바지 할 때, 그것은 옳지 않다.[31]

위의 인용문에서 보듯이, 보전되어야 할 대상은 생태계의 온전성과 안전성 그리고 아름다움 등 세 가지 개념에서 규정된다. 이렇게 해서 레오폴드의 대지개념은 생명공동체나 자연 생태계 전체를 지칭했다.[32] 숲은 토양, 식물 및 동물이라는 회로를 통해 흐르는 에너지가 솟아나는 원천이다. 식물은 태양으로부터 에너지를 흡수한다. 이 에너지는 생물군계의 회로를 통해 흐른다. 레오폴드에 의하면, 이것은 여러 층으로 이루어진 피라미드로 표현되며, 이 피라미드에 최하층은 토양이며, 식물 층은 토양에, 곤충 층은 식물에, 조류 층과 설치류 층은 곤충에 각각 의존하며, 그밖에 대형 육식동물이 최상층을 이룬다. 여기서 먹이사슬은 에너지를 위쪽으로 전달하는 통로이다. 죽음과 부패는 에너지를 토양으로 되돌린다. 이 회로는 폐쇄되어 있지 않다. 일부 에너지는 부패과정에서 흩어져 대지로, 일부는 공기로, 일부는 숲으로 저장된다. 이렇게 하여 정상적인 에너지 순환이 이루어진다. 피라미드의 가장 기본적인 특징은 상호의존성이다.

---

31) Aldo Leopold, *A Sand County Almanac and Sketches Here and There*, New York: Oxford University Press, 1966, 262쪽.

32) 김성진, 「환경미학과 썩음의 미학」, 『환경철학』, 제6집, 한국환경철학회, 2007, 53-54쪽.

레오폴드의 대지윤리학의 요지는 생명공동체의 온전성(integrity)과 안전성(stability)과 아름다움(beuty)을 보전하는 경향이 있으면 옳은 것이며, 그 반대의 경향이 있으면 그른 것이다. 따라서 자연환경에 대한 윤리적 가치판단은 생태학에 관한 지식에 근거하지 않을 수 없다. 생태학에 대한 지식을 가지고 있는 사람은 생명의 샘인 자연을 파괴할 수 없을 것이다.

레오폴드의 충실한 계승자인 롤스턴 3세(Holmes Rolston)는 자연세계가 객관적으로 도구적 가치, 본래적 가치, 체계가치를 갖고 있는 생태학적 도덕관을 수립한다.[33] 롤스턴 3세에 따르면, 생태계가 복잡성, 통일성, 본래적 가치를 지니고 있기 때문에 인간은 생태계에 대해 직접 도덕적 의무를 져야 한다. 전체론적 관점에서 우리는 공동체 자체를 도덕적으로 고려해야 하며, 도덕적 고려의 대상은 공동체 그 자체이지, 그 구성원은 아니다. 따라서 우리는 공동체를 사랑하고 존중해야 한다.[34]

롤스턴 3세는 "나는 지식을 갈구하지만, 그러나 시골의 전원 풍경과 숲은 나에게 아무 것도 가르쳐 주지 않는다. 오히려 도시의 인간들이 나에게 많은 것을 가르쳐 준다."고 이야기했던 소크라테스에 대해 역설적으로 "도시의 철학자들이 나에게 가르쳐 줄 수 없는 것들은 도리어 숲과 자연경치들이 나에게 가르쳐 주고 있음을 발견한다"는 것을 고백한다. 그에 의하면, 철학의 생태학적 전환은 시골의 자연 경치와 숲과 나무들, 야생동물들과 각종 생명체들로부터 많은 것들을 우리가 베워야 한다. 그래서 그는 "야생 자연으로 뛰쳐나간 철학(Philosophy Gone Wild)"[35]을 제창한다. 이

---

33) Holmes Rolston III, "Values in and Duties to the Natural Rights", David *Schmidtz(Hg.), Enviromental ethics*, Oxford University, 2002, 33-37쪽.

34) 노희정, 「도덕공동체의 확장과 도덕적 의무」, 『환경철학』, 제6집, 한국환경철학회, 2007, 113쪽.

35) 지혜를 사랑하는 사람을 철학자(Philosopher)라 일컫는다. 그리스어인 Philosophia, 즉 지혜를 사랑한다는 애지학(愛智學)에서 연유한다. philo는 사랑한다는 말이고,

러한 구호는 단지 슬러건이 아니라 그의 전 생애를 일관해 온 삶과 학문적 태도를 압축하여 표현한 것이다. 따라서 우리는 레오폴드의 구호처럼, 가치의 생태학적 전환을 받아들여야 하며, 이것을 일방적으로 문명과 문화의 관점에서만 자연을 고찰하는 것이 아니라, 자연 생태계의 관점에서 문명을 바라보아야 한다.

에코담론의 고전적 관점: 자연개념의 변화

서양철학에서 에코담론은 먼저 서구인들의 종종 사용하는 "자연이라는 말뜻"[36]을 살펴 보아야 한다. 전통철학은 초역사적인 관점에서 자연의 문제를 추상적으로 다루어 왔다. 여기서 서구 에코담론의 핵심은 자연에 관한 물음이었다. 현대에서 논의되고 있는 에코담론은 자연 그 자체에 한정되어 있는 것이 아니라 환경으로서 자연을 문제대상으로 삼는다. 하지만 환경문제는 전통적인 형이상학의 전제들과 불가분의 관계를 맺고 있다. 서양철학에서 종종 언급되는 철학자들의 자연관에 대해 살펴보자.

생태학과 관련하여 눈여겨 볼 사항은, 사물과 자연을 바라보는 관점

---

sopher는 지혜로운 사람이라는 뜻이다. 숲을 사랑하는 사람은 지혜로운 사람이다. 따라서 숲을 사랑하는 사람은 철학을 하는 사람이다. 숲을 깊이 생각하고 숲을 사랑하는 사람은 누구나 이미 철학을 하고 있는 것이다. 참된 철학은 사유를 위한 사유를 하거나 관념적인 말놀이를 하는 것이 아니라 가장 직접적이고 가장 포괄적인 생각으로부터 나오지 않으면 안 된다. 우리는 숲이 생명이 우리에게 향해서 부르는 소리에 응답하지 않을 수 없다. 왜냐하면 생명이야말로 가장 직접적이고 가장 포괄적인 의식이며, 인간과 숲을 살려고 하는 생명의 한가운데서 살려고 하는 생명이기 때문이다.

36) 자연개념에 대한 자세한 문헌은 다음을 참조: 박이문, 『환경철학』, 미다스북스, 2002, 45-67쪽.

의 변화이다. 고대 그리스 철학자들이 가장 먼저 제기한 물음은 존재하고 있는 자연현상의 배후에 있는 근원과 원천에 관한 것이었다. 그것은 만물의 근원, 즉 아르케(Arche)에 관한 물음이었다. 하나는 우리 눈 앞에 전개되고 있는 현상을 인정하는 것이다. 다른 하나는 변화하고 있는 현사실성 뒤에는 그와 같은 모든 변화를 관리하는 포괄적인 원리와 원칙이 있을 것이라는 전제이다.[37] 고대 그리스의 자연철학자들은 우리의 감관으로 포착되는 세계 전체를 신의 형상이라고 파악함으로써 단순한 물질론의 한계를 넘어선다. 이것을 우리는 물질과 생명이 결합된 형태의 사상, 즉 물활론(hylozoism)이라 부른다.[38] 즉, 사물에 대한 근대이전의 전통적 태도는 물질자체가 생명을 지니고 있어서 스스로 움직여 모든 것은 변하여 나타난다고 보는 물활론의 세계였다. 이는 그리스어의 질료를 의미하는 hýlē와 생명을 의미하는 zōē의 합성어로서 질료생명론을 의미한다.

물활론은 그리스 철학을 확립한 탈레스(Thales), 아낙시만도로스(Anaximandros), 아낙시메네스(Anaximenes), 헤라클레이토스(Herakleitos, B.C. 535-475경) 등 이오니아학파인 자연철학자들에 의해서 설명되었다 그리고 후에 그 이론들은 스토아 철학자들에게 계승되었다. 그리스 자연철학자들은 자연이란 오늘날 우리들이 이야기하는 사물들로서의 자연이 아니라 영혼이나 생명이 담긴 일원론적 자연관이다. 그들의 목적은 자신들이 physis라 불렀던 사물들의 본질을 밝히는 것이 주된 과제였다. 그리스어 physis 그리고 라틴어의 "natura"도 모두 "낳다", "태어나다", "생성시키다" 등을 뜻하는 동사에서 유래한다. 그래서 애초부터 "자연"은 살아있는 생명체들을 제외하고 제대로 이해할 수 없다. 물리학이란 낱말도 그리스어에서 유래한 것

---

37) 김진, 『퓌지스와 존재사유–자연철학과 존재론의 문제들』, 문예출판사, 2003, 24쪽.

38) 김진, 앞의 책, 28쪽.

으로서 모든 사물의 본질을 밝혀내는 것을 의미였다. 물리학의 명칭인 physics는 원래 그리스어의 자연을 뜻하는 physis에서 유래하며 미소체 물리학(microphysics), 천체물리학(astrophysics), 우주론(cosmology) 등 물리학의 세부 학문들은 우주전체의 질서 있는 운동과 변화과정을 정교한 수학적 언어로 설명한다. 그러나 물리학이 제시하는 이론은 그 이론에 기초하여 구성된 형이상학적 자연일 뿐, 그 안에서 나를 포함하는 자연의 전체적인 모습을 그려내는 것은 물리학으로서는 불가능하다는 한계에 도달한다.

고대 그리스철학자들은 생물과 무생물, 정신과 물질을 동일시했기 때문에 후대의 그리스 인들은 밀레토스학파를 물활론자, 즉 물질이 살아 있다고 생각했다. 밀레토스학파는 변화하는 다양한 현상계를 꿰뚫고 있는 불변하는 통일성을 탐구했으며, 그 통일성의 근거는 세계를 구성하는 근원적 물질, 즉 원질(原質, Arche)에서 찾았다. 그래서 기원전 6세기의 그리스 철학의 특징은 객관적 세계의 다양성을 단 하나의 물질적 근본 요소로 환원시키려는 노력이라 할 수 있다.

탈레스(Thales, B.C 624?~B.C 546?)는 "생성 변화하는 현상의 배후에 항상 존재하고 있는 하나의 실체는 무엇인가"라는 물음을 제기했던 첫 철학자였다. 탈레스는 그 원질을 물이라고 생각하였다. 여기에 대한 증거로써, ① 만물의 자양분은 액체로 되어 있다. ② 따듯함은 습기(물)에 기인한다. ③ 모든 정자의 본성 또한 액체로 되어 있다. ④ 육지가 물에 떠있다. 또한 탈레스는 이 세계 전체가 프쉬케(생명의 힘)로 침투되어 있으며 무생물로 보이는 많은 세계의 부분들이 실제로는 살아있다는 의미에서 물활론적이라 말할 수 있다. 따라서 탈레스는 모든 물질이 신성으로 충만해 있다고 선언했다. 여기서 의미하는 신은 영혼(Dämon)에 가까운 어떤 것이었다.

아낙시만드로스(Anaximandros, B.C 610~B.C 546)는 아페이론(Apeiron, 無限者)을 아르케로서 만물의 근원이라 설정하였다. 아페이론이란 항상 동일한 것이며, 경계가 없고, 무한하며, 무규정적(indefinitum)인 것으로서, 생성된 것이 아니며, 불멸, 불사하는 신적 특성을 지닌 것이다. 이것은 시 · 공간, 양 · 질적 무한성을 지칭한다. '무한한 것'의 운동 속에서 분리가 생겨나 만물이 생겨났다는 것이 그의 주장이다. 즉 무한자들의 대립자들 혹은 요소들의 분리에 의하여 세계의 질서가 형성된다. 그러나 이 요소들 사이에는 어느 하나가 지배하지 않고 항상 정의롭게 유지된다. 여기서 정의는 요소들 상호간의 평등과 조화에 의해서 이루어지는 우주적 정의라 할 수 있다. 따라서 아낙시만도로스는 인체가 공기로 유지되듯이, 우주는 프네우마(pheuma)라는 우주의 숨결로 지탱되는 일종의 유기체라고 주장함으로써 인간과 자연을 일원론적으로 통일하였다.

아낙시메네스(Anaximenes, B.C 585?~B.C 525)는 신적인 공기를 만물의 아르케로 보고, 그것의 농축과 희박에 의해 다른 사물들의 신적인 변화가 일어난다고 생각하였다. 예를 들면 비는 공기가 농축되어 물을 이루며, 물은 다시 농축되어 고체인 얼음을 형성한다. 더욱이 원질인 공기는 만물의 생성 · 소멸 과정을 통해 불변자로 존속된다는 점에서 원질이 만물의 변화와 맺는 관계를 설명한다. 결국 그는 공기의 농도와 사물의 질을 결정한다는 주장을 함으로써 최초로 양과 질의 관계를 원론적으로 정립한 그리스 철학자였다.[39]

물활론적인 개념은 그리스 시대의 플라톤에 와서 물질세계를 배격하는 과정에서 다소 주춤하게 된다. 플라톤에게 있어서 눈에 보이는 물질의 세계는 우리가 원하는 궁극적인 세계가 아니었다. 플라톤은 이데아의 세계와 물질, 그리고 경험적 현실의 세계를 구분하였지만, 물질세계가 아닌 순수정신의 이데아의 세계를 선호하였다. 플라톤에게서 물질의 세계는

---

39) 양해림, 「기후변화와 책임의 윤리」, 『환경철학』, 제8집, 한국환경철학회, 2009, 17-32쪽.

이데아의 모사(模寫)라고 하는 차원에서 2차적 존재에 불과한 세계였다. 따라서 신이나 정신 혹은 영혼은 질료나 물질보다 우위에 올려놓았다. 플라톤에게서 자연은 생성, 변화하는 감각적 세계일뿐이며 이성의 대상인 이데아 세계의 모상에 지나지 않았다. 플라톤의 이원론에서 비롯된 근대의 자아개념은 자연을 평가절하 했다. 이렇게 평가절하 된 사상적 근원지는 플라톤의 이원론적 전통을 이어받은 근대의 데카르트뿐만 아니라 베이컨의 경험론으로 거슬러 올라간다.

이러한 과학기술의 배경으로 하고 있는 생태위기의 근원지는 중세기 술사학자였던 린 화이트 2세(Lynn White, Jr., 1907-1987)의 1967년의 논문인 "생태위기의 역사적 근원(The historical Roots of our Ecologic Crisis)"에서 찾아 볼 수 있다. 이 논문은 당시 기독교 교단에 엄청난 파문을 던졌다. 린 화이트 2세에 따르면, 중세 유럽에서 기독교의 전파로 인해 자연관에 많은 변화를 가져왔다. 린 화이트가 이 논문을 집필한 목적은 환경에 대한 인간 남용의 근원을 탐구하고, 그 해결의 실마리를 제공하는데 있었다. 그는 "사물의 본질과 자연에 대한 인간 중심적 관점"이 우리의 운명을 이끌고 가고 있다고 생각했다. "우리는 증가하는 생태위기를 극복하기 위한 가능한 척도를 만들 수 있는 가치구조의 변화에 직면해 있는지도 모른다. 그러나 전망은 밝지 않다."[40]

앞서 고찰했듯이, 그리스인들은 물활론적인 자연관을 마음속에 품고 있었다. 그들은 자연에 정령이 깃들어 있으며, 자연은 인간과 다를 바가 없다고 생각했다. 하지만 로마시대에 들어와 공인종교를 획득한 기독교는 그 이전의 자연개념과 다른 생각을 갖고 있었다.[41] 린 화이트는 "오늘

---

40) 조셉 스타이거, 『현대환경사상의 근원』, 박길용 옮김, 성균관대학교 출판부, 2008, 152쪽.

41) 송상용, 「휴머니즘과 환경위기」, 송상용 외, 『생태문제와 인문학적 상상력』, 나남

날 세계를 지배하고 있는 서구과학과 기술은 생태계에 위험을 주고 있다고 비판한다. 그런데 생태계 위기의 씨앗은 중세에 움텄기 때문에 중세시대의 기본적 가정들과 발전과정을 고찰하지 않고서는 과학과 기술의 본성을 제대로 이해할 수 없다. 기독교의 자연개념은 중세의 라틴세계에서 기술의 발전을 크게 촉진시켰으며 자연관을 지나치게 추구한 결과 오늘날과 같은 생태위기를 맞게 되었다. 그래서 생태위기의 가장 중요한 근원지는 인간중심의 사상이었다. 생태위기의 근본적인 원인은 인간중심주의의 종교사상이 그 근저에 깔려 있었다. 이는 유대-기독교적 전통으로부터 발견된다. 유대기독교의 전통은 인간을 온갖 창조물의 군주 자리에 앉혀 놓고 자연을 모독하게 하는 정신적 기반을 제공했다.

유대-기독교적 자연에 대한 거만함이 현재의 생태위기의 역사적 근원을 이루었다. "땅을 정복하고 다스리라(창세기:1:28)"는 성경말씀에서 인간중심적 세계관이 형성되었고 자연을 무제한으로 약탈하고 훼손시키는 만행을 자행하였다.[42] 따라서 린 화이트에게 있어서 기독교의 창조신앙은 인간을 신적인 초월에 참여한 고귀한 존재다. 그렇지만 "그 밖의 모든 물리적 창조물들은 단지 인간의 의도에 봉사할 뿐 다른 목적은 없다."[43] 이러한 측면에서 기독교는 지구상에 등장한 종교들 가운데 자연과 인간의 관계에서 볼 때, 다분히 인간중심주의의 종교이다. 기독교의 세계관은 인간을 중심으로 한 주변 환경에서 차별적 주객이원론의 세계관을 보여주었다. 차별적 주객이원론에서 볼 때, 인간은 정신적 주체이며 환경은 물질적 주체이다. 인간은 이성적 인식능력을 지닌 주체이지만, 그러한 능력을 갖추지 못한 객체로서 자연을 지배한다. 이러한 세계관에서 자연은

출판, 1999, 25쪽.

42) Lynn White, Jr., The Historical Roots of Our Ecologic Crisis", in: Science, 155. 1967.

43) Lynn White, Jr., 앞의 논문, 283쪽.

단지 인간을 위한 도구적 수단에 한정될 뿐이다.[44)]

물활론의 관점에서 벗어난 근대의 인간은 자신들이 만들어 놓은 자연을 자신의 것으로 만들어 놓고 그 틀 안에 가두어 두려고 했다. 인간은 사유하는 주체로서 자아를 가진 존재이다. 근대의 자아 개념은 인간으로부터 자연을 철저하게 소외시켰다. 근대의 과학정신을 상징하는 인간의 자아는 인간과 자연, 주체와 타자와 분리하면서 싹터 나갔다.[45)] 그래서 인간은 살아남기 위해 자연을 끊임없이 파괴해야 했다. 지난 오랜 세월동안 농업혁명이나 도시혁명은 자연의 엄청난 개조를 수반했고, 이것은 이른바 생태학의 혁명을 이루었다. 잘 알려져 있듯이, 오늘날 생태위기는 서양의 과도한 과학기술문명의 부정적 결과이다. 환경에 엄청난 부담을 주는 이런 물질문명의 부정적 폐해는 17세기 과학혁명과 18세기 산업혁명을 거치면서 잠재되어 있었다. 서양철학에서 오랜 기간 가치판단의 정당성을 합리성과 효용성에서 찾았다. 특히 근세 이후 영국의 경험론이나 대륙의 이성주의는 정신과 물질, 인간과 자연을 이분법적으로 구분하였다. 서구의 이분법적 사고방식은 인간 이외의 모든 대상을 인간을 위한 도구와 재료에 불과한 것으로 보고 자연의 고유한 가치나 본질적 가치를 인정하려고 하지 않았다. 그들의 합리적인 사고방식이나 기술은 그 자체에서 탈가치적이었기 때문에 악한 목적으로도 또한 선한 목적으로도 쉽게 이용될 수 있는 수단에 불과했다.

주지하듯이, 근대과학문명의 실재관은 인간중심주의와 인간과 자연을 분리하는 이원론적 자연관이었다. 데카르트(R. Descartes, 1596-1690)의 철학

---

44) Lynn White, Jr., 앞의 논문, 167쪽.

45) Joanna Macy, "The Ecological Self: Postmodern Ground for Right Action." in: Sacred Interconnections, 1990.: David Griffin, Albany, Postmodern Spirituality, Political Economy and Art, N.Y: State University of New York Press, 1990, 39쪽.

은 인간본성에 기초하고 있었지만, 인간의 정신과 육체 사이의 차이는 환원될 수 없었다. 데카르트에게서 실체는 속성을 달리하는 두 가지의 실체로 이루어져 있다. 그 두 가지의 실체란 자연과 인간이다. 즉, 그의 이원론적 사고방식은 인식의 주체와 대상을 분리한다. 인간주체인 인간은 자연을 대상화하면서 오직 자연을 이용물로만 간주하며, 정복의 대상으로 간주한다. 인간과 자연, 정신과 물체의 주객구분은 대상을 추상화시키고 세분화하여 인간이 자연의 대상을 지배하는 주된 원리가 된다.[46] 현대 생태학자들은 인간을 자연의 지배자로 보는 이러한 데카르트의 인간중심주의적 자연관이 생태위기의 이론적 단초를 제공했다고 본다. 데카르트의 입장에서 생물을 포함하는 물질적 우주 전체는 하나의 거대한 기계였으며, 이러한 거대한 기계는 지구의 작은 부분으로 완전히 동화됨으로써 이해될 수 있었다.[47]

영국의 경험론자인 베이컨(Francis Bacon)은 "자연은 순종하는 가운데 정복된다"고 외치면서 인간이 자연을 지배하고 파괴하는 것을 정당화하였다. 베이컨의 경험주의 방식에는 남녀, 정신과 물질, 주관과 객관, 이성과 감성이라는 이원론적인 생각이 자리 잡고 있었다. 베이컨에게 있어서 자연은 더 이상 이 세상을 지배하는 절대적인 힘이 아니고 호전적인 남성적 의지로 정복될 수 있는 여성적 자연의 일부분 이었다.[48] 서양근대사상의 경험론자 로크(J. Locke)는 "자연에 전적으로 내맡겨진 채로 있고 경작되는 식목의 개량이 없는 대지는 실제로 그러하듯이 황무지로 간주되며, 우리는 그것이 주는 혜택이 아무 것도 없다는 것을 발견할 것이다. 지구 안에

46) 진교훈, 『환경철학』, 민음사, 1998, 41-42쪽.

47) 근대과학의 자연관은 다음을 참조: Klaus Michael Meyer-Abich, *Wege zum Frieden mit der Natur*, München, 1984.

48) 헬레나 노리베리 호지 · 반다나 시바, 홍수원 옮김, 『진보의 미래』, 두레, 2006, 71쪽.

존재하는 모든 것을 인간의 쾌락과 혜택을 위해 인간에게 주어진 것이다"라고 주장하였다. 또한 근대의 합리주의 사상은 탈신화화와 과학만능주의와 인간만의 이익을 극대화하는 공리주의를 촉진시켰다. 근대화 내지 합리주의는 자연물이나 거목, 숲에도 신령이 깃들어 있다는 신화를 철저히 거부하고 자연에 대한 신성한 감정과 신비한 의식을 소멸시켰고, 자연을 그때그때의 필요를 충족시키기 위한 이용물로 간주하였다.[49]

갈릴레오, 데카르트에 의해 창안된 개념적 틀은 뉴튼의 기계론적 대종합을 성취함으로써 17~18세기 과학의 뛰어난 성과를 이루었다. 18세기 말부터 19세기 독일의 자연철학은 융성기를 맞이한다. 그렇지만 갈릴레오, 뉴튼의 자연학은 그동안 잘못된 제안을 올바른 방향으로 나아가도록 정확히 제시해 주지 못했다. 뉴튼이 신봉하였던 자연은 그 당시 자연과학이 어느 위치에 머물러 있었는지 잘 몰랐다. 그러나 우리는 자연과학이전에 자연이 어느 위치에 있었는지 정확히 모른다.[50] 19세기 중반이후로 과학과 기술의 결합으로 인해 산업사회의 생산성 증진이 비약적으로 촉진됨으로써 점차 가시화되었다. 환경문제가 부각된 것은 20세기 들어 1960년대 중반이후라 말할 수 있다.

주지하듯이, 생물학자 카슨(Rachel Carson)이 『침묵의 봄(Silent Spring)』(1962)[51]

49) 숲과 문화연구회편, 『숲께 드리는 숲의 철학』, 철학과 현실사, 2006, 161쪽.

50) Klaus Michael Meyer-Abich, "Naturphilosophie auf neuen Wege," Osward Schwemmer(Hg.), *Über Natur*, Frankfurt. a. M. 1987, 63쪽.

51) 레이첼 카슨, 『침묵의 봄』, 김은령 옮김, 에코 리브르, 2011.

을 발간하면서 현대 에코담론은 새로운 전환점을 맞이하게 되었다.

카슨은 이 책에서 농약회사들을 르네상스 시대의 보르지아 가문에 비유했다. 그 가문은 초대한 손님들에게 음식에 독을 풀어서 죽이는 것으로 유명했다. 그녀는 화학회사들과 미국 농무부에서 히스테리를 가진 비과학적인 인물로 극심한 비난을 받았다. 카슨을 비판하는 자들과 1963년 TV프로에 출연하게 되면서 그녀가 이 책에서 제시한 DDT를 비롯한 각종 화학물질이 조류(鳥類)에 악영향을 끼친다는 것이 밝혀졌다.[52] 인간에 의한 자연의 파괴는 인간이 그동안 잘 알지 못하는 사이에 사용하는 농약과 살충제들이 자연계에 오랫동안 머물면서 야생동물의 생식과 발육을 저해하여 급기야는 봄이 되어도 새가 우짖는 소리를 들을 수 없는 세상이 되고 말 것이라고 카슨은 경고했다. 인류는 노동력을 절감하고 농업생산성을 높이기 위해 이 약품을 마구잡이로 뿌렸다. 그녀는 이 책에서 인간은 무분별한 농약의 사용으로 인해 생명체들이 사라져 버린 미국중부의 어느 마을에서 아무런 생명의 소리 없이 다가오는 정적의 봄을 가상적으로 그렸다. 그러나 이런 일들은 향후 미국의 수많은 마을, 전 세계 어느 곳에서도 침묵의 봄은 일어날 수 있다. 카슨은 자연을 대상으로 취급하는 인간의 개발행위로 인해 인간뿐만 아니라 많은 생명체가 이 지구상에서 사라질 수 있음을 표현했다.[53]

그녀는 이 책에서 미시건 주립대학 교정의 느릅나무를 좀먹는 해충을 잡기 위해 뿌려진 살충약 DDT가 먹이사슬을 통해 어떻게 종달새 소리를 들을 수 없는 고요한 봄을 가져왔는가를 생생하게 묘사하였다. 일리노이주 힌스데일에 사는 한 가정주부는 세계적인 조류학자이자 미국 자연사박물관의 명예 조류 큐레이터 로버트 커시먼 머피(Robert Cushman Murphy)에게

52) J.R. 맥닐, 『20세기 환경의 역사』, 홍욱희 옮김, 에코리브르, 2008, 516쪽.

53) Rachel Carson, 이길상 옮김, 1990.

다음과 같은 편지를 썼다.

> 우리 마을 사람들은 꽤 오래 동안(그녀가 이 편지를 쓴 것은 1958년이었다) 느릅나무에 농약을 뿌렸습니다. 6년전 우리가 이곳으로 이사 왔을 때만 해도 새들은 아주 많았습니다. 겨울이면 제가 달아 놓은 모이통에 홍관조 · 박새 · 다우니 · 동고비 들이 날아들었고, 여름에는 홍관조와 박새가 새끼들을 데리고 날아오곤 했습니다. 그러나 DDT를 살포하기 시작한 후 울새와 찌르레기의 모습을 거의 볼 수 없게 되었습니다. 게다가 박새는 2년 전부터 모이통을 찾아오지 않았고, 올해에는 홍관조마저 사라졌습니다. 집근처에서 발견할 수 있는 새라고는 한 쌍의 비둘기와 지빠귀 가족이 전부입니다. 연방법으로 새를 죽이거나 포획하는 행위가 금지되어 있다고 배운 아이들에게 새들이 사라진 이유를 설명하기란 쉬운 일이 아닙니다. 아이들은 제게 묻곤 합니다. "새들이 다시 올까요?" 하지만 전 대답할 수가 없습니다. 지금 이 순간 느릅나무는 서서히 죽어가고 있고, 새들 역시 죽어 갑니다. 무언가 대책이 있을까요? 이런 상황을 어떻게 대응해야 할까요? 내가 할 수 있는 일이 있을까요?[54)]

이와 같이 한 가정주부의 편지에서도 보듯이, DDT는 살충제나 제초제로 사용되는 화학약품의 일종이다. 그 살충제나 제초제는 크게 두 그룹으로 나뉘는데, 하나는 DDT로 대표되는 염화탄화수소(탄화수소의 염소치환제) 계열이고, 다른 하나는 말라타온과 파라티온으로 대표되는 유기인산 계열이다. 이 모든 화학물질의 공통점은 생명계의 뼈대라 할 수 있는 탄소원자를 기본으로 하고 있고, 이는 유기물로 분류된다. 유기물은 모든 생명체의 기본적인 작용과 연관되며, 특별한 변형과정을 거치게 되면 죽음을 초래하는 유독물질로 바뀌기도 한다.[55)]

카슨은 화학물질의 독성 정도와 그로 인해 발생하는 사례들을 낱낱이

---

54) 레이첼 카슨, 『침묵의 봄』, 128쪽.

55) 레이첼 카슨, 앞의 책, 42쪽.

밝혔다. 인간과 곤충, 인간 대 잡초와의 전쟁이 그 대상이다. 예컨대 에드린이 포함된 살충제로 바퀴벌레를 잡으려고 했던 어느 부부의 사례는 끔찍하다. 한 미국인 부부가 한 살배기 갓난아기를 데리고 베네수엘라로 이주했다. 이사한 집에 바퀴벌레가 많아서 며칠 뒤 에드린이 포함된 살충제를 뿌렸다. 아기와 집에서 키우는 강아지는 아침 9시, 살충제를 뿌리전에 미리 집 밖으로 피했다. 집 안에 뿌린 살충제를 잘 닦아 낸 후 강아지와 아기를 데리고 오후에 돌아왔다. 그런데 한 시간쯤 지나자 그 독성을 못 견딘 강아지는 토하며 발작을 하는 가운데 죽었다. 또한 갓난아기는 그날 밤 10시경 토하기 시작하더니 발작을 일으켰고 회복이 불가능할 정도로 의식을 잃어 버렸다. 건강했던 아기는 식물인간이 되었다[56] 이처럼 카슨은 화학물질의 무서운 사례들이 낱낱이 열거했다. 자연의 소중함을 일깨우는 사례는 계속된다. 특히 자연과의 공존을 강조하는 부분이 여러 부분에서 눈에 띈다. 인간 대 자연이라는 대립구도자체가 잘못된 전제이며, 인간도 자연의 일부라는 카슨을 비롯한 수많은 지성들이 강조한 것이다.

이 책이 출간이후 생태사상과 녹색정치의 발전에 많은 파장을 일으켰다. 카슨의 『침묵의 봄』이 환경위기에 대한 인식을 끌어 들이면서 배리 코머너, 폴 얼릭, 가렛 하딘 등의 생물학자들에 의해 생태담론이 주도되었다. 실증적 연구를 기반으로 그들이 뿌리 내린 새로운 인식의 씨앗은 다른 분과학문에 관심을 불러일으키는 계기를 마련하였다. 이러한 결과로 1960년부터 인문 · 사회과학자들이 이 논의에 활발하게 참여하기 시작하였다. 인간과 자연, 경제성장과 자연보존을 둘러싸고 현재까지도 전개되고 있는 여러 환경문제 대한 기본적으로 논의된 내용들은 이때부터 드러나고 있었다.[57]

---

56) 레이첼 카슨, 앞의 책, 51쪽.

57) 홍성태, 「생태위기와 생태주의 사회이론의 전개-1970년대 이후 서구의 논의를 중

카슨의 에코담론은 생태사상과 녹색정치에 많은 파장을 일으켰다. DDT[58]는 카슨이 책에서 고발한지 50여년이 흘렀다. 그러나 그 이전이나 지금이나 고발했던 내용들이 완전히 해결되지 않았다. 지난 2009년 3월18일 DDT와 관련된 기사가 실렸다. 즉 수십 년 전에 사용된 DDT가 후손들에게 영향을 미쳤다는 내용이다. 한국에서도 이나 벼룩, 모기 등을 박멸하기 위해 DDT를 사용하였다. DDT는 국내에서 2016년 현재 금지된 지 41년이 되었다. 그런데 DDT가 사용된 농작물을 섭취하지 않은 어린아이들에게 조차도 DDT가 검출되었다. 식품의약품안전청이 의뢰해 조사한 결과에 따르면, 전국의 도시 · 농촌지역 성인 240명, 초등학생 80명중 23퍼센트에서 DDT가 나왔다고 보고한다.[59] 1950년대에 세계보건기구(WHO)는 말라리아를 막기 위해 DDT사용을 적극 권장했으나, 카슨의 노력으로 유해성이 제기되면서 1970년대에 DDT 사용을 중지했다. 이렇게 그녀의 저서는 환경문제 대한 지속적인 연구의 확대와 DDT의 억제라는 당면목표를 성취하는데 기여했다. 1970년 미환경보호청은 1947년 제정된 연방 살충 · 살균 · 살서(취약법)을 1972년, 1975년, 1978년, 1988년 등 여러 번에 걸쳐 개정하고 강화했다. 이에 따라 DDT의 사용이 금지되었고, DDT 제조업자들에게는 계속적인 DDT 사용의 편익이 건강에 미치는 위협보다 더 크다는 것을 입증해야할 부담을 안게 되었다.[60]

심으로」, 『생태사회를 위하여』, 문화과학사, 1988, 44쪽.

58) DDT(dichloro-diphenyl-trichloro-ethane, 다이클로로다이페닐트라이클로로에테인)는 1874년 독일의 화학자에 의해 처음 합성되었고, 살충제로서 효능이 발견된 것은 1939년이었다. DDT는 질병을 옮기고 한밤중에 식량을 축내는 해충들에 대항해 승리를 안겨줄 수 있는 수단으로 인정받았다. 발견자인 스위스의 파울 뮐러(Paul Müller)는 노벨상을 받았다(레이첼 카슨, 『침묵의 봄』, 김은령 옮김, 에코 리브르, 2011, 44쪽).

59) 김재호, 『레이첼 카슨과 침묵의 봄』, 살림, 2009, 43쪽.

60) 조셉 스타이거, 『현대 환경사상의 기원』, 박길용 옮김, 성균관대학교 출판부,

하지만 그녀가 『침묵의 봄』에서 DDT의 유해성을 고발했음에도 불구하고 DDT를 생산해 내는 미국 화학업계는 그다지 큰 손실을 입지 않았다. 그 이유는 DDT사용규제를 미국 내에서만 적용하고 수출은 허용했기 때문이었다. 점차 『침묵의 봄』은 대중뿐만 아니라 정치가들에게도 깨우쳐 캐나다 정부가 환경 대책을 서두르는 계기를 마련하였다. 따라서 카슨은 그녀의 책에서 자연을 대상으로 취급하는 인간의 개발행위로 인해 인간뿐만 아니라 많은 생명체가 이 지구상에서 사라질 수 있음을 표현한 것이다.[61]

환경문제는 흔히 우리 주변에서 발생하는 환경오염을 떠올린다. 우리의 주변에서 수시로 접하는 자동차의 매연, 쓰레기 오물에서 나는 악취, 오염되어 냄새나는 수돗물 등 주로 환경오염과 관련되어 있다. 그러나 환경문제는 환경오염에만 국한된 협소한 대상이 아니다. 환경문제는 환경오염의 문제보다 훨씬 폭넓다. 환경문제는 인구의 증가, 에너지를 비롯한 천연자원의 부족, 식량부족, 육상 및 해양생태계의 파괴, 야생동물의 멸종, 온실효과, 오존층의 파괴, 산성비, 이상기후 등 포괄적 현상이다. 이러한 환경문제는 인간과 자연, 자연과 사회, 인간과 동물들이 서로 복합적으로 연관되어 있다.[62] 또한 1960년대 이후 핵폐기물의 처리 · 대기오염 · 수질오염 · 화석연료의 유한성 · 삼림의 감소 · 인구폭발 · 산성비 · 오존층의 파괴 · 지구온난화 같은 환경문제가 심각히 나타난 것에 기인한다.[63] 환경의 파괴와 오염은 인간과 별개의 문제가 아니라 자연 속에서 삶을 살아가야 하는 인간의 삶의 문제다. 과학기술발전의 결과가 인간의

2008, 71쪽.

61) 레이첼 카슨, 『침묵의 봄』, 김은령 옮김, 에코리브르, 2011.

62) 김명식, 「환경위기의 원인」, 『환경, 생명, 심의민주주의』, 범양사 출판부, 2002, 16쪽.

63) 가토우 히사티케, 『환경윤리』, 한귀현 옮김, 동남기획, 2001, 117쪽.

편의성을 한층 고양되어 왔음을 부인할 수 없음에도 불구하고, 인간이 마음 놓고 편히 사는 것이 점차 어렵게 되어가고 있다.

에코담론의 철학

에코철학은 지난 1970년 초반 등장하였다. 짐머만(Michael E. Zimmerman)은 에코철학을 크게 세 부류로 나누어 논의하였다.

첫 번째 부류는 인간중심적 개량주의이다. 이 부류는 환경경문제의 원인을 인간들의 무지와 끝없는 욕망, 그리고 근시안적 이기주의적 계산에서 찾는다. 즉 이 부류는 인간중심주의에서 벗어나 비용과 효용계산을 장기적인 관점에서 사려 깊게 숙고한다면, 지금과 같은 무분별한 자원사용이나 오염행위를 하지 않을 것이라 기대한다.

두 번째 부류는 환경윤리학의 여러 유형들이다. 이 입장은 인간중심적 개량주의와 다르게 인간만이 아니라 자연의 일부를 직접적인 윤리적 고려의 대상으로 삼는다.

세 번째 부류는 환경문제에 합리적 효용계산이나 기존 윤리학의 범위를 확장함으로써 대응할 수 있다고 간주하지 않는 입장이다. 이 관점에서 환경문제의 근본적 원인을 효용계산이나 기존의 전통윤리학 안에서 문제점을 찾아내려는 것은 근본적인 해결책이 아니다. 여기서 에코철학의 대표적 입장은 세 가지 측면이다.

첫째는 에코철학이라는 용어를 등장시킨 심층생태학(deep ecology)이다. 이 입장은 환경문제의 가장 커다란 원인을 인간중심주의에서 찾았다. 지금까지 환경문제의 대응방식은 인간중심주의에서 벗어나지 못한 얕은 생태학(shallow ecology)에서 나왔기 때문에 근본적인 문제를 해결할 수 없다는 것이다. 근본생태학자들은 노르웨이의 아르네 내스(Arna Naess), 미국의 드볼과 세션(Devall & Session), 카푸라(Capra), 시나이더(Gary Snyder), 그리고 영국의 포리트(Poritt) 등이다. 특히 내스는 에코담론의 영역을 개척한 철학자이다. 내스는 과학철학과 의미론에 조예가 깊었으며, 개별철학자로서는 스피노자와 간디에 깊은 관심을 보였다. 내스에게서 철학이란 지혜에 대한 철학이 아니라 행동과 관련된 지혜에 대한 사랑을 의미하였다. 그에게서 행동 없는 지혜에 대한 사랑은 의미 없는 것이었고, 지혜 없는 행동 또한 무의미한 것이다. 특히 내스는 자신의 논문 「피상적 생태운동과 근본적, 장기적인 생태운동」을 통해 환경주의와 자신의 입장을 근본적이고 광범위한 생태운동의 주류로서 근본 생태론이라 명명하였다. 여기서 근본생태론은 이기적인 개인과 포괄적인 혹은 확장된 자아(Self)를 서로 다른 것으로 구분한다.

그는 생태계 속의 모든 것들은 자기를 실현할 평등한 권리를 지닌다고 생각하면서, 큰 자아실현(Self-realization)은 근본생태론의 핵심적 체계로 정의한다. 먼저 이기적인 개인들은 타자를 자신과 분리하여 생각하지만, 확장된 자아는 타자를 자신과 동일하게 취급하면서 타자를 자신 안에 포함시킨다.[64] 특히 그는 자아가 생태계로 확대된 상태를 일반적인 의미의 자아실현(self-realization)과 구분하여 큰 자아실현이라 명명했다. 내스의 심층생태학은 입장은 세 가지 기본적 관점으로 말할 수 있다. 첫째, 심층생태학은 기본적인 사회경제적 실행에 대해 부분적인 개혁을 추구하는'얕은 환경론'을 거부한다. 둘째, 이러한 심층생태학의 실행이 왜, 그리고 어떻게 해서 발생했는가에 대해 보다 심도 있게 질문을 제기한다. 셋째, 심

64) 이상헌, 『생태주의』, 책세상, 2011, 65쪽.

층생태학은 자아와 자연에 대해 본연적이고 정신적인 일체화에 기반이 되는'전체 세계관'을 포용한다.[65] 이러한 근본생태론은 환경문제를 자연에 대한 보다 근본적이고 영적인 접근, 즉 인간을 포함한 자연계의 전일적 구조에 대한 인식의 인간정신과 같은 우주적 기운에 대한 인식이 필요하다는 생각에서 나왔다. 그래서 심층생태론자들은 생존하고, 반성하고, 자기 나름의 형태에 도달할 평등한 권리를 갖는다는 평등주의 입장에서 생태계를 바라본다. 따라서 심층생태론자에게서 모든 생명체는 밀접한 상호관계를 맺고 있기 때문에 각자의 평등성과 다양성을 인정하고 생명체끼리 공생의 원리를 추구한다.[66]

이런 측면에서 심층생태학의 목표는 기본적으로 생태계의 모든 구성요소에 대한 인류의 박애를 촉구하고, 이들 요소들이 다시 인간의 지배에서 벗어나 자신의 방식대로 살아갈 수 있는 자유를 부여한다.[67] 또한 시나이더는 인류 역사상 최고의 민주주의를 실현한 인종을 아메리카 인디안으로 보면서, 아메리카 인디언의 문화를 주목해야 한다고 주장한다. 시나이더는 동물이나 식물도 국민이며, 그들로 정치적 토론에서 그들의 처지와 목소리를 낼 수 있는 민주주의를 강조했다. 그런 민주주의에서 인간이외의 생물도 대표권을 지니며, 모든 국민들에 속하는 힘이라는 표현이 표어이어야 한다는 것이다.[68]

둘째는 에코페미니즘(ecofeminism)이다. 에코페미니즘은 "옛 지혜"를 일

---

65) Arne Naess, *Ecology, Community and Lifestyle*, Cambridge University Press, 1989, 27-28쪽. 171-176쪽.

66) Arne Naess, "The Shallow and Deep, Long-Range Ecology Movement", *inquiry*, Vol. 16, Spring, 1973, 95-96쪽.

67) 송명규, 『현대생태사상의 이해』, 도서출판 따님, 2004, 100-101쪽.

68) Roderick Frazier Nash, *The Right of Nature: A history of environmental ethics*, Madison: The University of Wisconsin Press, 1989, 3쪽.

컫는다. 이 용어는 여성운동, 평화운동, 환경운동 등 1970년대 말에서 1980년대 초반까지의 다양한 사회운동으로부터 성장해 왔다. 이 입장은 환경문제의 근원을 가부장제, 여성에 대한 남성의 지배에서 찾는다. 가부장제는 자연에 대한 인간의 지배를 당연시 하는 결과를 가져왔다. 에코페미니즘이란 개념은 프랑스 작가 드본(Francosie d'Eauboone)이 처음으로 사용했다. 드본은 1972년 "새로운 행동의 시작, 에코페미니즘(Launching a New Action: Ecofeminism)" 프로젝트의 부분으로 생태학-여성성을 연구했다. 그녀는 1974년에는 에코페미니즘을 위한 시간이라는 주제로 에코페미니즘에서 「페미니즘인가 아니면 죽음인가」를 발표했다. 이 책에서 드본은 여성억압과 자연 억압사이에는 직접적인 연관성이 있기 때문에 하나의 해방은 그 밖의 다른 해방과 밀접하게 연관되어 있다고 주장했다. 이는 에코페미니즘에서 그 이전에 분리된 것으로 생각되었던 페미니스트 운동과 생태운동을 종합하고자 했다. 무엇보다 드본의 에코페미니즘론은 새로운 인간주의를 지향한다.

드본은 이미 5천년 전에 가부장적 권력이 시작되면서 남성들의 다산성과 여성(생식)성 모두를 산만하게 퍼뜨리는 결과를 초래했다는 것이다. 이 가부장제적 권력이 자연을 착취하는 농경생활을 사업팽창을 만들어냈다. 이에 저항하여 지구, 상징, 그리고 위대한 어머니 지구의 보전을 위해 노력해 왔지만, 그렇게 쉬운 것은 아니었다.[69] 에코페미니즘은 대중들 사이에서 평등한 세계를 지향하기 때문에 여성적인 사회라는 것도 여성의 손에 권력을 쥐는 것이 아니라 세상 어디에도 권력이 존재하지 않음을 의미한다.

---

69) 문순홍, 「생태여성론, 그 닫힘과 열림의 이론사」, 문순홍 편저, 『생태학의 담론』, 솔, 1999, 368쪽.

에코페미니즘은 이론과 실천의 연관성과 총체성에 관한 것이다. 그것은 살아있는 모든 것의 특별한 힘과 완전함을 옹호한다. 우리에게 스네일 다터(북미산 민물고기의 일종)는 어느 공동체의 물에 대한 요구나 마찬가지로 고려되어야 하며, 돌고래는 참치에 대한 기호와 나란히 그리고 참치의 먹이가 되는 생물은 스카이랩(미국 유인 우주 실험실)과 마찬가지로 존중되어야 한다. 우리는 여성 정체성을 지닌 운동세력이며, 이 절박한 시기에 해야 할 특수한 사명이 있다고 믿는다. 우리는 기업전사(corporate warrior)들에 의한 지구와 지구 위의 존재들의 파괴와 군대전사들에 의한 핵 전멸 위협에 관심을 기울여야 한다고 본다. 우리에게 우리의 신체와 성(sexuality)의 권리를 부정하는 것도 바로 이 남성주의적 정신이며, 그것은 복잡 다양한 국가권력에 바탕을 두고 자신의 뜻을 관찰하고 있다.[70]

이와 같이 에코페미니즘의 시각은 자연 속의 생명이 협력과 상호 보살핌, 사랑을 통해 유지된다는 사실을 인식하는 새로운 우주론과 인류학의 보편성을 제기한다. 이러한 방법을 통해 모든 생명체의 다양성, 문화적 표현들은 우리의 안녕과 행복의 진정한 원천으로서 존중하고 보존할 수 있게 된다. 이 목표를 위해 "세계를 새로 짠다, 상처를 치유한다, 망(web)을 새롭게 상호 연결한다.[71] 지난 1970년 말부터 에코페미니즘의 논의는 지속적으로 있어 왔다. 마리 델리의 『여성과 생태학』, 수잔 그리핀의 『여성과 자연』, 캐롤린 머찬트의 『자연의 죽음』 등이 출판되면서 에코페미니즘의 발전에 많은 기여를 하였다.[72]

셋째는 사회생태학이다. 이 입장은 사회의 위계질서, 권위적 구조가 인간에 대한 지배를 넘어서 인간 이외의 자연에 대한 무분별한 파괴를 가져왔다고 주장한다.[73] 이 입장들의 공통점은 근대적 세계관에 대한 철저

70) 마리아 미스 · 반다나 시바, 『에코페미니즘』, 창작과 비평사, 2010, 27쪽.

71) 마리아 미스 · 반다나 시바, 위의 책, 16쪽.

72) 문순홍, 앞의 책, 1999, 362쪽.

한 비판이다. 근대적 세계관이란 데카르트가 이야기하는 심신이원론이나 기계론적 자연관이다. 그들은 이러한 세계관이 가치의 소재를 이간 안에 두고 자연을 철저히 재료의 저장고나 지배의 대상으로 여겼다.[74] 머레이 북친(Murray Bookchin, 1921~2006)은 『사회생태론의 철학』(1990)에서 사회생태학의 바탕인 기본개념들과 물음들, "자연이란 무엇인가, 역사, 문명 진보란 무엇인가? 에 대해 묻는다. 이 물음 속에서 그는 인간은 어떻게 자연과 연관되어 있는가? 이성이란 무엇인가?, 세계는 어떻게 알 수 있는가? 이를 설명하는 방법과 논리는 무엇인가? 이러한 물음들을 통해 그는 사회생태학의 방식으로 세계를 바라보았으며, 현시대의 환경문제를 사회문제에서 이끌어냈다. 그래서 그의 근본물음은 "환경문제를 사회구조, 그리고 사회이론을 어떻게 유기적으로 결합시켜 사유할 수 있을 것인가?[75]의 근본적 물음에 대한 해답을 찾는 것이었다.

북친의 관점에서 인간의 거주환경이나 지구의 자연생태계에 대한 관리, 보호, 보존의 이념은 부정적으로 말할 필요는 없으나, 보수적이며 인간중심주의였다. 그래서 그는 사회 생태학이 지닌 특징가운데 자연세계와 인간세계에 대해 전통적으로 지녀왔던 거친 이미지들을 거부한다. 사회생태학에서 이해한 자연은 결코 맹목적이지도, 침묵하지도, 잔인하지도, 경쟁적이지도, 냉혹하지도, 필연적이지도 않은 개체군들의 집합체이다.[76] 북친이 보기에 심층생태학의 생태중심주의는 러브룩의 가이아 이론에서 두드러지게 나타났다. 러브룩은 심층생태학이 인간을 가이아의

---

73) Zimmermann er. al(eds), *Enviromental Philosophy*, Englewood Cliff, 1993, vi-ix.

74) 장춘익, 「생태철학: 과학과 실천사이의 지적 상상력」, 송상용 외, 『생태문제와 인문학적 상상력』, 나남출판, 1999, 88-89쪽.

75) 문순홍, 『생태학의 담론』, 아르케, 2006, 120쪽.

76) 머레이 북친, 「사회생태론의 철학」, 문순홍 옮김, 솔, 1997, 116쪽.

육체에 기생하는 단순한 지적인 벼룩정도로만 보고 있다고 말한다. 이러한 태도는 인간을 비하함으로써 자연을 숭상하는 것 같지만, 인간에게 보이는 주체적인 능력들이 자연에서 비롯된 것이라는 사실을 고려한다면 자연을 비하하는 것이라고 북친은 주장한다.[77] 북친의 사회생태론은 두 가지 측면에서 환경문제를 해결하고자 했다. 하나는 인간사회의 환경문제이고, 다른 하나는 사회적 지배와 권력관계다.[78] 북친에 의하면, "고도의 위계가 존재하는 사회가 자연을 학대하고 파괴할 가능성도 높다. 사회적 위계는 자연을 지배하고 착취하는 동기와 수단이 되는 심리적인 조건과 물질적인 조건을 제공한다."[79]

북친은 생태학적 공동체를 이루었을 경우, 인간은 더 이상 지구의 암세포가 아니라 신경세포가 될 수 있다고 강조한다. 또한 북친은 『사회적 생태론과 코뮌주의』(2012)에서 인간이 자연에서 살아가는 방식을 기존의 관점과는 다르게 인간중심을 사회적으로 해석한다. 지금껏 환경주의자들은 인간보다는 자연을 향해 있다. 그는 인간 사회활동의 부산물이 자연에 해로운 것이 될 것이라 간주한다. 그래서 그는 인간의 활동에 제약을 가하고 규제하는 방향이라면, 인간의 활동 그 자체보다 인간이 사회를 어떠한 방식으로 재구성하느냐에 따라 충분히 생태적인 사회구조를 만들 수 있다고 본다.[80] 북친의 생태학적 실천방식은 프랑스 혁명 당시의 '파리 코뮌'에서 그 동기를 찾아냈다.

북친에 따르면, 인간은 사회적 동물이기 때문에 자연과 인간 모두가

---

77) 머레이 북친, 위의 책, 122쪽.

78) 구승회, 『생태철학과 환경윤리』, 동국대학교 출판부, 2001, 158쪽.

79) J. R. DesJardins, 『환경윤리』, 김명식 옮김, 자작나무, 1999, 386쪽.

80) 머레이 북친, 『머레이 북친의 사회적 생태론과 코뮌주의』, 서유석 옮김, 메이데이, 2012.

살아가는 방식은 공동체를 재구성하는데 있다. 그 공동체는 소규모 지역에서 부터 연방제를 기초로 하는 국가 형태의 대규모 지역으로 점차 나아간다. 따라서 북친은 공동체의 재구성된 기본 단위를 통해 인간의 의사결정 방식 가운데 가장 바람직한 '직접민주주의'가 가능한 소규모 지역 공동체를 제안하면서 '리버테리언 지역자치주의'를 주창했다. 즉, 리버테리언 지역 자치주의'란 도시 단위로 직접 민주주의를 실현하는 것이다. 북친에 따르면, 민중 자치를 통해서만 뿌리 깊은 위계제를 극복할 수 있다. 말하자면 "프롤레타리아 급진주의의 중심지가 공장이었다면, 생태 운동의 중심지는 마을, 타운, 자치체 등의 공동체다"[81] 그는 읍 · 면 · 시의 자율적 코뮌들이 아래로부터 연방을 구성해 국가에 대항하여 이중 권력을 만들 것을 제안한다. 지역의회에서 선출된 대표가 연방 의회에 참가하고, 거기서 논의된 것은 지역의회에서 비준을 받았을 경우에 효력이 발생한다. 이는 지역 의회나 기업체에 이르기까지 통제한다. 이러한 새로운 사회질서 안에서만 자연과 인간의 조화는 실현될 수 있다.

무엇보다 현재의 생태위기는 단순히 인간과 자연의 대립관계에 있지 않다. 자연은 희생자이고 인간은 가해자라는 전형적인 구도도 깨어져야 한다. 왜냐하면 인간과 자연은 모두 피해자일 수 있기 때문이다. 더 나아가 과학이나 합리성도 피해자이다. 왜냐하면 생태위기의 원인은 우리의 사회, 정치, 문화 등 도처에 숨어 있기 때문이다. 생태주의자들은 이구동성으로 많은 정부들이 추구하고 있는 현실 속의 환경정책에 대해 대체로 냉소적이다. 생태위기의 근본 원인은 인간이 환경을 지배하게 되면서 환경을 관리해야 할 대상으로 바꾼 것일 뿐 여전히 자연의 권리를 무시하는 사고의 산물에서 벗어나지 못했기 때문이다. 이러한 생태위기는 우리 모

81) 머레이 북친, 위의 책, 76쪽.

두에게 직면하게 되면서, 1990년대 들어 사회과학자, 환경운동가들에 의해 이론과 실천의 결합을 통해 미국과 유럽을 비롯하여 광범위하게 확산되었다. 북친이 그의 사회생태론을 전개하는데 많은 영향을 미쳤던 사상가들은 크게 세 부류로 나뉜다.

첫째, 막스 베버, 호르크하이머, 아도르노, 칼 폴라니 등으로서 이들은 지배의 문제와 이성, 과학, 기술로 인한 현대의 위기를 진단하는 사상에 영향을 받았다. 합리주의적인 인간은 자신의 관점에 따라 자연을 정복하였고, 그들은 이것을 지배 행사의 도구로 만들었다. 자연에 대한 인간의 지배는 다른 인간에 대한 인간의 지배를 만들어 놓았다.[82]

막스 베버(Max Weber)는 『경제와 사회』(1921)[83]에서 목적론적인 설명의 도구로써 사회과학을 이해할 수 있으며, 이를 통해 사회적 행위의 구조를 밝혀내어 그 의미를 부여받을 수 있다고 보았다. 베버에게서 목적은 어떤 행위의 원인이 되는 결과를 설명한다. 즉 그는 어떤 목적을 통해 나타난 결과에서 어떤 가능성의 원인을 고찰했다. 행위결과는 인간의 행위로서 이해한다.[84] 여기서 이해는 수단 / 목적의 관계다. 베버는 사회학을 사회적 행위와 사회적 관계로 파악하고 인과적으로 설명했다. 베버의 사회적 행위에 대한 설명은 인간의 행위에서 드러난다. 행위는 주관적으로 생각한 의미에 따라 의미관계를 현실적으로 이해할 수 있는 행위여야 한다.[85] 즉 사회적 행위는 상호 주관적인 방식으로 인간의 합목적론적인 활동 속

---

82) 이에 대한 자세한 내용은 다음을 참조: 양해림, 「기후변화와 책임의 윤리」, 『환경철학』, 제8집, 한국환경철학회, 2009, 197-214쪽, 215-239쪽. 이 책의 제5장, 제8장 참조.

83) Max Weber, *Wirtschaft und Gesellschaft*, Tübingen 1947.(막스 베버, 『경제와 사회』, 박성환 옮김, 문학과 지성사, 1997.)

84) Max Weber, *Gesammelte Aufsätze zur Wissenschaftslehre*, Tübingen 1968, 183쪽.

85) Max Weber, *Wirtschaft und Gesellschaft*, Tübingen 1947, 4 쪽.

에서 가능하다. 베버는 넓은 의미에서 사회적 행위를 통해 인간의 행위를 설명하였고, 사회과학의 인식을 새롭게 받아들였다. 이러한 사회과학 인식의 방법은 행위하는 행위자가 인간의 행태(Verhalten)를 어떻게 이해할 수 있는 가에 있다.[86)]

호르크하이머(Max Horkheimer)와 아도르노(Th. Adorno)는 『계몽의 변증법』(1947)에서 인간은 자기 자신의 관점에 따라 환경을 정복하는 일에 자신의 합리성을 이용해왔다고 보고, 이성을 단지 지배의 도구로만 삼았다고 파악한다. 합리주의적인 인간은 자신의 관점에 따라 자연을 정복하였다. 인간은 이성을 지배 행사의 도구로 만들었다. 이성의 도구화는 자연을 후퇴시켜 놓았다. 자연에 대한 인간의 지배는 다른 인간에 대한 인간의 지배를 만들어 놓았다. 자연 지배의 정도는 점점 심화되었고, 현재의 기술 상태가 지상에서 낙원의 상태로 되었음에도 불구하고 그 근처에 잠재적으로 파멸의 그림자가 드리워져 있다.[87)]

이러한 문화 발전의 침울한 측면을 아도르노와 호르크하이머는 제2차 세계대전 이후의 사회 상황에서 그 원인을 찾았다. 그들의 이론은 그 당시의 정치적이거나 과학 기술의 전체주의에 대한 비판으로 등장하게 되었다. 이것은 현대의 과학 기술에 그 근거를 두고 있으며, 과학은 이런

---

86) Max Weber, *Wirtschaft und Gesellschaft*, p. 1 : Max Weber, *Soziologische Grundbegriffe*, 6. Aufl. 1984, 19쪽.

87) Max Horkheimer/Th. W. Adorno, *Dialektik der Aufklärung*, Amsterdam, 1947, p. 24. Vgl. 양해림, 「과학기술시대의 오디세우스-호르크하이머와 아도르노의 계몽의 변증법을 중심으로-」, 『디오니소스와 오디세우스의 변증법』, 철학과 현실사, 2000, 215-239쪽: Gerd Kimmerle, *Verwerfungen. Vergleichende Studien zu Adorno und Habermas*, Tübingen 1986, pp. 19-20; Klaus Baum, Die Transzendierung des Mythos. *Zur Philosophie und Ästhetik Schellings und Adornos*, Würzburg : K & N 1988, p. 31 ; Reinhard Kager, *Herrschaft und Versoehung, Einführung in das Denken Theodor W. Adoros*, Frankfurt a. M. 1988. p. 27 ; Willem van Reijen, *Adorno zur Einfürung*, Hamburg 1990, p .45.

부정적인 발전을 저지시키기 보다 오히려 이를 심화시켰다는 데 있다. 우리가 과학과 기술의 발전으로 인해 인간의 삶을 크게 변화시킨 긍정적인 점을 인정한다고 할지라도 선진산업사회는 인간에 대한 소외화 현상을 야기시켰다.

경제학자 칼 폴라니(Karl Polanyi, 1886~1964)는 『거대한 전환』(1944)에서 경제와 공동체를 조화시키면서 경제성장과 개인의 자유를 허용하는 것이 가능함을 보여주었다. 폴라니는 반자본주의적이고 반마르크스주의적인 관점에서 공동체와 그 안의 인간관계가 분열을 조장하는 시장의 힘으로부터 보호되어야 한다고 주장했다. 지난 1990년대 이후 전 세계에 확산된 자기조정 시장에 대한 종교적인 믿음이 불평등, 실업, 저성장, 공동체파괴, 환경파괴를 야기했다. 그는 "인간 세상을 구성하는 모든 물질, 서비스, 심지어는 사회적 관계까지도 상품으로 만들 경우 이상적이고 효율적인 질서가 수립될 것이라는 신념을 반박했다. 또한 폴라니는 시장경제가 인간과 인간이 사는 그 자연 환경을 치명적으로 파괴하기 때문에, 지속가능하지 않다고 확신했다. 이러한 폴라니의 이론은 전후 진보적 사회과학에 많은 영향을 미쳤고, 2008년 미국발 금융위기 이후 신자유주의의 대안을 모색하는 데 지속적인 영감을 안겨 주고 있다. 따라서 폴라니는 20세기 자본주의를 넘어서는 대안을 모색하면서 진보적 이상주의와 결합했다.

둘째, 윌리암 고든(Willaim Godwin), 피터 크로포트킨(Peter Kropotkin) 등 에코아나키즘(무정부주의자)들의 유토피아적인 전통과 자연적 호혜주의이다. 특히 크로포트킨은 공동체주의, 탈도시화, 산업의 탈중심화, 대안적 기술, 유기농업, 성장의 억제, 새로운 자연주의적 감수성을 수용했다. 그는 현재의 억압적인 산업 자본주의의 세계를 반위체계적 사회체계에 근거한, 탈중심적-민주적 공동체로 변형시켜야 한다고 주장한다.[88] 그는 인간사회의 진화발전에는 상호경쟁이 아니라 상호부조가 보다 중요한 역할을 한다고 강조한다. 즉 그에 따르면, 동물이나 인간의 진화에는 상호투쟁도 존재하지만, 상호부조와 상호지지의 법칙 역시도 존재한다. 또한 종의 유지와 진화에는 상호투쟁보다 상호부조가 훨씬 더 적절하다는 것을 생물학적 근거로 제시했다.[89] 이런 측면에서 에코아나키즘은 자신이 인정하지 않는 권력을 부정하는 의미에서 정부의 권력만을 부정하지 않는다. 에코아나키즘이 부정하는 권력은 정부에 한정하지 않고 종교, 사회, 자본, 문화단체 등 강압적으로 개인의 자유를 침해하는 어떠한 권력도 이에 해당된다. 따라서 에코아나키즘은 "정부가 필요 없는 유토피아적 전통과 자연의 호혜주의사회"를 추구한다.

셋째, 북친의 역사관, 이성관 그리고 자연관의 형성은 두 가지 흐름에 영향을 주었다. 한 흐름은 북친 스스로 칭하는 소크라테스 이전의 철학 전통을 한스 요나스(Hans Jonas, 1903-1993)에 이르는 유기체론적 전통과 책임 윤리학의 전통[90]이 그것이다. 요나스는 자연에 대한 침범행위와 인간자신의 문명화는 서로 맞물려 있다고 본다. 하나는 자연의 영역에서 자연의 피조물로 침투해 들어가는 것이며, 다른 하나는 도시국가와 법률이라는 피난처를 통해 자연에 대한 내성을 구축하는 것이다.[91] 요나스가 지적했던 것처럼, 인간에게 있어서 오랫동안 객관적 기술의 대상이 될 수 있었던 것은 바로 기술의 개입으로 인한 피상적 특성들 때문이었다. 인간의 기술개입은 자연을 일시적으로 혼란스럽게 만들어 놓았다. 이제껏 자연

---

88) 구승회, 『생태철학과 환경윤리』, 동국대학교출판부, 2001, 161쪽.

89) 이상헌, 『생태주의』, 책세상, 2011, 76쪽.

90) Hans Jonas, *Das Prinzip Verantwortung, Versuch einer Ethik für technologische Zivilisation*, Frankfurt. a.M. 1979.

91) Hans Jonas, 앞의 책, 18쪽.

은 스스로 균형을 회복해 왔으며 인간과는 비교할 수 없을 만큼 강력하며 무궁무진하게 인간의 행동에 절대적 영향을 미쳐왔다. 요나스가 『책임의 원칙』(1979)에서 제시한 기술에 대한 윤리적 통제의 4가지 원칙,[92] 첫째, 기술의 장기적(長期的)인 영향을 예측할 수 있는 보다 나은 방법을 개발해야만 하며, 둘째, 유토피아적인 행복에 대한 예측보다는 불행한 최후의 심판에 예언을 하는 것에 우선권을 둠으로써 나날이 증대되는 미지의 것들에 대해 신중하게 대처해야 하며, 셋째, 인류의 생존이나 기본권적 인간애가 결코 위험에 처하지 않게 행위해야 하며, 넷째 우리 후손의 창창한 미래를 보장하는 것이 우리의 의무임을 인식해야 한다.

[92] Hans Jonas, 앞의 책, 63-101쪽.

제 2 장

마르크스의 에코담론: 자연과 인간의 소외

제2장
마르크스 에코담론의 철학:
자연과 인간의 소외

서구의 자연관: 인간중심주의

마르크스(Karl Heinrich Marx, 1818-1883) 철학의 자연관은 그의 계승자들에 의해 인간중심주의 및 생태중심주의의 입장에 따라 각기 첨예하게 대립하여 논의되어 왔다. 마르크스주의 철학은 한편으로 자연을 인간의 사회발전을 위한 도구적 지배대상으로 간주한 계몽주의 전통에 서 있는 인간중심주의의 사상이며, 다른 한편으로 마르크스주의 생태학의 문제에 대해 이론적인 해답을 이끌어 내려는"[1] 사상이다. 전자의 인간중심주의의 입장에서 보았을 때, 마르크스는 언제나 인간사회에서 일어나는 노동, 사회, 역사의 철학을 자연에서 찾았다. 마르크스가 자유의 역사라고 하는 주장도 언제나 인간사회의 유물론적-자연주의적 대상에 입각해 있다. 이러한 시도를 통해 마르크스는 노동, 사회, 자연에 대한 역사를 정립해 나갔다. 우리는 마르크스의 이러한 입장을 인간중심주의, 사회중심주의 그리고 프로메테우스적이라 부른다.[2] 물론 이러한 관점이 마르크스의 확고

1) 이성백, 「마르크스의 자연문제와 생태론」, 『사회철학대계4』, 민음사, 1998, 424쪽.

2) Henning Ottmann, "Der Begriff der Natur bei Marx-Überlegungen im Light ökologischer Fragestellungen", in: *Zeitschrift für philosophische Forschung,* Bd. 39-2,

한 학설로서 자리매김한 것은 아니다. 하지만 마르크스의 철학은 인간중심주의, 사회중심주의, 그리고 인간의 프로메테우스적인 자기 확신으로 각인되어 왔다.

후자의 생태중심주의의 입장으로 보았을 때, 마르크스의 초기 저서인 『경제학-철학수고』(1844)는 생태학적으로 민감한 외부자연을 기점으로 인간 소외를 분석했다. 즉, 그는 인간의 생존문제, 토양과의 관계, 자본주의 농업의 문제들을 다루었다. 마르크스 사상에서 이러한 주제들은 후기 저작에서 중요한 관심 분야였다. 그가 마지막 10년의 인종학적 연구물에서 선사 시대 및 고대의 공동체적 문제들을 언급하면서 더욱 주목받게 되었다.[3] 즉 마르크스는 자연과 인간관계에서 사회적 변화로 발전해 나가는 생태학적 사유방식에 관심을 보였다. 이러한 관점에서 마르크스 에코철학의 핵심은 현대 과학적 생태주의의 사유에 단초를 제공한 유물론 및 고대 에피쿠로스의 전통을 발전시킨 방법론에서 찾을 수 있다.[4] 그러면 오늘날 마르크스에게 있어서 생태학이란 무엇인가?

앞서 고찰하였듯이, 생태학은 자연철학을 갈망한다. 21세기 현시점에서 마르크스에서 생태사상 및 생태학의 흔적들은 다음의 저서들에서 찾아 볼 수 있다. 먼저 마르크스의 에코담론 및 자연철학의 문제는 그의 박사학위 논문인 『데모크리토스와 에피쿠로스의 자연철학의 차이』(1840)[5],

---

1985, 218쪽.

3) 존 벨라미 포스터, 『마르크스의 생태학』, 이범웅 옮김, 인간사랑, 2010, 65-66쪽.

4) 마르크스의 생태중심주의의 자세한 내용은 다음을 참조: Guy Vaillancourt, "Marxism and Ecology: More Benedictine than Franciscan," in Ted Benton, ed., *The Greenting of Marxism*, New York: Guilford, 1996, 50-63쪽.: 존 벨라미 포스터, 『마르크스의 생태학』, 이범웅 옮김, 인간사랑, 2010, 26쪽.

5) 마르크스는 이 저서에서 데모크리토스와 에피쿠로스의 원자론과 원자의 자연현상 형식인 천체운동, 즉 우주에 대한 관점의 차이를 중심으로 시간개념에 대해 심도 있는 철학적 고찰을 전개하였다. 에피쿠로스는 자연이라는 거시세계와 원자라

『정치경제학 철학초고』(1844), 『독일 이데올로기』(1845) 등에서 찾아 볼 수 있다. 청년 마르크스에게 있어서 자연철학은 그가 반관념론자인 동시에 자연주의자로서의 이중적 함의를 지니고 있다. 그러면 마르크스의 광범위한 저서들 중에서 초기의 생태학적 자연관, 그리고 21세기 현대 사회에서 그의 자연적 생태관이 어떤 의미를 지니는가를 고찰해 보자.

지금까지 환경문제의 일반적 분석은 고대 그리스 사상에서 두 가지의 문제에 주로 역점을 두었다. 하나는 인구수 증가에 따른 자연의 한계에 대한 문제이며, 다른 하나는 인간중심주의 대(對) 생태중심주의 관점의 문제였다. 이제 깊숙이 자리 잡은 인간중심주의, 자연에 대한 도구적 접근, 자연의 무한한 한계점들은 서구사상의 맹점이라 비난받고 있다. 제1장에서 고찰해 보았듯이, 고대 그리스인들은 물활론적인 자연관을 갖고 있었다. 그들은 자연에 정령이 깃들어 있으며, 자연은 인간과 전혀 다를 바가 없다고 다음과 같이 생각하였다.

> 고대세계에서 기계는 종종 인간과 자연의 균형 속에서 이루어진 일종의 자연에 역행하는 변형으로서 개념화되었다. 이와는 다르게 어원상으로 본다면, mechanè라는 개념은 솜씨, 재치, 재주 등을 의미한다. 그러므로 기계는 아리스토텔레스로부터 전통적으로 일종의 지식으로 간주되었다. 또한 지식이 자연을 침해하기 때문에 자연에 대항하는 기술로서 간주하고 있다. 이와 반대로 의약을 예로 든다면, 자연이 의약을 증진시킨다는 점에서 의약은 자연

는 미시세계의 연관성을 원자의 성질 규정을 통해 표현한다. 에피쿠로스는 원자개념간의 성질사이에 드러난 모순을 정립함으로서, 원자는 자신의 본질과는 다른 하나의 현상된 존재, 즉 자연으로 모습을 드러낸다는 사실을 규명하였다(K. Marx, 『데모크리토스와 에피쿠로스 자연철학의 차이』, 고병권 옮김, 그린비, 2001: 최형익, 『마르크스의 정치이론』, 푸른숲, 1999, 93-97쪽: 존 벨라미 포스터, 『마르크스의 생태학』, 이범웅 옮김, 인간사랑, 2010, 100-166쪽: 권정임, 「비결정론과 생태적 합리성-비결정론에 대한 맑스의 생태사회론의 양가성 비판과 변형」, 『환경철학』 제9집, 2010, 60-69쪽.)

에 순응하는 셈이다.[6]

이제까지 고대 자연관에서 이끌어낸 귀결은, 인간이 자연을 해칠 경우에 자연은 반드시 인간에게 보복을 가할 것이라는 공포심이었다. 앞서 언급했듯이, 중세기술사학자였던 린 화이트 2세(Lynn White, Jr., 1907~1987)에 따르면, 중세유럽에서 기독교의 전파를 통해 자연관에 많은 변화를 가져왔다. 로마시대에 들어와 공인종교를 획득한 기독교는 그 이전의 자연개념과 다른 생각을 갖고 있었다. 그는 자연과 인간과의 관계에 대한 기독교의 가치관, 즉 인간중심주의는 오늘날의 환경문제를 초래한 주된 원천이라고 신랄하게 비판했다.[7]

물활론의 관점에서 벗어난 근대의 인간은 자신들이 설정해 놓은 자연이 마치 자신들의 것처럼 주인행사를 하기 시작했다. 인간은 사유의 주체로서 자아를 가진 존재이다. 그런데 근대의 자아 개념은 인간으로부터 자연을 철저하게 소외시켰다. 근대의 과학정신을 대표하는 자아개념은 인간과 자연, 주체와 타자와의 분리를 통해 생겨났다. 그래서 인간은 살아남기 위해 자연을 파괴해야 했다. 농업혁명 · 도시혁명은 자연의 엄청난 개조를 수반했고, 이것이 이른바 생태학의 혁명이었다.[8]

주지하듯이, 오늘날 생태위기는 서양의 과학기술문명이 초래한 부정적 결과이다. 환경에 엄청난 부담을 주는 이런 물질문명의 부정적 폐해는 17세기 과학혁명과 18세기 산업혁명을 거치면서 그 잠재적인 폭발성이

---

6) Robert Spaemann, "Technisch Eingriffe in die Natur als Problem der politischen Ethik", in; Dieter Birnbach(Ed.), *Ökologie und Ethik*, Stuttgart: Reclam, 1991, 191쪽.

7) Jr. G. White, The historical Roots of our Ecologic Crisis", in: *Science*, 155, 1967, 283쪽.

8) 서구의 고 · 중 · 근세대의 생태담론의 패러다임적 흐름은 다음을 참조: 양해림, 「생태담론의 연원(淵源)적 고찰」, 『환경철학』, 제9집, 한국환경철학회, 2010, 1-23쪽. 이 책 제1장 참조.

잉태되고 있었다. 먼저 자본주의의 반생태학적 성향은 상당부분에 걸쳐 17세기의 과학혁명, 특히 베이컨의 저서에서 그 기원을 두고 있다. 18세기의 산업혁명은 환경에 대한 자본주의의 관계를 보다 강화하는 계기를 마련하였다. 자본주의는 토지와 노동과 같은 산업의 본질적인 요소들을 상품화할 내적 동력에 의해 추동되었지만, 존재의 자연적, 인간적 기초를 허물어뜨리지 않고는 그렇게 할 수 없었으며, 점점 더 환경과의 전쟁상태에 깊숙이 빠져들었다. 산업혁명이 생태에 악영향을 미친다는 사실은 처음부터 인식되었다. 증기해머 발명자인 제임즈 네이머즈는 1830년 "굴뚝에서 뿜어져 나오는 아황산가스들에 의해 풀들이 말라 죽었고, 모든 초본성 식물들이 소름끼치는 잿빛으로 변했다. 이것이 식물의 죽음을 상징하는 가장 슬픈 측면이다"[9]라고 기술했다.

근대문명의 실재관은 인간중심주의와 인간과 자연을 분리하는 이원적 자연관이었다. 데카르트(R. Descartes)는 『방법서설(Discourse on Method)』(1637)과 『제1철학에 대한 성찰(Meditationes de prima philosophia)』(1644) 등에서 "나는 생각한다. 고로 존재한다."라는 경구를 통해 인간의 정신과 육체를 분리하였다. 여기서 데카르트는 '나'를, 그리고 '주체'를 신으로부터 분리해냄으로써 근대의 시작을 알렸다. 즉, 데카르트는 사고하고 판단하는 주체를 근대의 출발점으로 삼았다.[10] 데카르트는 실체가 속성을 달리하는 두 가지의 실체로 이루어져 있다고 말한다. 그 두 가지 실체란 자연과 인간이다. 그의 이원론적 사고의 방식은 인식의 주체와 대상을 분리한다. 주체인 인간은 자연을 대상화하면서 오직 자연을 인간의 이용물로만 간주하며, 정복의 대상으로 삼는다. 그래서 주체와 객체의 구분은 대상을 추상화시키

9) 존 벨라미 포스터, 『환경과 경제의 작은 역사』, 현실문화연구, 2001, 59쪽.

10) 이진경, 『맑스주의와 근대성-주체생산의 역사이론을 위하여』, 문화과학사, 1997, 26쪽.

고 세분화하며 인간이 대상을 지배하는 원리가 되었다.[11] 이런 측면에서 현대 생태학자들은 인간을 자연의 지배자로 삼았던 데카르트의 인간중심적 자연관과 함께 생태위기가 시작되었다고 본다. 데카르트의 입장에서 생물을 포함하는 물질적 우주 전체는 하나의 기계였으며, 이러한 기계는 하나의 작은 부분으로서 이해했다.

서양근대사상에서 베이컨적인 감각세계의 경험주의를 통해 인간의 지식과 관념의 기원에 대해 증거를 제시했던 철학자는 로크였다. 로크는 "자연에 전적으로 내맡겨진 채 경작되는 식목의 개량이 없는 대지는 실제로 그러하듯이 황무지로 간주되며, 우리는 그것이 주는 혜택이 아무 것도 없다는 것을 발견"했다고 말한다. 그리고 로크는 "지구 안에 존재하는 모든 것을 인간의 쾌락과 혜택을 위하여 인간에게 주어진 것"이라 주장했다. 이러한 근대의 합리주의 및 영국경험론의 사상은 탈신화화와 과학만능주의와 인간만의 이익을 극대화시키고자 했던 공리주의를 낳았다. 근대화의 산물인 합리주의는 자연물이나 거목, 숲에도 신령이 깃들어 있다는 신화를 철저히 거부하고 자연에 대한 신성한 감정과 신비한 의식을 소멸시켰고, 숲을 그때그때 필요할 때 마다 충족하기 위한 이용물로 여겼다.[12]

제1장에서 언급했듯이, 갈릴레오나 데카르트에 의해 창안된 개념적 틀은 뉴튼의 기계론적 대종합을 이루어냄으로써 17~18세기 과학에 뛰어난 성과를 가져다 주었다. 갈릴레오는 망원경으로 하늘을 관찰하여 인류

---

11) 김성환 · 이경희, 「데카르뜨의 윤리학」, 서양근대철학회 엮음, 『서양근대윤리학』, 창비, 2010, 16-17쪽: 양해림, 『대학생을 위한 서양철학사』, 집문당, 2015, 168-176쪽.

12) 박이문, 「생태학적 합리성과 아시아 철학」, 숲과 문화연구회편, 『숲께 드리는 숲의 철학』, 철학과 현실사, 2006, 161쪽: 박이문, 『예술과 생태』, 미다스북스, 2010, 199쪽.

에게 우주의 창조물을 바꾸어 놓았고, 이로써 인류는 더 이상 지구상에 존재하는 것만이 아니게 되었다. 또한 과학혁명을 이끌었던 뉴튼의 『자연철학의 수학적 원리』(1687)는 물질에 대한 개개의 미립자나 원자론의 입장을 제안하여 그 원리가 과학 안에서 광범위하게 수용된 이후 원자론을 채택하였다. 18세기말부터 19세기의 서구의 자연철학은 융성기를 맞이했다. 하지만 갈릴레오, 뉴튼과 같은 자연과학자들은 자연과학의 정확한 이정표를 분명하게 제시하지 못했다.[13] 뉴튼이 신봉하였던 자연은 그 당시 자연과학이 어느 위치에 머물러 있었는지 잘 몰랐다.

그러나 우리는 자연과학이 출현하기 이전에 자연이 어떤 위치에 있었는지 정확하게 가늠할 수 없다. 19세기 중반 이후 과학과 기술의 결합은 산업사회의 생산성이 비약적으로 증진되면서 점차 가시화되었다. 19세기를 통해 생태학적 사유의 진화에서 가장 위대한 발전은 변화하는 역사적 조건과 상호 작용하는 자연에 대한 유물론적 개념의 탁월한 결과였다. 중세시대와 19세를 통해 지배적인 세계관은 위대한 존재의 영속성에 대한 목적론적 세계관이었다. 이러한 목적론적 세계관은 신의 섭리와 연관하여 우주의 만물을 설명하였으며, 인간을 위한 지구의 창조와 연관하여 설명하였다.

마르크스의 에코담론: 인간중심주의인가, 생태중심주의인가?

이제까지 수많은 생태학적 연구들은 인간중심주의 대 생태중심주의

13) Klaus Michael Meyer-Abich, "Naturphilosophie auf neuen Wege", Osward Schwemmer(Hg.), *Über Natur*, Frankfurt. a. M. 1987, 63쪽.

의 사고에 의해 이루어졌다. 하지만 위에서도 언급하였듯이, 서구의 오랜 다양한 사상과 문화, 또는 문명은 주로 인간중심주의의 사상으로 이끌어져 왔다.[14] 마르크스의 생태관은 서구사상의 연장선상에서 인간중심주의 혹은 생태중심주의의 관점에서 논의가 진행되어 왔다. 하지만 이러한 이분법적 입장은 지식의 진정한 발전과 의미 있는 실천을 가로막는 요인이었다. 실제로 이러한 이분법적 사유는 인간 대 자연의 개념을 영속화시키려는 시도라 우려해 왔다. 마르크스는 『정치경제학비판 요강』(1857)의 한 구절에서 자연에 대한 지배라는 개념자체를 부정하고 있는 것처럼 보인다. 왜냐하면 지배라는 개념은 자유 의지의 파괴를 의미하기 때문이다. 지배는 자연에 대해 결코 무분별한 방식으로 마음대로 행동해야 한다는 것을 의미하지 않는다. 하지만 『독일 이데올로기』(1846)에서 마르크스는 인간은 언제나 자연과의 투쟁과 통일 속에서 존재한다고 생각했다. 마르크스에게서 자연은 인간의 형상과 같은 성질을 지니고 있는 것이 아니다. 자연 그 자체는 목적을 가지고 있지 않다. 자연에게 그 자신의 목적을 부여하는 것은 다름 아닌 인간이다. 자연에 그 자신의 목적을 부여하여 인간은 반드시 자연의 법칙에 복종해야 한다.

그룬트만(Reiner Grudmann)에 따르면, 베이컨과 데카르트는 생태학에 관한 문헌 속에서 주된 희생양이 되어 왔다. 즉, 그룬트만이 보기에 베이컨과 데카르트는 인간이 자연의 지배를 찬양하는 세계관을 건설하는데 힘을 보탰다.[15] 영국의 경험론적 철학자인 베이컨(Francis Bacon)은 "자연은 복종하는 가운데 정복된다.[16]"고 외치면서 인간이 자연을 지배하고 파괴하

---

14) 인간중심주의에 대 생태중심주의에 대한 자세한 내용은 다음을 참조: Robyn Eckersley, *Environmentalism and political Theory*, New York: State University of New York Press, 1992.

15) 라이너 그룬트만, 『마르크스주의와 생태학』, 박만준 · 박준건 옮김, 동녘, 1995, 80쪽.

는 것을 정당화했다. 베이컨에게 있어서 자연의 정복은 "인류의 진정한 본분과 운명"이었다. 베이컨은 "인간의 재능과 손에 의해서"[17] 자연이 자연 상태에서 벗어나 이용되고 변형되어야 한다고 보았다. 말하자면 자연은 반드시 봉쇄되어야 하고 인간의 "노예"가 되어야 하는 것이었다. 베이컨이 보기에 자연의 복속은 여성이 남성에 대한 복속과 다를 바가 없었다.[18] 하지만 지배는 결코 강탈이나 침해를 의미하지는 않는다. 베이컨은 그의 저서 『신기관』에서 다음과 같이 말하고 있다.

> 자연을 지배하기 위해서 반드시 자연에 복종해야 한다. 자연의 종이면서 동시에 자연의 해석자인 인간은 오로지 그 자신이 현실적인 면에서나 생각 속에서 자연의 과정에 대해 관찰해 왔던 만큼만 행동할 수 있고, 이해할 수 있다. 이것을 넘어서 인간은 아무 것도 할 수 없을뿐더러 어떤 행동도 할 수 없다.[19]

위 인용구에서 보여주듯이, 인간은 자신의 목적을 자연에 부여하지만, 결코 독단적인 방식으로 자연을 억압하거나 조종할 수 없다. 마르크스의 이론이 인간중심주의라는 비판의 대부분에서 의심받고 있는 것은 그의 유물론이다. 마르크스의 유물론은 생태학적 가치를 주장하기 보다는 오히려 마르크스로 하여금 이른바 "베이컨식 자연지배의 사상"[20]과 경제 발달을 강조하면서 이끌어왔다. 우리가 자연을 이용하고자 한다면,

---

16) Francis Bacon, *The Great Instauration and New Atlantist,* Harlan Davidson, 1980, viii,

17) Francis Bacon, 앞의 책, 21쪽.

18) Francis Bacon, 앞의 책, 31쪽.

19) Francis Bacon, *Novum organon, in The Works of F. Bacon*, iv. Stuttgart, 1986, 47쪽.

20) 베이컨의 자연지배에 대한 자세한 내용은 다음을 참조: 양해림, 「생태위기와 베이컨의 유토피아적 기획-한스 요나스의 베이컨의 유토피아주의의 비판을 중심으로」, 『에코 · 바이오테크시대의 책임윤리』, 철학과 현실사, 2005, 156-186쪽.

그것은 자연을 마구잡이로 침해하는 것이 아니라 오히려 자연에 복종함으로써 성사된다.

마르크스는 이러한 입장을 베이컨의 이론에서 받아들였으며, 인간의 자연에 대한 관계에서 일반적인 형태를 취했다. 먼저 수렵, 채집생활을 하는 사회에서와 같이 자연이 단순히 이용대상에 지나지 않는 형태에서였다. 둘째, 자연이 이용되고 있을 뿐만 아니라 또한 변형되었다.[21] 현대의 생태계 보호주의 운동은 베이컨으로 대표되는 17세기 과학혁명의 출현을 생태계 파괴의 주된 원인으로 돌렸다. 이를테면 베이컨은 자연지배의 옹호자로 묘사되었다. 사실상 베이컨에게 있어서 자연의 정복은 필요한 구호만 무작위로 인용하여 확대 재생산된 측면이 있다. 그럼에도 불구하고 자연지배사상은 단순히 직선적인 인간중심주의 관점과 기계론의 특징으로 간주된다.[22] 마르크스의 생태관은 인간중심주의로 보는 관점을 두 가지의 관점에서 살펴볼 수 있다.

첫째, 마르크스의 대안적 사회형성론이 입각하고 있는 프롤레타리아적 관점이 인류 및 다른 생명체의 생존을 포괄하는 "생태적 사회형성론"을 수용하기에는 너무 협소하다는 주장이다(Lipietz, 1998, Eckersley, 1996).[23]

둘째, 마르크스의 이상사회는 생산의 무한한 증대를 추구하는 생산주의에 기반 한다. 생산의 무한한 증대는 물질과 에너지의 무한한 소비를 동반하기 때문에 반생태적일 수 있다. 여기서 마르크스의 대안적 사회형성론은'계몽주의적 산업주의의 후예(Bahro, 1980, Bockchin, 1996, Grundmann, 1995) 또는 근대적인 계몽주의 및 진보이데올로기를 계승한 이론(Eckersley, 1996)

---

21) 라이너 그룬트만, 앞의 책, 82쪽.

22) 존 벨라미 포스터, 『마르크스의 생태학』, 이범웅 옮김, 인간사랑, 2010, 46-49쪽.

23) 권정임, 「근대성과 맑스-생태문제를 중심으로-」, 『철학연구』, 대한철학회, 제104집, 2007, 22쪽 재인용.

또는 19세기 산업주의(Benton, 1989:76)에 사로잡혀 있는 이론으로 비판받기도 한다.[24] 그룬트만(Grundmann)에 의하면, 마르크스는 분명 베이컨, 데카르트와 같은 계몽 사상가들의 후예였다. 그룬트만이 보기에 마르크스는 인간중심주의의 접근방식을 취했으며, 인구증가, 미래세대, 인간행위의 예견치 못한 결과를 낳았다. 그리고 마르크스는 자연의 탐구에 어떤 장벽도 설정하지 않았다. 마르크스는 때때로 인간중심적인 사고에 대해 스스로 놀라움에 빠져 있었다. "자연의 힘이 인간의 지배권 안에 들어오는 것, 기계, 산업, 농업에 화학을 적용하는 것, 증기기관의 배를 젓는 것, 철도, 전기, 전신, 경작을 위해 전 대륙에 걸쳐 벌목 하는 것, 강을 운하로 연결하는 것, 모든 사람들은 땅으로부터 벗어나 마술에 걸린 듯했다.[25]

이러한 마르크스의 인간을 중심으로 하는 자연관에 대해 사회학자 기든스(Anthony Giddens)는 다음과 같이 말한다: "마르크스에게 있어서 자연이란 무엇보다도 사회발전을 실현하는 매개체다. 인간의 보편적 역사는 자본주의에 이르러 극대화된 생산력의 점진적으로 발전해 왔다. 그러나 계급체계의 착취적인 인간의 사회적 관계들이 변화하는 것에 대해 마르크스의 자연탐구는 그다지 확장되지 않았다."[26] 이에 대해 에커슬리는 "마

---

24) 권정임, 앞의 논문, 22쪽 재인용. 서영표는 마르크스의 인간중심주의의 입장을 다음과 같이 정리한다. 첫째, 마르크스주의는 생태주의가 제기하는 새로운 문제들을 이론화할 수 없다는 입장(Grundmann, 1991:103), 둘째, 마르크스의 생태주의적 문제제기에 대해 의심의 회오리를 바라보며, 적대적이기까지 한 입장(Benton, 1996:7), 셋째, 생태주의적 문제제기는 마르크스주의에 대한 중대한 도전이지만, 마르크스 사상 내에는 이미 준비된 답이 담겨져 있다는 입장(Benton, 1996;7)이 그것이다(서영표, 「한국의 녹색담론과 사회주의」, 『진보평론』, 제40호, 메이데이, 2009, 86쪽.)

25) 앤디, 메리 필드, 『매혹의 도시, 맑스주의를 만나다』, 남청수 외 옮김, 도서출판 서울, 2005, 59-60쪽.

26) Anthony Giddens, *A Contemporary Critique of Historical Materialism,* London; Macmillan, 1981, 59쪽.

르크시즘은 자연의 본원적 가치보다 그 도구적 가치에 초점을 두고 있기 때문에 인간중심주의다"라고 말한다.[27] 하지만 포스터는 마르크스의 생태학적 통찰력을 최근에 인정받게 되었다고 보았는데, 그는 다음과 같은 여섯 가지의 논리로 비평가들의 입장을 정리한다.

첫째, 마르크스의 생태학적 진술들은 그의 저작물과 체계적인 관계를 맺고 있지 않다는 이유로 제대로 조명 받지 못했다.[28]

둘째, 이러한 생태학적 통찰이 마르크스 초기 소외의 비판에서 불균형적으로 제기되었기 때문에 그의 후기 저작물에 명료하게 언급되지 않았다.

셋째, 마르크스는 인간의 자연에 대한 착취를 제대로 검토하지 못했으나, 프로메테우스적(친기술주의적, 반생태학적) 관점을 채택했다.

넷째, 프로메테우스적 논의에 대한 추론으로서 마르크스 입장에서 자본주의 기술과 경제적 발달은 모든 생태학적 한계의 난점들을 해결했다. 그래서 향후 미래사회는 풍요로운 조건 하에 놓이게 될 것이다. 즉 미래사회를 위해 희소자원의 배분문제를 심각하게 고려하는 것과 생태학적 관점에서 사회주의를 개발하는 것은 마르크스의 논리를 이해하는데 반드시 필요한 것은 아니었다.[29]

다섯째, 마르크스는 환경에 대해 과학기술의 문제나 기술적 효과에 그

---

27) Robin Eckersley, *Environmentalism and political Theory an Ecocentric Approach,* New York ; State University of New York, 1992. 최병두, 「자연의 지배, 탈소외, 승인-맑스주의적 생태학에서 인간과 자연간 관계의 재고찰」, 『도시연구』, 제3호, 1997, 186쪽 재인용: 최병두, 「마르크스의 생태학과 생산적 환경정의」, 『비판적 생태학과 환경정의』, 한울, 2010, 248쪽.

28) David Goldblatt, *Social Theory and the Environment,* Boulder, Colo: Westview Press, 1996, 5쪽.

29) Aloc Nove, "Socialism", in J. Eatwell(Ed.), *The New Palgrave Dictionary of Economics,* vol. 4. New York: Stockton, 1987, 399쪽.

다지 많은 관심을 기울이지 않았고, 그 결과로 인해 생태학적 문제의 분석을 위해 실제로 과학의 기초를 마련하지 못했다.[30)]

여섯째, 마르크스는 인간과 동물을 엄격하게 구별하고 동물보다 인간을 더 우위에 놓는 입장을 취했던 종차별주의자였다.[31)]

위에서 마르크스의 인간중심주의와 생태중심주의의 사상을 언급하였듯이, 마르크스의 입장은 인간과 자연, 사회의 관계에서 초점을 어떻게 두느냐에 따라 관점을 달리한다. 마르크스는 『경제학-철학초고』에서 생태주의의 관점을 다음과 같이 기술하고 있다.

> 인간은 자연을 먹고 살아간다. 이 말은 자연은 곧 인간의 몸이라는 것을 뜻하며, 인간이 죽지 않기 위해서는 자연과 계속적인 교류를 해야 함을 의미한다. 인간의 육체적 삶이 자연에 연관되어 있다고 말하는 것은 인간은 자연이 그 자신과 연결되어 있다는 것을 의미할 뿐이다. 왜냐하면 인간은 자연의 일부이기 때문이다.[32)]

위 인용문에서처럼, 인간은 자연을 벗어나서는 살아갈 수 없으며, 자연에 절대적으로 의존해 있다. 여기서 마르크스는 그 당시 인간사회에서 생태학적 문제에 대해 바람직한 방향으로 나아가기를 원했다. 우리가 본래의 자연 상태를 건드리지 않거나 자연이 인간행위에 의해 변형되기 이

---

30) Michael Reddift and Graham Woodgate, "Sociologie and Environment,'" Michael Reddift and Tesd Benton(ed.), *Social Theory and Global Environment,* New Haven, Conn: Yale University Press, 1989, 34쪽.

31) Anna Bramwell, *Ecology in the Twentieth Century,* New Haven, Conn: Yale University Press, 1989, 34쪽.

32) Karl Marx und F. Engles, *Ökonomische-philosophische Manskripte(1844), MEW 40,* Berlin, 1985, 516쪽.

전의 상태로 되돌려 놓는다고 해서 환경문제가 손쉽게 해결되는 것은 아니다.[33] 마르크스는 자본주의에 반대하는 입장에서 지구는 어떤 개인의 소유물도 아니며, 어떤 민족이나 국민의 소유물도 아니라고 선언한다.[34] 따라서 마르크스가 보기에 지구는 후속세대들이 소유해야 하며, 가정을 잘 관리해 나가는 것과 마찬가지로 원칙에 따라 지구를 돌봐야 하는 것이었다.

마르크스의 에코담론: 인간의 자연화, 자연의 인간화

슈미트(A. Schmidt)에 따르면, 자연주의적 유물론은 마르크스 사회이론의 토대를 이룬다. 마르크스에게서 자유주의적 유물론은 진지한 사회이론을 구축했다. 즉 마르크스는 자연주의의 경향에 기울어져서 포이에르바하(Ludwig Feuerbach, 1804~1872)의 길을 수용했다.[35] 포이에르바하의 인간학적 유물론은 원자의 기계론적 운동이 아니라 자연과 인간의 질적인 결핍을 모두 포괄하는 감각적-대상적 본질을 가리켰다. 그래서 마르크스는 포이에르바하의 정신을 자연과 함께 관계하는 것으로 새롭게 보았다.[36] 이런 점에서 슈미트는 마르크스의 이중적인 자연개념[37]을 적용했다. 한

---

33) 이성백, 「마르크스의 자연문제와 생태론」, 『사회철학대계 4』, 민음사, 1998, 430쪽.

34) Karl Marx und F. Engles, *Kapital,* 3, 911쪽.

35) 마르크스와 포이에르바하의 관계의 자세한 내용은 다음을 참조:Iring Fetscher, "Hegel-Feuerbach-Marx", *Hegel-Studien,* Bd. 2. 1963, Berlin, 376-386쪽: Kim, Kyoung-Soo, *Zum Begriff der Philosophie im Vormärz, -Untersuchungen zu Feuerbach und Marx,* Freien Universität, Bern, 1998.

36) Alfred Schmidt, *Der Begriff der Natur in der Lehre von Marx,* Hamburg, 1993, 13쪽.

37) 마르크스의 자연개념의 유물론적 관점은 현대철학자들, 즉 슈미트, 하버마스, 포

편으로 마르크스의 관점에서 자연은 현존하는 모든 실체의 총체, 즉, 인류와 외적 자연을 포함한 이른바 우주를 의미하였다. 다른 한편으로 자연은 단지 인간이 자연과 실제적 관계를 맺을 경우 인간과 대면하고 있는 장소를 뜻했다. 말하자면 인간은 오로지 자연을 변형시킬 때에만 자연과 관계를 맺는다는 것이다.[38] 그러면 마르크스가 주창했던 인간의 자연화, 자연의 인간화는 어떤 의미를 지니고 있는가?

마르크스는, 인간은 자신의 의식적인 활동을 통해 자연을 자체에 "비유기적 자연"으로 만들어서 인간이 유적, 사회적 존재로 나아가야 한다고 말한다. 마르크스에게서 인간의 역사는 진정한 자연의 역사였다. 여기서 인간의 역사는 자연 그 자체의 외연이 사회로 확장된 것이다. 그래서 마르크스는 "자연과 사회"[39]를 단순하게 구분하지 않았고, 자연과학과 역사과학사이의 어떠한 근본적인 방법론적 구분도 하지 않았다. 그래서 그는 『독일 이데올로기』에서 다음과 같이 썼다.

> "우리는 개별적인 과학, 역사과학만을 인식한다. 역사는 두 가지 측면에서 고찰한다. 즉 역사는 자연의 역사와 인간의 역사에서 구분된다. 이 두 가지 측면은 나누어지지 않는다. 인간이 존재하는 한, 자연의 역사와 인간의 역사는 서로 대립하게 된다."[40]

스터 등의 저서에서 분명하게 제시하고 있다. 자세한 내용은 다음을 참조: A. Schmidt, *Der Begriff der Natur in der Lehre von Karl Marx*, Frankfurt, a. M. 1978: J. Habermas, *Erkenntnis und Interesse*, Frankfurt. a.M. 1968.

38) Alfred Schmidt, 앞의 책, 29쪽.

39) 코르쉬(K. Korsch)에 의하면, 마르크스의 새로운 혁명적 관념들은 주로 변증법적 유물론의 구도 속에서 자연과 사회에 대한 경험과학에 적용되는 형태로 존재하고 발전했다고 파악한다. 즉, 개별과학들은 '개별 철학'에서 독립적이라 주장하는 것, 그리고 철학은 '자연과 역사'의 광활한 영토로부터 내몰려서 사유와 법칙의 학설에 그 이외의 활동 영역을 개별적으로 갖게 되었다는 것이다(Karl Korsch, *Marxismus und Philosophie*, Leipzig, 1930, 40쪽).

위 인용문에서 마르크스는 자연과 인간의 역사 속에서 자연과 사회의 통일관계를 설명한다. 마르크스는 이러한 과정에서 '자연의 인간화', 인간의 자연화가 실현되는 것으로 설명하고 이것의 완성을 완성된 자연주의=인간주의, 완성된 인간주의(Humanismus)=자연주의로 규정한다.[41] 슈미트-코바르칙(Wolfdietrich Schmied-Kowarzik)에 의하면, 마르크스의 자연관은 "생태학적 위기에 대한 이론 및 실천을 위한 결정적인 단초를 제공했다."[42] 마르크스의가 제창했던 "자연의 인간화, 인간의 자연화"는 인간본성의 유한성을 심층적으로 사유할 것을 요청한 윤리적 명제였다. 자연의 인간화는 인간 외부의 자연을 인정하는 삶의 방식을 뜻한다.[43] 따라서 마르크스는 자연의 인간화와 인간의 자연화를 폭넓게 해석해 나갔다.[44]

마르크스에게 있어서 이러한 해석은 "인간과 자연 그리고 인간과 인간 사이에서 일어나는 모순을 진정 해결하고자 했다. 또한 이러한 해석은 실존과 본질, 대상화와 자기 확인, 자유와 필연성, 개체와 유(類)사이에 일어나는 투쟁을 해결하는 것이었다.[45] 따라서 마르크스는 자연의 본성과 사회적 본성의 통일성이 생산의 역사에서 이루어지게 되며, 또한 생산의

---

40) Karl Marx, *Deutsche Ideologie* MEW 3, Berlin, 1985, 69쪽.: Alfred Schmidt, *Der Begriff der Natur in der Lehre von Marx,* Hamburg, 1993, 43쪽 재인용.

41) Karl Marx und F. Engles, *Ökonomische-philosophische Manskripte(1844), MEW* 40, Berlin, 1985, 540쪽.

42) Wolfdietrich Schmied-Kowarzik, *Das Dialektische Verhältnis des Menschen zur Natur: Philosophiegeschichliche Studien zur Naturproblematik bei Karl Marx,* Freiburg/München, 1984, 14쪽.

43) 이진우, 「마르크스의 자연개념과 생태학적 사회철학」, 『탈현대의 사회철학』, 문예출판사, 1993, 117쪽.

44) Wolfdietrich Schmied-Kowarzik, 앞의 책, 72-73쪽.

45) Karl Marx, *Deutsche Ideologie,* MEW 3, Berlin, 1985.

역사에서 자연과 인간의 역사를 통일하는 것, 즉 유일한 과학의 역사를 얻는 것이었다.

자연의 인간화는 그것을 실현하는 그 순간에 다시 자연적인 것으로 된다. 그것은 인간의 삶을 구속하는 강제이자 대상으로 존재한다. 그 대상은 다시 인간을 구속한다. 인간의 자연화, 여기서 소외가 발생한다. 따라서 마르크스는 소외된 노동의 인간본질을 향한 복귀를 주장한다.[46] 마르크스는 소외된 노동의 개념을 분석하여 정치경제학의 모순을 극복하고 그 모순점들을 해결하고자 했다.[47] 무엇보다 소외된 노동은 노동의 실현을 방해하고 왜곡한다. 사적 소유의 본질은 사회적 노동임에도 불구하고 그것이 인간에게서 분리되어 적대적인 힘으로 섰을 때 '소외'는 인간 자신의 가치를 파괴한다. 모든 육체적 및 정신적 감각 대신에 모든 감각들의 완전한 소외, 즉 그 감각이 들어서게 된다. 인간의 본질은 절대적 빈곤으로 환원되어 자신의 내적 부름을 자기 바깥으로 방출하게 된다.[48]

자연의 인간화, 인간의 자연화[49]

구분	자연의 인간화	인간의 자연화
그 자체로서 물적 자연	노동을 매개로 자연을 변형생성하여 생산함	자연의 일부로서 인간의 생, 물리적 형성과 생존
텍스트로서 자연	자연의 질서에서 의미를 생성하고 소통함	자연의 질서와 아름다움의 내면화와 이에 부합하는 사고와 의미표출

46) 김영균, 『맑스, 탈현대적 지평을 열다』, 메이데이, 2007, 186쪽.

47) 루이 알뛰세, 『마르크스를 위하여』, 이화숙 옮김, 백의, 1990, 180쪽.

48) Karl Marx und F. Engles, *Ökonomische-philosophische Manskripte(1844), MEW 40,* Berlin, 1985, 540, 160쪽.

49) 이도흠, 「마르크시즘의 생태적 해석」, 『인류의 위기에 대한 원효와 마르크스의 대화』, 자음과 모음, 2015, 112쪽.

마르크스는 노동자 소외를 ① 노동의 생산물로부터 노동의 소외 ② 노동활동으로부터 노동자의 소외 ③ 인간 종(種)(인간을 주어진 종으로 규정했던 창조적이고 가변적인 활동)으로부터 노동자의 소외, ④ 노동자 상호간으로부터 소외로 규정했다.[50] 이렇게 『경제학-철학수고』에서 마르크스는 노동자의 소외개념을 네 가지의 양상으로 파악했다.

첫째, **노동 생산물로부터의 소외**: 이는 "노동자에게 힘을 행사는 낯선 존재(fremdes Wesen)로서 노동의 생산물에 대한 노동자의 관계"[51]에서 드러난다. 마르크스는 노동자의 낯선 생산물의 대상화가 의미하는 바가 무엇인지를 소외된 노동에서 해명한다: "노동자는 자연 없이, 그리고 감각적인 외부세계(sinnliche Auβenwelt) 없이는 아무 것도 생산할 수 없다. 자연은 물질에서 그의 노동이 현실화되고, 활성화 되며 물질로부터 그리고 물질의 매개에 의해 노동을 생산해 낸다."[52] 이러한 사실은 노동이 생산하는 것, 곧 노동의 생산물이 낯선 존재로서 생산자와 무관한 권력으로서 노동과 대립한다.[53] 노동자는 자신의 생명을 노동 대상 속에 투여하여 생산물을

---

50) 마르크스의 자연과 인간의 소외개념에 대한 자세한 분석은 다음을 더 참조: Alfred A. Oppolzer, *Entfremdung und Industriearbeit: Die Kategorie der Entfremdung beim Karl Marx,* Köln, 1974, 109-238쪽: Elmar Treptow, Die Entfremdungstheorie bei Karl Marx, München, 1978: Christoph Henning, *Theorien der Entfremdung zur Einführung,* Hamburg, 2015: Heinrich Popitz, *Der Entfremdete Mensch-Zeitkritik und Geschichtsphilosophie des jugen Marx,* Basel, 1953: Jochim Israel, *Der Begriff Entfremdung,* Hamburg, 1985, 48-97쪽: Karl Löwith, "Man's Self-Alienation in the Earth Writtings of Marx", in: *Social Research,* Vol 21. 1954, 204-230쪽: Manfred Friedrich, *Philosophie und Ökonomie beim jungen Marx,* Berlin, 1960, 89-143쪽: Manfred Buhr, "Entfremdung-philosophische Anthropologie-Marx-Kritik", in: *Deutsche Zeitschrift für Philosophie,* Heft.7, 1966, 806-834쪽: Margaret Alice Fay, *Der Einfluβ von Adam Smith auf Karl Marx' Theorie der Entfremdung,* Frankfurt/New York, 1986, 180-220쪽.

51) Karl Marx und F. Engles, 앞의 책, 511쪽.

52) Karl Marx und F. Engles, 앞의 책, 512쪽.

만들어낸다. 노동의 결과인 생산물은 노동자에게 귀속하지 않고 자본가에게 귀속하게 되며 노동자의 현실(Entwicklung)을 보게 된다. 즉, "노동의 생산물은 하나의 대상 속에 구체화되고 물질적으로 된 노동이다. 노동의 생산물은 노동의 대상화이다. 노동의 현실화는 노동의 대상화이다. 국민경제적 상황에서는 노동의 현실화로 나타난다."[54]

둘째, **노동 활동으로부터 노동자의 소외**: 노동자는 노동의 밖에서 비로소 자기 자신을 느끼고 노동함에 있어서 자기의 외부에 있다(Arbeiter fühlt sich daher erst auβer der Arbeiter sich). 즉 "먼저 노동은 노동자에게 자기의 외부에 있다. 노동은 노동자의 본질에 속하지 않으며, 그래서 노동하면서 자신을 긍정하는 것이 아니라 스스로를 부정하고, 만족을 느끼는 것이 아니라 불행을 느끼며, 그의 육체적, 정신적 힘을 발전시키는 것이 아니라 그의 육체를 억누르며 마음을 황폐화하게 만든다."[55] 이는 노동자의 자기소외, 곧 자기부정이다. 마르크스는 노동자가 노동자 자신을 표현하기 위해 노동하는 것이 아니라 생계를 위해 어쩔 수 없이 노동하는 것이라 주장한다. 만일 그러한 "강제적 조건이 없다면 노동은 회피될 것"[56]이다. 여기서 마르크스는 강제의 구체적 내용을 대량생산체제의 단순반복 작업을 노동의 일반 형태라 말한다.

셋째, **유적**(類的) **존재로부터의 소외**: 유(類)는 인간을 다른 동물로부터 구별해 내는 잠재력을 지칭하는 가능성의 범주이다. 인간은 자기 자신 속에서 모든 살아있는 인간의 본성을 발견하고 모든 자연을 인간 자신의 비

---

53) Karl Marx und F. Engles, 앞의 책, 511쪽.

54) Karl Marx und F. Engles, *Ökonomische-philosophische Manskripte(1844), MEW* 40, Berlin, 1985, 511-512쪽.

55) Karl Marx und F. Engles, 앞의 책, 514쪽.

56) Karl Marx und F. Engles, 앞의 책, 514쪽.

유기체적 육체로 만드는 유적 존재(Gattungswesen)이다. 그러나 소외된 노동은 이러한 인간과 자연의 관계를 전도시키고 인간의 본질을 실존수단으로 전락시킨다. 그러한 인간의 본질은 더 이상 삶의 목표나 내용이 아니기 때문에 삶은 단지 수단으로 변질된다.[57]

마르크스는 "인간의 활동이 동물의 생명활동과는 다르게 육체적인 욕구로부터 유적 존재의 활동이며 자신의 능력을 확장해 가는 활동"[58]이라 파악한다. 다시 말해 유적 존재의 생산 활동은 단순한 생산이 아니라 인간의 사회적 능력과 관계에 기반 한 생산이다. 의식적인 생명활동은 인간을 동물적인 생명활동으로부터 직접 구별한다. 바로 이러한 구별에 의해서만 인간은 유적 존재로서 존재한다. (....) 대상적 세계를 실천적으로 산출하는 것, 즉 비유기적 자연을 개조하는 것은 바로 인간이 의식적인 유적 존재라는 것을 확증한다. 다시 말해 인간은 자기 자신의 고유한 본질로서 유(類)나 유적 존재에서 자기 자신과 관계하는 존재임을 확인한다. ....이리하여 인간은 대상적 세계를 개조함에 의하여 비로소 현실적인 유적존재로서의 자기를 확증한다.[59]

넷째, **인간에 의한 인간으로부터의 소외**: 이는 노동자의 다른 인간과 유대하는 관계이다. 노동의 생산물이 노동자에게 귀속하지 않고 노동자에게 낯선 세력으로서 대립하고 있다면, 그것은 생산물이 노동자 이외의 다른 사람들의 소유가 되었기 때문에 가능하다. 즉, "인간이 자기 자신에 맞서게 되면, 다른 인간과도 맞서게 된다. (.....) 인간이 자신의 유적 존재로부터 소외되어 있다는 것은 한 인간이 다른 인간으로부터 그리고 양자가 모두 인간의 본질로부터 소외되어 있음을 뜻한다.[60]

---

57) Karl Marx und F. Engles, 앞의 책, 516쪽.

58) Karl Marx und F. Engles, 앞의 책, 517쪽.

59) Karl Marx und F. Engles, 앞의 책, 516-517쪽.

마르크스의 관점에서 인간의 자연화와 자연의 인간화를 통합하는 핵심은 사회이다. 자연은 그 자체로 인간에 의해 존재하지 않는다. 자연은 노동을 통해서 인간적인 것으로 존재한다. 그러나 그 노동은 단지 자연과 인간의 관계만을 매개하는 것이 아니다. 노동은 인간과 인간의 관계 사이에도 존재한다. 인간 개인의 직접적인 실존 대상은 동시에 자신의 현존재이면서 타인의 현존재이고 그 자신에 대해 타인의 현존재이다. 여기서 자연과 인간, 인간과 인간의 관계를 매개하는 것은 사회적 노동이다. 그것을 통해 인간과 자연, 자연과 인간은 새롭게 포착된다.

이제 자연은 그 자체로 존재하지 않는다. 자연은 오로지 사회적 노동을 통해서 "인간화된 자연"으로 존재하며 인간은 그 속에서 자신의 역사를 생성한다. 사회적 노동, 그것은 인간과 자연, 인간과 인간을 매개하는 핵심적인 결절점이다. "사회적 성격이 운동 전체의 보편적 성격이다; 사회 전체가 인간을 인간으로서 생산하듯이, 사회는 인간에 의해 생성된다. ..... 자연의 인간적 본질은 사회적 인간에게 있어서 비로소 존재한다."[61] "모든 자연적인 것이 생성해야만 하듯이, 인간도 자신의 생성행위인 역사를 가진다. 하지만 인간에게 역사란 의식된 역사이며 생성행위로서의 역사는 의식적으로 자신을 지양하는 생성행위이다. 역사는 인간의 진정한 자연사이다."[62]

마르크스의 희망은 궁극적으로 공산주의 사회만이 자연을 인간화하고 인간을 자연화하면서 제1자연과 제2자연을 통합하는 것이었다.[63] 그

60) Karl Marx und F. Engles, 앞의 책, 518쪽.

61) Karl Marx und F. Engles, 앞의 책, 538쪽.

62) Karl Marx und F. Engles, 앞의 책, 579쪽.

63) 마르크스는 제1자연과 제2의 자연을 헤겔의 『법철학』에서 빌려왔다.: "....권리의 체계가 현실화된 자유의 영역인 반면에, 정신세계는 제2의 자연처럼 그 스스로를 낳는다."(G.W.F. Hegel, *Grundlinien der Philosophie der Rechts,* Frankfurt. a. M,

래서 그는 『정치경제학 비판 요강』(1857-1858)에서 "보편적으로 발전된 각 개인은 자연의 산물이 아니라 역사의 산물[64]"이라 말한다. 이러한 변형 과정에서 마르크스는 "인간과 자연이라는 주된 두 요인"[65]이 상호의존관계로서 전개돼야 한다고 보았다.

마르크스의 에코담론: 자연과 인간의 관계

마르크스의 초기 저서를 중심으로 보았을 때, 자연과 인간의 관계는 대체로 두 가지 관점으로 압축된다. 하나는 자연의 우선성이며, 다른 하나는 자연이 인간 활동에 대해 대상화하여 존재한다. 이러한 자연과 인간

1987, &4, &29 & 151: 헤겔 법철학에 대한 자세한 내용은 다음을 참조: 양해림, 「헤겔의 법철학과 공동체주의-도덕성과 인륜성을 중심으로-」, 『철학연구』, 117집, 대한철학회 2011, 161-189쪽.). 마르크스는 자신의 맹목적인 힘이 인간에게 미친다는 의미에서 제1자연이라 보았으며, 맹목적으로 행하는 자연법칙을 제2자연이라 보았다. 헤겔은 현존하는 자연의 제2의 형식들(법, 국가, 사회)을 이성의 현현이라 주장했다. 이와 반대로 마르크스는 제2의 자연은 자연적인 방식, 즉 인간이 이해할 수 없는 방식으로 인간에 대해 작용한다. 따라서 자연 2는 인간 이성의 현현일 수 없으며, 이성에 대한 왜곡일 뿐이라 주장했다(라이너 그룬트만, 『마르크스주의와 생태학』, 박만준 · 박준건 옮김, 동녘, 1994, 127-129쪽). 아도르노는 「자연사의 이념」과 그 이후의 『부정의 변증법』에서 헤겔의 제2의 자연개념에 대한 청년 루카치의 마르크스적 독해를 따른다. 이러한 마르크스적 독해에 따르면, 제2의 자연개념은 '소외되고 죽은 세계'를, 빈고해진 사회관계의 물화된 표상을 나타냈다.(Th. W. Adorno, "Die Idee der Naturgeschichte", *Gesammelte Schriften I,* Frankfurt. a.M. 1933, 355-356쪽). 여기서 제2의 자연은 뼈처럼 굳어진 인간노동의 산물을 대변하게 된다(스벤, 뤼티겐, 정태훈 옮김, 「비자연적 역사?」, 『뉴레프트리뷰』, 2011/3, 도서출판 길, 2011, 102쪽.)

64) Karl Marx, *Grundrisse der politischen Ökonomie*, MEW 42, Berlin, 1985, 162쪽.

65) 라이너 그룬트만, 앞의 책, 130-131쪽.

의 관계를 마르크스는 다음과 같은 두 가지의 관점에서 파악한다.

첫째, 자연은 인간의 노동활동의 존재론적 토대로서 인식된다. 마르크스는 노동의 매개과정이라는 관점에서 외연적 자연의 우선성(Priorität der äuβeren Natur)"[66]을 자연에서 발견한다. 마르크스가 자연에 대해 가장 먼저 파악하고자 한 것은 그 자체에서 생성, 소멸하고 자연법칙에 따라 운동하는 자연의 우선성이었다.

> "대상적 존재는 대상적으로 작용한다. ...대상적 존재는 대상들만을 활동하며 정립할 뿐이다. 왜냐하면 대상들은 대상들을 통해서 설정되며 자연의 집(Haus)이기 때문이다. 그러므로 설정한 행위 속에서 대상들이 '순수한 활동'에서 대상을 창조하는 데에로 나아가는 것이 아니라 정립한 행위의 대상적 산물은 오직 자신의 대상적 활동, 자신의 활동을 대상적이고 자연적인 본질의 활동으로 입증할 뿐이다."[67]

위 인용문에서처럼, 마르크스는 대상적 존재를 창조하고 정립하는 것을 자연에서 찾았다. 마르크스가 자연의 우선성이라는 규정을 통해 관념론적 자연관에 대해 비판했다면, 자연을 인간의 활동외부에서 형이상학적이고 비변증법적인 자연관을 비판하였다.[68] 마르크스에게서 자연은 인간과 정신을 포함하여 모든 존재자로부터 유래한다. 따라서 마르크스에게서 자연은 존재의 근원이다. 또한 모든 존재자는 자연 위에서만 존립할 수 있기 때문에 자연은 존재자의 존재기반이 된다. 모든 존재자는 자연에 속해 있는 일부분이며, 자연은 모든 존재자를 자신 안에 포괄한다.

---

66) Karl Marx und F. Engles, Die *Deutsche Ideologie,* MEW, 3, 42쪽.

67) Karl Marx und F. Engles, *Ökonomische-philosophische Manskripte(1844), MEW 40,* 577쪽.

68) 김창호, 「자연 속에서의 인간의 지위」, 『마르크스의 역사적 유물론과 인간론』, 도서출판 죽산, 1991, 103쪽.

그래서 인간은 자연적 존재일 뿐 아니라 인간적인 자연의 본질(menschlisches Naturwesen)이다. 말하자면 인간은 자신의 존재를 자각하는 유적존재(Gattungswesen)이다.[69] 인간은 자연존재일 뿐만 아니라 동시에 의식적인 생명활동에서 참다운 본질을 이룰 수 있다. 하지만 마르크스는 이 양자를 통일적으로 이해하지 못하였을 때 인간을 인간적 자연존재로 제대로 파악할 수 없다고 생각한다. 하지만 인간은 직접적으로 자연적 존재이다. 인간은 자연존재로서 그리고 살아있는 자연존재로서 자연적 힘들, 생명력들을 갖추고 있는 활동적인 자연존재이다. 이런 힘들은 그 안에서 소질, 능력, 충동들을 통해 존재한다. 주지하듯이, 인간에게서 "배고픔은 자연적 욕구이다. 그러므로 배고픔은 그것을 충족하기 위해서 자신을 진정시키고 자기 바깥에 있는 자연, 자기 바깥에 있는 대상을 필요로 한다. 배고픔은 나의 몸(Leibes) 바깥에 있으면서, 몸을 통합하고 몸의 본질을 표현하는데 필요불가결하게 대상을 향한 나의 몸 안에서 일어난 욕망이다."[70]

둘째, 자연은 인간의 노동과 생산에 의해 대상화된 세계로서 이해한다. 여기서 마르크스는 자연과의 신진대사(Stoffwechsel)라는 개념을 적용하여 인간의 자연지배가 단순히 자연의 착취가 아님을 주장한다.[71] 여기서 Stoffwechsel이라는 독일어 말에 포함된 의미는 생물학적 성장과 쇠퇴의 구조적 과정의 관점을 뒷받침하는 물질적 교환을 뜻한다. 마르크스는 신진대사의 개념을 노동과정을 이해하는데서 그 기반으로 삼았다. 마르크스는 일반화된 상품생산에서 "최초로 형성된 일반적인 사회의 물질적 교환 체계, 보편적 관계, 욕구 및 보편적 능력" 등을 광범위하게 신진대사의

---

69) Karl Marx und F. Engles, *Ökonomische-philosophische Manskripte(1844), MEW 40*, 579쪽.

70) Karl Marx und F. Engles, 앞의 책, 578쪽.

71) Karl Marx und F. Engles, *Das Kapital,* MEW, 23, Berlin, 1985, 192쪽.

개념을 통해 적용하였다. 또한 마르크스가 보기에 물질적 교환은 먼저 C-M-C의 분석(상품-돈-상품)으로 나타나고 형식적 교환의 방해요소는 물질적 교환의 방해물로서 기획된다.[72] 말하자면 마르크스는 노동을 "인간과 자연사이의 신진대사, 즉, 인간적인 삶을 매개하기 위해 모든 사회형태로부터 독립한 인간의 실존조건, 곧 영원한 자연의 필연성"[73]이라 간주했다. 인간적인 측면에서 자연은 인간의 주관적 자연에 그리고 그의 환경이 소유한 객관적 자연에 그리고 동시에 사회적인 노동의 재생산 과정에 의해 매개된다.[74]

노동이란 인간과 자연이 관계를 맺어가는 과정이다. 이 과정에서 인간은 자발적으로 자연과의 물질적 신진대사를 매개하고 통제하며 조절한다. 인간은 자연의 고유한 힘과 능력을 이용하여 자연의 산물을 인간의 삶에 유용한 형식으로 바꾸어 놓는다. 또한 외부세계에 작용을 가하고 변경하는 가운데서 인간자신의 본성도 변화하게 된다.[75]

주지하듯이, 인간은 자연과의 지속적으로 주고받는 신진대사를 통해서만 살아갈 수 있기 때문에 신진대사를 원활하게 이루기 위해서는 자연에 상응하는 적합한 상태로 있어야 한다. 만약 자연이 그러한 적합한 상황에서 벗어난다면, "인간과 토지사이에 물질적 교란"이 발생하게 되며

---

72) Karl Marx, *Texts on Method,* Terrell Carver(Trans), Oxford; Blackwell, 1975, 209쪽. 마르크스가 설명하는 자본(일반화된 상품생산)의 일반공식은 M-C-M이다. 여기서 화폐가 상품(또는 상품생산의 수단)으로 교환되고, 다시 팔려 돈이 된다. 이때 이윤이 생겨난다. 이 공식은 자본주의 최우선의 목적, 즉 자본주의는 인간 요구의 충족이 아니라 화폐가치M')의 확장을 최우선의 목적으로 삼는다는 것을 보여준다. 상품(C)의 생산은 단지 목적을 위한 수단일 뿐이다.(존 벨라미 포스터, 『생태계의 파괴자 자본주의』, 추선영 옮김, 책갈피, 2008, 62쪽.)

73) Karl Marx, *Kapital,* Berlin, 1960, Bd. I. 47쪽.

74) Jürgen Habermas, *Erkenntnis und Interesse,* Frankfurt. a. M, 1968, 38쪽.

75) Karl Marx und F. Engles, *Das Kapital,* 23, 192쪽.

인간의 삶 자체를 위험한 곤경에 빠뜨릴 수 있다.

인간이 저질러 놓은 환경파괴는 인류의 생존을 어렵게 만들거나 심지어 생존자체를 불가능하게 만들어 버릴지도 모른다. 마르크스는 이러한 혼란을 초래할 수 있는 몇 가지의 가능성들을 고찰했다. 즉, 환경파괴는 "한편으로 생산의 심각한 집중화를 가져오며, 끊임없는 도시인구의 급속한 증가로 자본주의의 생산을 통해 역사적으로 추진하는데 집중화 현상을 초래했다. 다른 한편으로 환경파괴는 인간과 자연 사이에서 신진대사의 흐름을 혼란시켰다. 사람들이 음식이나 의복이라는 형식으로 소비한 요소들이 다시 원래의 고향으로 되돌아가는 것을 방해한다. 결과적으로 토양의 비옥한 상태를 유지하기 위해 필요한 조건을 자본주의가 그 생산을 침해하고 있는 셈이다."[76] 마르크스는 『정치경제적 비판 요강』(1857)에서 인간의 신진대사로 인한 자연의 소외를 다음과 같이 언급한다.

> 자연소외는 자연과 인간의 신진대사의 자연적, 무생물적 조건과 활동적이고 적극적인 인간과의 통합이 아니다. 그러므로 자연소외는 설명을 요구하거나 역사적 과정의 결과인 인간에 의한 자연의 유용이 아니라 오히려 인간 존재의 무생물적인 조건들과 적극적인 존재 사이의 분리이며, 임금노동과 자본사이의 관계에서만 완전히 사실로 가정되는 분리이다.[77]

위 인용문에서 처럼, 마르크스에게 있어서 "노동은 인간과 자연사이의 과정이며, 그것은 인간이 자신의 행위를 통해 자연과 인간사이의 신진대사를 조화하고 통제하는 과정"이었다. 자본주의 사회에서 이런 신진대사는 왜곡되고 배제되었다. 그래서 자연소외는 마을과 국가를 철저히 분리하고 인간소외의 필연적 결과를 낳았다.[78] 따라서 마르크스가 꿈꾸었

76) Karl Marx und F. Engles, *Das Kapital*, 23, 474쪽.

77) Karl Marx und F. Engles, *Grundrisse der politischen Ökonomie,* MEW 42, 489쪽.

던 사회는 최소한의 노력으로 인간에게 가장 적합한 조건에서 인간과 자연 사이의 신진대사를 합리적으로 통제하는 것이었다.

자연과 세계소외의 극복을 위하여

우리가 지금까지 마르크스의 생태관, 즉 자연과 인간의 소외를 중심으로 살펴보았듯이, 21세기에 마르크스의 생태관은 어떠한 현대적 의미를 지니고 있는가? 우리는 마르크스 이후 21세기의 환경문제를 극복할 수 있는 방안을 어떻게 찾을 수 있을까?

첫째, 21세기 생태위기를 극복할 수 있는 생태관은 고대 그리스 아리스토텔레스의 철학에 뿌리를 둔 서구의 목적론적 관점을 인간 상호간의 협소한 관계에서 인간과 자연의 상호공존관계로의 확장을 출발점으로 삼는다. 현시점에서 목적론적 관점으로 자연을 조망하는 것은 더 이상 바람직하지 않다. 서구의 목적론적 관점은 인간이 만물의 영장이고 자연을 이용할 권리를 갖고 있으며, 만물이 인간의 요구에 따라 봉사해야 한다는 생각이다. 하지만 인간은 적응을 위해 끊임없이 적극적으로 투쟁해야 한다. 인간은 자연의 산물이며 자연으로부터 결코 벗어날 수 없으며, 인간이 자연을 통제할 때조차도 자신의 목적을 위해 자연의 법칙을 한갓 이용할 뿐이다. 마르크스는 자연의 법칙에 대해 다음과 같이 기술하고 있다: "자연은 처음으로 인간을 위한 대상이자 단순히 효용의 문제로 전락했다. 자연은 더 이상 스스로 힘을 가진 존재로 인식하지 않게 되었다. 인간이 자연의 자율적 법칙을 발견하여 이론화하여 소비를 대상으로 하거나 생

78) 존 벨라미 포스터, 『생태혁명』, 박종일 옮김, 인간사랑, 2010, 49쪽.

산수단으로 할지라도 인간의 욕구에서 자연을 복속시키기 위한 책략일 뿐이다."[79)]

둘째, 마르크스의 여러 저서에서 제시했듯이, 인간과 자연 사이의 물질적 신진대사를 회복하여 새로운 사회를 지향할 수 있게 요구해야 한다. 마르크스의 관점에서 지구와 인간의 관계가 변화는 것은 봉건주의에서 자본주의로 이행하기 위한 필수조건이었다. 그래서 마르크스는 자연과의 물질적 신진대사의 관계에 대한 합리적 조절이 자본주의에서 사회주의로 이행하기 위한 필수적인 전제조건이었다. 우리는 부하린(Bukharin)의 『사적 유물론』에서 다음과 같이 언급한 사실을 주시해 볼 필요가 있다: "사회와 자연 신진대사의 물질적 과정은 환경과 체계 사이의 근본적 관계이며, 외적 조건들과 인간 사회의 근본적 과계이다.

우리가 목격했던 것처럼, 인간과 자연 사이의 신진대사는 외적 자연으로부터 사회로의 물질적 에너지의 전환으로 이루어진다. 그러므로 사회와 자연사이의 상호관계는 사회적 재생산의 과정인 것이다. 이 과정에서 사회는 인간 노동 에너지를 충당하고 자연으로부터 일정한 양의 에너지를 획득한다. 소비와 수입사이의 균형은 여기서 분명하게 사회의 상징을 위한 결정적인 요소이다."[80)] 마르크스는 "인간이 밖에 있는 자연에 영향을 미치고, 변화시킴으로써 동시에 자신의 고유한 본성을 변화"시킬 수 있다고 보았다.[81)] 마르크스의 이와 같은 관점은 21세기 생태계의 위기와 함께 인간과 자연과의 상호공존을 통해 지속적으로 함께 영위해 나가야 할 터전인 것이다.

셋째, 마르크스가 초기의 저작에서 밝혔듯이, 노동에 토대를 둔 인간

---

79) Karl Marx und F. Engles, *Grundrisse der politischen Ökonomie,* MEW 42, 400-410쪽.

80) Bukharin, *Historical Materialism,* 108-109.

81) Karl Marx und F. Engles, *Das Kapital, MEW* 23, 192쪽.

의 소외현상을 넘어서 21세기에 만연된 세계소외를 극복해 나가야 한다. 최근 생태학자들은 대체로 마르크스의 생태관의 입장을 인간중심주의가 아닌 생태중심주의 관점에서 인간 소외의 문제로 초점을 맞추어 왔다. 정치철학자 아렌트(Hannah Arendt)는 『인간의 조건』(1958)[82]에서 모든 자연의 사물은 사유재산과 보편적인 상품의 형태로 전환되면서, 세계가 '탈자연화'되었다고 주장한다. 그녀가 보기에 마르크스는 초기저작에서 세계소외(world alienation)에 대한 인식을 기술했다.

하지만 아렌트 입장에서 마르크스는 세계소외보다는 노동에 뿌리를 둔 인간의 자기소외를 강조했다. 이런 아렌트의 관점에서 "마르크스는 자기소외가 아닌 세계소외가 현 시대의 특징"이라는 것이다. 현 상황에서 환경문제는 파괴가 아닌 환경을 보존하고자 노력이 오히려 파멸을 예고할 수 있다. "왜냐하면 보존하고 있는 사물의 지속성 자체가 자본순환과 과정에 가장 큰 장애물이 될 수 있기 때문이다. 어디에 뿌리를 내리든 간에 속도의 부단한 증가만이 유일하게 남아있는 불변성인 것이다."[83] 이런 점에서 오늘날 세계소외가 도처에 퍼져 있다는 것은 더 이상 의심할여지가 없다. 존 벨러미 포스터는 이러한 인간의 노동소외와 세계소외를 모두 넘어서기 위해 "지속 가능한 인간개발"이라는 개념을 제시한다. 진정한 사회주의로의 이행은 "인간 자신의 혁명을 일으키는 혁명적 실천을 통해서만 가능하며, 이를 실천할 수 있는 방법은 인간적, 사회적 관계를 변화시킴과 동시에 인간과 자연사이의 물질대사를 변화시켜 인간소외와 자연소외 모두를 넘어서는 것이다."[84]

---

82) 한나 아렌트, 『인간의 조건』, 이진우 외 옮김, 한길사, 1996.

83) Hannah Arendt, *The Human Condition,* Chicago; University of Chicago Press, 1958, 248-273쪽.

84) 존 벨라미 포스터, 「자본주의에서 사회주의로의 이행과 생태」, 김철규 외 옮김, 『생태논의의 최전선』, 필맥, 2009, 45쪽.

21세기 들어 화석연료에서 뿜어대는 온실가스 배출이 급속히 증가하고 있으며, 이 지구상의 온도, 습도, 해양의 수증기, 기압, 강수량, 들불, 동식물의 조건 변화, 지표의 물 흐름, 상층 대기권의 온도, 전 세계 대양의 열 함량 등 지구환경의 측면에서 다양하게 발견되고 있다. 따라서 우리는 세계소외에서 벗어날 환경문제의 결방안들을 마련해야 할 절박한 상황에 처해 있다.

넷째, 마르크스 생태철학은 인간중심주의를 넘어서 생태중심주의로 보다 더 확장해 나아가야 할 것이다. 우리가 "인간중심주의를 넘어서야 한다는 것은 인간에게 인간 아닌 다른 생명의 입장에서 사고할 것을 요구하는 것을 역설적으로 선택하는 것이 아니라, 인간과 인간 아닌 모든 것과의 대립 속에서 설정되는 어떤 특권적인 자리를 제거하는 것이고, 인간을 포함하는 순환계의 입장에서 인간의 문제로 접근하는 것이다."[85] 퀘니(Massimo Quaini)가 지적한 바와 같이, "현대 부르주아의 생태학적 관심이 생겨나기 이전부터 마르크스는 자연의 약탈을 비난했다."[86] 무엇보다 마르크스는 인간사회에서 벌어지는 환경문제를 거론했다. 즉, 도시와 농촌의 구분, 토양의 소모, 산업적 오염, 도시의 난개발, 노동자들의 건강악화와 산재, 영양실조, 독성물질, 공유지의 사유지화, 농어촌의 빈곤과 고립화, 산림파괴, 인간에 의해 야기되는 홍수, 사막화, 물 부족, 지역적 기후변화, 석탄을 비롯한 자연자원의 고갈, 에너지의 보존, 엔트로피, 산업폐기물을 재활용해야할 필요성, 생물종과 환경사이의 연계성, 역사적 배경을 가진 과잉인구, 기근의 원인, 과학과 기술의 합리적 적용과 관련된 다양한 문제들이었다.[87] 따라서 마르크스는 인간사회에서 발생하는 환경문

85) 이진경, 『미래의 맑스주의』, 그린비, 2006, 379쪽.

86) Massimo Quaini, *Geography and Marxism,* Totowa, N. J: Barnes & Noble, 1982, 136쪽.

제를 거론하고 있다는 점에서 생태중심주의의 사유가 깃들여 있다.

이렇듯 환경문제는 마르크스가 진단하였듯이, 21세기에 들어 광범위한 영역으로 확대되고 있는 중이다. 오늘날에도 환경문제는 인구의 증가, 에너지를 비롯한 천연자원의 부족, 식량부족, 육상 및 해양생태계의 파괴, 야생동물의 멸종, 온실효과, 오존층파괴, 산성비, 이상기후 등 광범위하게 진행 중이다. 지난 2008년 8월 세계미래학회는 향후 2050년 인간의 미래 모습을 10가지로 발표한 바 있다. ① 전 세계 백만장자 수십억 명, ② 섬유산업의 혁명적 변화, ③ 냉전의 위협에서 위협으로 대체, ④ 화폐위조 확산으로 현금 없는 사회촉진, ⑤ 심각한 생물의 종위기, ⑥ 석유시대에서 물의 시대로 전환, ⑦ 2050년 전 세계인구 91억 명 ⑧ 홍수피해 급증, ⑨ 북극개발 러시, ⑩ 인간이외 존재에 의한 의사결정 등이 그것이다. 여기서 보듯이, 세계미래학회에서도 향후 인간의 미래를 생태문제와 관련하여 우려를 표명하고 있다. 이러한 환경문제에 대한 미래의 전망은 지구전체에 걸쳐 복합적으로 얽혀있다. 따라서 지구의 환경파괴와 오염은 자연 속에서 삶을 지속적으로 살아가야 하는 인간의 삶의 질을 더욱 위협하게 되었다는 사실이다. 결국 향후 인간 삶의 질과 미래의 운명은 인간의 선택에 달렸다.

87) 존 밸러미 포스터, 「자본주의에서 사회주의로의 이행과 생태」, 김철규 외 옮김, 『생태논의의 최전선』, 필맥, 2009, 37쪽.

제 3 장

에코담론과 생태민주주의

생태적 근대화란 무엇인가?

민주주의는 생태주의의 문명을 건설하는데 아주 중요하다. 에코민주주의를 설명하기 위해서는 생태라는 개념 및 에코(echo)와 민주주의라는 두 부류의 이념적 고찰을 필요로 한다. 무엇보다 민주주의는 국민에 의한 통치를 기반으로 한다. 이것은 노예제를 기반으로 했던 고대 그리스의 아테네 사회에서도 적용되었으며, 현재의 민주적 산업자본주의국가에도 대체로 적용된다. 이 지구상에 완전한 형태의 민주주의는 없다. 그러나 민주주의는 자유와 공동체의 실현을 위해 지속적으로 발전한다.

21세기 들어 전 지구적으로 심각하게 몸살을 앓고 있는 환경문제는 근대화(modernization) 과정의 산물이다. 근대화의 과정은 과학기술의 무한한 진보를 낳았고 인간은 자연을 끊임없이 지배하고자 하는 욕구 때문에 돌이킬 수 없는 참혹한 결과를 더욱 양산했다. 또한 증가하는 첨단과학기술의 대참사들, 예컨대 소련의 체르노빌 방사능유출 사건, 미국챌린저의 우주왕복선의 폭발, 페르시아만(Persian Gulf) 전쟁에서의 화학 · 생물학전 등 일일이 헤아릴 수가 없다. 우리는 18세기 산업혁명이후 사회발전의 과정을 농업사회의 차이점과 비교하여 근대화라 부르고 있다. 즉 근대화는 정치적으로는 민주화, 경제적으로는 산업화, 사회적으로는 도시화, 문화적으로는 집단주의에서 개인주의에로 사회구조 및 사회구성원원리가 전환되어 가는 과정이라 할 수 있다. 환경문제는 근대화의 과정에서 생겨난 산업화의 부산물이기 때문에 지속가능한 발전의 이념, 정부의 환경정책, 기업의 녹색경영, 시민단체들의 환경운동, 일반시민들의 환경에 대한 인식과 행동 모두가 자연과 경제에 초점이 맞추어져 있다. 하지만 경제이외에도 정치, 사회, 문화적 관점에서 환경문제의 해결과 향후 예방에 초점을 둔 근대화의 추진이 절실히 필요하다. 이것이 이른바 생태적 근대화(ecological modernization)[1]이다. 생태적 근대화란 이제까지 발전된 기술 개발을 통해 산업화를 추진하면서 환경에 대한 부하를 최소화시키는 산업화를 가리킨다.

1980년 이후 지난 20년 이상 생태적 근대화에 대해 다양한 이론들이 전개되어 왔다. 첫째는 1985년부터 1980년대 후반까지, 두 번째 단계는 1980년 후반부터 1990년대 중반까지, 세 번째 단계는 1990년 중반 이후부

1) 생태적 근대화라는 공식은 1982년 1월 22일 베를린 하원에서 전개됐던 논쟁에 의거한다. 당시의 논쟁에서 야당 환경대변인은 집권 여당에 네 가지 부문, 산업, 에너지, 교통, 건축 부문의 생태적 근대화를 제안했다. 이 제안의 요체는 이 부분에서 고용효과적 혁신, 그리고 생태적으로 의미 있는 합리화 혁신이 촉진되어야 한다는 것이었다(도날드 위스터, 『지속가능한 사회를 향한 생태전략』 서울: 나라사랑, 1995, 220). 이후에 생태적 근대화는 1985년 요제프 후버(Josep Huber)와 마틴 에니케(Martin Jänicke)에 의해 제기되었다. 1990년 후반에 이르러 사회과학 분야에서 세계적으로 관심을 받기 시작하였다(정대연, 『환경주의와 지속가능한 발전』, 집문당, 2005, 313쪽). 후버는 환경 친화적 사회로 가기 위해 중요한 과정은 산업체제의 생태적 재편이라 보았다. 즉 후버의 관점에서 현대산업사회의 주된 문제는 "생활세계의 식민화"(하버마스)와 "자연의 식민화"이다(Mol, P.J. "Ecological Modernisation and Institutional Reflexivity": Environmental Reform in the Late Modern Age", Ecological Politics, Vol. 5. No. 2. 1996, 313쪽.) 피터 크리스토(Peter Christoff)는 이 담론을 약한 생태적 근대화와 강한 생태적 근대화로 나누어 유형화했다(이상헌, 『세상을 움직이는 물』, 이매진, 2003, 294).

터 지금에 이르기까지이다. 첫 번째 단계의 관점들은 환경개선을 위해 기술혁신의 중요성을 강조해 왔다. 이는 기존의 시장원리와 정부의 역할에 비판적 태도를 취하는 관점들이다. 두 번째 단계의 관점들은 제도적 차원과 문화적 차원을 강조하고 국가와 시장 역할의 균형을 강조하는 관점들이다. 세 번째 단계의 관점들은 환경문제의 출현과 해결에 대한 기술의 역할이 변화를 꾀하는 것이다. 국가의 역할은 정치적으로 합의한 역할로 전환되어야 하고 사회운동도 이념적이거나 주변부에 머무는 것이 아니라 환경개혁에 대해 공적 및 사적 의사결정에 적극적으로 관여해야 한다는 관점들이다. 따라서 우리는 최근의 세 번째 관점들, 즉 생태적 민주주의의 이론적 논의를 생태의 일반적 개념의 정의, 생태적 합리적, 시민사회와 생태적 공동체들에 대해 살펴보자.

에코민주주의를 말하다

에코민주주의(ecological democracy)는 자연과 인간의 소통체계를 회복시키고자 하는데 주안점을 둔다. 그런데 이것이 현대의 제도 틀에서 불가능한 것이라면, 생태적인 원리가 구체화된 대안제도들의 논의를 통해 실험돼야 한다. 에코민주주의의 사회로 가기 위한 전략은 녹색 공공영역을 확산하고 공공영역의 활성화를 필요로 한다.[2] 주지하듯이, 민주주의는 자유와 평등 · 박애를 기치로 삼고 있지만, 어떤 예기치 않은 상황에 직면했을 때 공포로 치달을 수 있는 이념이 깃들어 있다. 민주주의와 생태주의는 각각 정치 · 경제 · 사회 · 환경 등에 걸쳐 여러 문제들을 완전하게 해결해

2) 문순홍, 『정치생태학과 녹색국가』 서울: 아르케, 2006b, 42쪽.

줄 수 없다는 데에 고민이 있다. 무엇보다 생태주의와 민주주의가 잘 조합된 에코민주주의야말로 사회구성원의 다양한 의견들을 창조적이고 건설적으로 수렴하여 정치 · 경제 · 사회 · 환경 등의 문제를 잘 해결해 나가는데 기여할 수 있다. 에코민주주의는 앞서 언급한 생태중심주의의 입장을 적극적으로 수용하여 의사소통을 통한 성찰성을 증대해 나간다면, 에코민주주의 물음들을 통해 재정립할 수 있을 것이다.

첫째, 우리가 민주주의의 범주를 인간 세계가 아닌 비인간세계(자연)으로 확대했을 때 자연과 인간의 소통이란 어떻게 가능한가? 인간이 자연을 대표한다고 했을 때 그로 인한 정치적 역효과는 어떻게 나타날까? 이러한 물음들은 인간과 자연과의 의사소통에 대한 물음이다. 이 물음에 대한 답변은 드라이잭을 비롯한 우연적 접합론자들의 언급에서 찾을 수 있다. 드라이잭에 의하면, 자연은 비활성적이고, 침묵하며, 마음대로 조정할 수 있다거나, 수동적인 것만은 아니다. 자연이 자기의식을 지니고 있는 주체는 아니지만, 아주 구성적이고 능동적인 역할을 한다.[3] 이런 점에서 자연은 인간과는 다른 방식으로 각자 소통해 나간다.

둘째, 만일 자연이 비언어적 방식으로 소통한다는 것을 인정할 경우, 자연을 대표하여 정치적 공론 장에서 자연의 이해관계 혹은 생태적 가치를 어떻게 반영할 것인가? 이러한 상황은 정치적으로 역설일 수 있다. 예컨대 입호부자가 유권자의 입장보다는 나무나 혹은 호수의 입장을 대변한다고 말할 경우. 그의 정치적 입지는 협소해지게 되고 결국 정치적 공론장에서 권력을 행사할 수 없게 된다. 여기서는 첫 번째의 물음을 중심으로 에코민주주의를 논의해 보자.

먼저 민주주의라는 용어는 19세기말 일본인들의 번역을 통해 수용되

---

3) John Dryzek. *Deliberative Democracy and Beyond*. Oxford University 2000, 20쪽.

었다. 이러한 민주주의의 어원은 국민(people)이라는 의미의 데모스(Demos)와 지배라는 뜻의 크라토스(kratos)로부터 나왔다. 여기서 데모크라시(Democracy) 혹은 데모크라티아(demokratia)라는 용어는 그리스인들이 처음으로 만들어냈다. 아테네에서 데모스라는 단어는 일반적으로 아테네인을 의미하면서도 종종 보통사람 혹은 하층계급을 뜻하는 용어로 변형되었다. 데모크라시라는 단어는 때로는 자신들의 정부통제권을 빼앗아간 보통시민들에 대한 그들의 혐오감을 보여주는 명칭으로서 주로 귀족들에 의해 통용되었다[4] 다시 말해 이 말은 국민을 의미하는 데모스와 지배를 의미하는 크라토스의 합성어이다. 일반적인 의미에서 민주주의는 그리스의 어원을 빌려 "국민에 의한 지배"로 정의한다. 민주주의를 국민에 의한 지배라고 하였을 때, 그 속에 논리적으로 국민주권론, 자유 및 평등의 이념들이 담겨져 있다. 전체 국민이 직접 또는 자신들의 대표자를 통해 공동체의 헌법, 법률 및 정책과 관련해 최고의 정치권력을 행사한다는 점에서 민주주의는 국민주권론을 전제로 한다.

또한 민주주의가 통제, 지배, 의사결정의 문제와 관련된다는 측면에서 자유의 관념과도 연관되어 있다. 오늘날 자유의 개념은 개인이 국가로부터 간섭을 받지 않고 자신의 발전을 추구할 수 있는 영역으로 확대되었다. 그리고 민주주의는 정치적 의사결정을 존중한다는 점에서 정치적 평등의 관념을 함축하고 있다.[5] 현대의 자유민주주의는 서구 근대사에서도 장기간에 걸친 복합적인 진화의 산물이다. 그 과정에서 자유주의와 민주주의라는 두 요소는 서로 보완하고 충돌하면서 상호 보완관계를 유지해 왔다. 영국에서 자유주의는 민주주의에 선행되어 왔지만, 서구에서는 양자가 거의 동시에 발전하거나 또는 민주주의가 자유주의보다 앞서 수용

---

4) 로버트 달, 『민주주의』, 김왕식 외 옮김, 동명사, 2002, 28쪽.

5) 강정인, 『민주주의의 이해』, 문학과 지성사, 2000, 64-65쪽.

되었다[6]. 서구에서 지금의 민주주의체제는 권위주의 또는 전체주의와 구별하기 위해 미국의 정치학자 달(Robert A. Dahl)이 제안한 다두정(多頭政, Polyarchy)이라는 제도를 대체로 따르고 있다. 달은 다두정을 다음과 같이 정의했다. 첫째, 다두정은 효과적인 시민권이 대다수의 성인들에게 보장되어 있어야 하며, 둘째, 시민들이 시민권을 행사함으로써 정부의 최고 공직자에게 반대할 수 있어야 하며, 더 나아가 투표로 그들의 권력을 박탈할 수 있는 기회를 제공하는 체제여야 한다.[7] 최근 논의되고 있는 민주주의의 세부유형으로 나누어 살펴본다면, 실질적 민주주의는 국가민주주의에 대비되는 시민(사회)민주주의, 제도민주주의에 대비되는 생활민주주의, 시장민주주의에 대비되는 공동체민주주의, 인간중심의 민주주의에 대비되는 에코민주주의를 구현한다.

에코민주주의는 산업주의 사회에서의 인간 활동과 인간을 둘러싼 생동하는 환경 사이의 균형을 이루는데 이용될 수 있는 수단 그 이상(以上)의 것이다. 그리고 에코민주주의는 산업주의의 문명을 보다 더 발전시킬 수 있는 도구 이상이다. 에코민주의의 건설은 산업주의 문명의 과대성장을 저지하기 위한 민주주의의 갱생을 의미하기도 한다.[8] 현대사회에 들어와 에코와 산업이 뒤얽혀 위험을 자초하게 되면서 도덕, 종교, 근본주의, 절망, 비극, 자살과 죽음 등은 한편의 드라마로 치달을 수 있다.[9] 산업과 경제는 정치적인 것이 되어가고 있는데, 대규모 투자가 가능하려면 지속적인 구성원들의 동의가 전제되어야 한다. 그런데 이제 이것은 단순하게 근

---

6) 강정인, 『서구중심주의를 넘어서』, 아카넷, 2004, 379-380쪽

7) Robert Dahl, *Democtacy and Its Critics*, New Haven, CT: Yale university Press. 1989: 221쪽.

8) Roy Morrison, 『생태민주주의』, 교육문화사, 2005, 52쪽.

9) 울리히 벡, 『위험사회』, 홍성태 옮김, 새물결, 2006.

대화의 낡은 관례들에 의해 보장되기 보다는 점점 위험에 빠트리고 있다.[10] 에코민주주의는 자유와 공동체가 서로 분리된 것으로 생각하지 않는다. 그리고 에코민주주의는 개인의 권리를 보장해 주는 사회구조를 중요시한다. 자유는 정치적, 사회적 공동체적 권리의 맥락에서 이해한다. 자유를 이해하는 것은 에코민주주의에만 국한하지 않고 개인과 사회의 조화를 전제로 한다. 따라서 에코민주주의는 보수적이면서 동시에 급진적이다. 왜냐하면 에코민주주의는 기본적인 민주주의의 가치를 다시 강조한다는 점에서 보수주의라 할 수 있으며, 현재의 산업주의 사회를 변혁시키고자 한다는 측면에서 급진주의라 말할 수 있다.[11] 에코민주주의 사회로의 변화를 위해 경제적 결정론은 민주주의와 공동체의 힘에 의해 배격되어야 한다. 민주주의와 공동체의 힘은 산업주의 사회에서는 시장경제체제의 힘에 의해 짓눌릴 수밖에 없다.

그렇기 때문에 에코민주주의는 친환경적 원칙에 기반을 둔 민주주의 사회의 한 이념형인 것이다. 이념형으로서의 에코민주주의는 환경에 영향을 받고 있는 모든 사람들이 적정한 국민(demos)으로 간주되어야 한다.[12] 여기서 에코민주주의는 자연의 신호나 코드를 적합한 민주적 대리인을 통해 제대로 대변돼야 하는 것이다.

---

10) 울리히 벡, 『적이 사라진 민주주의』, 정일준 옮김, 새물결, 2005, 306쪽.

11) Roy Morrison, 앞의 책, 30-32쪽.

12) Andrew Dobson, "Representative Democracy and Environment", William M. Lafferty & James Meadowcroft(eds.), *Democracy and the Environment*, Edward Elgar, 1996.

에코민주주의의 이론을 기획하다

생태적 합리성

에코민주주의의 이론은 국내에서 그다지 활성화되지 않았다. 하지만 국내 학계에서는 故 문순홍(1958~2005)의 에코민주주의의 기획 및 김명식 교수의 『환경, 생명, 심의민주주의』(2002), 『환경과 숙의민주주의』(2009)의 기획에서 그 논의를 지폈다. 다만 이 기획은 에코민주주의의 이론적 논의를 기반으로 실천적인 장(場)으로서의 과제를 부과했다. 에코민주주의는 민주주의의 가치를 살리면서 **생태적 합리성**을 높여 나갈 수 있는 근본적인 기획이라 말할 수 있다. 여기서 생태적 합리성은 지구의 한계에 대한 인식을 기반으로 재구성하는 것이다. 즉 지구한계의 인식은 자연과 인간의 관계, 자연의 존재방식, 그리고 인간의 인식능력 모두를 재평가하는 것이다. 따라서 지구한계의 인식이란 지구생태계가 인간의 사회활동의 결과로 빚어진 오염을 정화하고 항상성을 유지할 수 있는 자정능력, 인간의 사회활동을 지탱할 수 있는 능력, 그리고 생태과정을 이해하고 조절할 수 있는 능력들 모두를 총칭한다.[13] 또한 생태적 합리성은 경제적 합리성에 대한 합리적 비판을 통해 형성된다.

앙드레 고르(André Gorz)에 의하면, "생태학은 합리성을 지닌다. 생태적 합리성을 통해 우리는 경제활동의 합리성이 제한되며, 경제외적인 것에 의존하는 것임을 알게 된다."[14] 고르는 현대사회의 생태위기가 경제적 합리성(최소비용과 최대수익원칙의 결합)에 근거한 성장 지향적 특성에서 비롯된

---

13) 홍성태, 『생태사회를 위하여』, 문화과학사, 1998, 22-23쪽.

14) André Gorz, Vigderman, P & Cloud, J (trans), *Ecology as Politics*, London:Pluto Press, 1980, 16쪽.

것이라 본다. 어쩌면 인류 모두에게 풍요와 번영을 가져다 줄 것으로 믿었던 경제성장은 만족시켜 줄 수 있는 것보다 인간에게 필요한 욕구만을 가파르게 창출해 냈으며, 경제적 특성만으로 이루어질 수 없는 것, 즉, 메말라 죽어버린 목적의 연속으로 우리를 인도했다.[15]

민주주의와 에코에 관한 입장은 크게 세 측면으로 살펴볼 수 있다. 첫째 양자는 아무런 상관이 없다는 입장, 둘째 양자는 상호 적대적이라는 입장, 셋째 양자 간에는 친화성을 갖고 있다는 입장이 그것이다. 이 세 번째의 입장은 양자의 친화성을 필연성으로 보는 입장과 우연성으로 보는 관점으로 나뉜다. 민주주의와 에코의 논의에 있어서 대두분의 학자들은 세 번째 입장에 속한다. 양자의 접합의 필연성을 주장하는 학자로는 에커슬리, 플룸우드를 손꼽을 수 있다. 그리고 우연적 접합에 속하는 학자로는 구딘(Robert E. Goodin), 드라이잭(John, S. Dryzek), 돕슨(Andrew Dobson)을 대표할 수 있다. 이들은 양자를 서로 연결시켜주는 특정한 조건에 관심을 갖는다. 그리고 민주적 참여는 적어도 지속가능성의 필요조건이지만, 충분조건은 아니라 주장하는 세계 환경과 발전위원회(WCED)의 입장이 있다. 문제의 핵심은 생태적 체계와 민주주의 체계의 연결고리라 할 수 있다. 우연적 접합론과 필연적 접합론 사이에는 "생태적 사유체제와 민주주의적 사유체제의 사이에 공집합이 존재하는가?"라는 물음에 대해 우연적 접합론은 "아니다"라고 대답하고, 필연적 접합론은 "그렇다"로 대답한다.[16] 여기서는 그 논의를 한정하여 우연적 접합론의 관점에서만 고찰해 보자. 우연적 접합론자들의 주된 논의사항은 생태와 민주주의를 가장 잘 접합시킬 수 있는 조건에 관한 것이다.

우연적 접합론의 관점에서 구딘(Robert E. Goodin)은, "절차를 지향하는 생

---

15) André Gorz, 위의 책, 11쪽.

16) 문순홍, 『생태학의 담론』 서울: 아르케, 2006, 37쪽.

태적 사유가 구분"돼야 한다는 생각에서 논의한다. 구딘은 인간의 도덕적 각성에 의존하여 윤리적 논의에 초점을 맞춘다. 구딘에 의해 제기된 녹색 정치론의 이념적 목표와 과정에 따르는 전략의 분리는 하나의 계기점을 제공했다. 그는 생태적인 원칙과 그 과정사이에 필연적인 연관관계가 존재하지 않는다고 본다. 이러한 구딘의 구분은 '에코'와 '민주주의'의 결합을 더욱 복잡하고 다원적인 유형화의 근거가 되었다. 전자가 자유민주주의를 보완, 확대, 대체하려는 결사체 민주주의와 대의민주주의의 흐름이라면, 후자는 이들의 논의를 한 걸음 더 나아가 급진민주주의, 소통민주주의, 대의민주주의, 숙의민주주의의 흐름이다. 전자가 시민사회내의 공공영역에 기반을 두고 있다면, 후자는 인간, 자연의 이분법을 뛰어넘어 가정의 영역과 심리의 영역으로 그리고 현재를 뛰어 넘어 미래의 영역으로까지 확대하는 것이다.[17]

드라이잭의 경우 우연적 접합론의 조건은 실천적 합리성과 생태적 합리성이다. 또한 그는 의사소통적 합리성과 생태적 합리성의 제도화를 기획했다. 그는 도구적 합리성[18]의 차원을 넘어 목적에 대해 시민들 상호간의 의사소통을 통해 대안을 합의해 나가는 일종의 실천적 합리성을 제도화해야 한다고 주장한다. 여기서 실천적 합리성의 제도화는 다양한 차원에서 시도될 수 있는데 그 가운데 하나는 어떤 공론화된 정책에 대해 시민이 중재하는 장치다. 이것은 공론장에서 시민들의 의사소통행위를 활성화시키는 동시에 생태계의 특수성을 감안하여 논의하는 것이다.[19] 드라이잭에 의하면, 생태적 합리성은 사회행위와 자연과정의 변증법적 관

---

17) 문순홍, 위의 책, 36쪽.

18) 도구적 합리성은 막스 베버가 제시했다. 즉 도구적 합리성은 행위를 특정 목표의 달성수단이라 보고, 기대된 그리고 계산 가능한 결과를 지향하는 의식적인 추리이다.

19) 김명식, 『환경과 숙의민주주의』, 철학과 현실사, 2009, 65쪽.

계를 수반하며, 자연에 대한 사회적 행동을 생태적으로 개량하기 위해 사회적, 기술적인 행동을 고려해야 한다.[20] 그에게서 환경문제는 경제부문의 도구적 합리성이 시민사회의 의사소통합리성과 자연의 생태적 합리성을 무시하게 되면서 발생한다. 환경문제를 해결하기 위해서는 이러한 자연의 특성을 감안하여 의사결정을 해야 한다. 예컨대 환경문제는 복잡성, 불가환원적 속성, 공간적 변화, 불명확성, 집단성들에 대해 제대로 대처할 수 있어야 한다.[21]

드라이잭의 실천적 합리성은 아리스토텔레스의 실천이성에 기반을 둔 합리성이다. 여기서 실천이성이란 설득, 가치에 대한 탐구, 분별력 있는 판단, 그리고 자신의 생각을 자유롭게 표출하는 것이다. 아리스토텔레스는 『정치학』에서 실천이성은 인륜 · 관례(Brauch) · 유래 · 습관에서 기인한다. 그에 의하면, 인간의 이중적 능력, 즉 인식능력과 요구능력은 지금까지 철학의 토대를 이루어 왔다. 자연법, 정치학 그리고 윤리학에 토대를 둔 실천이성을 체계화하려는 시도는 아리스토텔레스 이후로 정의(正義) 철학의 한 영역이었다. 실천이성에는 두 가지의 기본학설, 하나는 시민사회의 시민과 권리 · 의무에 관한 학으로서의 정치학이고, 다른 하나는 공동체 사회에서 인간에 관한 학으로서 윤리학 이외의 인간을 가정(家庭)의 성원으로 고찰하는 (가정) 경제학이다. 이 두 학설의 학문적 토대 위에서 아리스토텔레스는 실천이론을 구성했다. 특히 그는 실천이성에서 제각기 인간의 욕구능력에 따라 선(善)을 선택하고 악을 없애는 학문을 연관시켰다.[22] 아리스토텔레스는 『정치학』 제1권에서 (가정) 경제의 토대를 보다

---

20) John Dryzek, *Rational Ecology. Environment and Political Economy*, Oxford; Basil Blackwell, 1987.

21) John Dryzek, *Deliberative Democracy and Beyond*, Oxford University Press, 2000, 55-93쪽.

22) 요하임 리터, 『헤겔의 사회철학』, 황태연 옮김, 한울, 1997, 16-17쪽.

작은 규모의 사회에서 형성한다. 아리스토텔레스에 의하면, (가정) 경제의 토대는 "시민사회나 국가보다 작은 사회다. 하지만 (가정) 경제의 기초는 자연 상태 또는 국가의 밖에 그 어디에도 없다. 아리스토텔레스의 관점에서 여자와 노예를 구별하는 것은 자연스럽다. 그는 남녀의 결합, 주인과 노예의 결합에서 생겨난 것이 바로 가정(oikos)이라 말한다. 가정에는 "집과 여자 그리고 밭갈이할 소"가 있다. 소는 가난한 사람에게는 가사노예(oiketēs)의 역할을 한다. 가정은 일상적으로 되풀이 되는 필요한 것을 충족하기 위해 자연스럽게 형성된 공동체이다. 또한 가정은 날마다 되풀이 되는 필요한 것을 충족하기 위해 여러 가정을 구성하여 최초의 공동체인 마을을 만들어낸다.[23] 이렇게 실천이성의 출발점은 가정을 기점으로 도덕성을 지닌 행위의 주체로 나아간다. 그래서 실천이성은 가족 · 사회 · 국가의 단계로 점차 확대해 나간다.[24] 이러한 확대된 실천이성은 생태적 합리성 및 의사소통적 합리성의 기준과 부합할 수 있게 가족 · 사회 · 국가로 확대하여 실천적으로 수행할 수 있는 능력을 키운다.

하버마스(Jürgen Habermas)는 『의사소통행위이론』(1981)에서 실천이성에 근거하여 결사체적 삶에 기반을 둔 의사소통적 합리성[25]을 전개했다. 하

---

23) Aristoteles, *Politika*, 1252b9-1252b15.

24) 아리스토텔레스의 윤리적 근거는 다음을 참조: J. Ritter, *Zur Grundlegung der praktischen Philosophie bei Aristoteles*, in: ARSP 46. 1960: 179-199쪽: K. H. Ilting, Hegels Auseinndersetzung mit der aristotelischen Politik, in: *Philosophisches Jahrbuch*, 71.1963: 38쪽.

25) John Dryzek, S., *Deliberative Democracy and Beyond*. Oxford University, 2000, Ch. 15. 하버마스에게 있어서 의사소통적 합리성이란 행위의 합리성이며 의사소통적 행위는 상호 이해지향적 행위로 정의한다. 행위들은 형식적 화용론의 탐구에 따라 상이하지만, 서로 연관된다. 즉 세 가지 타당성의 주장(진리, 정당성, 진실성), 세 세계(객관적, 사회적, 주관적 세계), 그리고 행위자의 태도에 의해 고찰된다. 자세한 내용은 다음을 참조(장춘익 외, 『하버마스의 사상』, 나남출판, 1996. 1996: 127.: 양해림, 「하버마스의 생활 세계 이론(Ⅰ)— 생활 세계 이론을 통한 분단 극복의 한

버마스는 의사소통적 합리성의 관점에서 생활세계의 해방 전략을 추구한다. 여기서 그는 스스로 주체중심적인 이성의 한계를 벗어나고자 의사소통행위 이론을 구축한다. 하버마스는 사적인 개인들이 모인 의사소통적 공적영역에서의 접점을 자발적 결사체라 불렀다. 이러한 결사체는 실천적 확신을 신뢰하는 일, 가치를 해석하는 것, 정당한 근거를 추론하는 것들에 대해 가능한 해결방안을 도출해 내는 것이다. 이러한 결사체 민주주의(associative democracy)는 정치를 결정할 수 있는 권력이 먼저 대안민주주의 이론에 자격을 부여하는 것이다.

드라이잭은 대의민주주의와 그 논의의 한 가운데 있는 하버마스의 의사소통적 합리성조차도 절차적 합리성에 불과한 것이라 본다. 하버마스의 대의민주주의의 논의는 그 어떠한 가치 지향적 해결방안을 추구할 수 없다고 드라이잭은 지적한다. 그래서 하버마스의 의사소통적 합리성에 근거한 민주주의 모델구상은 종종 생태적 사유를 적용하는데 어려움이 따를 수 있다. 드라이잭은 지배적인 사회적 선택의 매커니즘을 분석을 통해 핵에너지 사용의 환경결과에 대해 다음과 같이 주목한다.

> 다두제(多頭制)는 이런 이슈에 대해 시장과 행정 모두에서 월등하다. 어떤 순수한 시장체계도 원자력 에너지 생산으로 인한 고준위 폐기물을 처리할 수단을 갖고 있지 않다. 행정체계가 문제의 실체를 부정할 뿐이다.[26]

여기서 드라이잭이 언급한 다두제란 선거민주주의를 뜻한다. 그는 원자력 에너지 문제들은 심각한 결함에도 불구하고 순수한 시장체제나 행

시도-」『디오니소스와 오디세우스의 변증법』, 철학과 현실사, 2000.)

26) John S. Dryzek, Rational Ecology. *Enviroment and political Economy*, Oxford; Basil Blackwell, 1987, 114쪽.

정 관료체제에서 엘리트들에게 생태적 합리성의 입장이 훨씬 더 효과적이라는 결론을 내렸다. 다두제가 생태적 가치를 모두 포용하지는 못하지만, 왜곡된 환경을 교정하는데 현존하는 어떤 유형의 사회적 선택보다도 월등하다.[27] 민주주의의 다른 여러 대안들이 실패한다고 가정한다면, 다두제가 사회적 행위의 공동체의 관계를 정립하는데 핵심적인 역할을 할 수 있다.

생태적 합리성은 합리적인 구조를 올바로 인식하는 것이다. 생태적 합리성은 저엔트로피[28], 스트레스, 인간의 간섭에 견딜 수 있는 능력을 제공함으로써 체제 안에서 효율적으로 생존할 수 있는 고차원적인 내적인 질서체제를 정립하는 것이다. 이런 점에서 생태적 합리성은 자기조절의 질(Quality)과 밀접하게 연관되어 있다. 생태적 합리성이라는 관점에서 인간체계와 자연체계를 결합함으로써 인간이 유발한 문제들을 처리해 나가는 것이다.[29] 영국의 정치학자 돕슨(Andrew Dobson)은 정치이데올로기로서의 생태주의(Ecologism)를 말한다. 돕슨은 사회와 자연의 관계에서 근본적인 문제점을 제기한다. 그는 이에 답변하는 다양한 정치적 이데올로

27) John S. Dryzek, 앞의 책, 120쪽.

28) 엔트로피(열역학)의 제1법칙은 우주의 에너지 총량은 일정하며, 제2법칙은 엔트로피 총량은 지속적으로 증가한다(한 방향으로만 혼돈과 무질서를 향해 변해감)이다. "제1법칙은 에너지 보존의 법칙으로서 에너지는 결코 창조되거나 파괴될 수 없으며, 한 가지 형태에서 다른 형태로 변화할 뿐이다. 제2법칙에서는 에너지는 한 상태에서 다른 상태로 옮겨갈 때마다 "일정액의 벌금을 낸다. "여기서 벌금은 '일할 수 있는 유용한 에너지가 손실되는 것을 말한다." 이것을 가리키는 용어가 엔트로피(Entropt)이다. 즉 엔트로피는 더 이상 일로 전환될 수 없는 에너지의 양을 측정하는 수단이다. 엔트로피가 증가한다는 것은 유용한 에너지가 줄어든다는 것을 의미한다. 엔트로피라는 단어를 만든 사람은 독일의 루돌프 클라우지스(Rudolf Clausius)였다. 자세한 내용은 다음을 참조.(제라미 리프킨, 『에트로피』, 이창희 옮김, 세종연구원, 2010, 55-72쪽).

29) 존 드라이잭, 『지구환경정치학담론』, 정승진 옮김, 에코리브로, 2005, 67-70쪽.

기를 생태주의라고 표현한다. 생태주의는 산업화 이후에 등장하게 된 환경위기, 특히 전 지구적 환경위기의 원인과 이를 어떻게 극복할 것인지에 대한 다양한 정치적 입장과 이념을 뜻한다.[30] 따라서 돕슨의 입장에서 에코민주주의는 생태적 가치와 민주주의의 가치를 동시에 향상시키는 것을 목적으로 한다. 생태적 가치를 향상시킨다는 의미는 생태중심주의(ecocentricism)를 인정하고 이것을 활성화하는 방안을 모색하는 것이다.[31] 돕슨의 생태적 합리성은 민주주의의 자기구속성이 강하다. 민주주의의 자기구속성이란 "민주주의가 특정유형의 결과를 처방하기 위해 혹은 그 자체를 유지하기 위해 자신에게 한계를 설정"하는 것을 가리킨다. 즉 민주주의의 요건은 환경적인 전제조건의 정책결정에 관한 한, 민주주의를 중립적으로 지켜내는 것이다.

돕슨에게 있어서 생태적 합리성은 "체제가 생명(삶)을 유지하거나 증식시킬 수 있는 수용력에 의해 생태계를 지속적으로 지탱할 수 있는 능력"이라 보았다. 돕슨은 민주주의가 "생태 친화적 사회를 구현하는데 있어서 순수하게 절차적일 수 없다"고 말한다. 돕슨은 민주주의의 작동방식의 구조적 단점을 알아보기 위해 현재와 같은 환경문제에 대해 어떤 계층, 어떤 기준들을 대변해야 하는지를 유심히 고찰했다. 먼저 그는 환경문제를 풀어보기 위해 민주주의의 기본적 전제조건에 벗어나지 않으면서 대의민주주의의 틀을 활용하는 새로운 유권자 지지층을 선별했다. 즉 외국인의 이익을 대변하는 계층, 미래세대의 이익을 대변하는 계층, 인간이 아닌 자연집단의 이익을 대변하는 계층들을 중심으로 살폈다. 그래서

30) 이상헌, 『생태주의』, 책세상, 2011, 16쪽.

31) Dobson Andrew, 1996, "Representative Democracy and Environment", William M. Lafferty & James Meadowcroft(eds.), *Democracy and the Environment*, Edward Elgar. 1996a, 81-91쪽.

돕슨은 자연집단의 이익대변을 위해 미래세대와 자연에게 정치적 주권을 부여한 '정치적 주권의 확대'를 기획해야 한다고 주장한다. 즉, 돕슨은 자연과 미래세대의 이익을 협의과정에서 발생하는 숙의의 논의들에 대해 단순히 우연에 의존하지 않는 도덕적으로 보장받아야 하는 장치가 필요하다고 강조한다.[32] 특히 돕슨은 자연과 함께 향후 태어날 미래세대의 대리대표자와 대리유권자라는 개념을 제시했다. 이는 환경단체의 구성원 또는 일반시민들 중에서 일정 수를 자연과 미래세대를 대리하는 대리유권자로 설정하고 이들에 의해 선출된 대리 대표자들이 의회와 같은 국가의 주요 의사결정 모임에 참석하여 자연과 미래세대의 이익을 대변해야 하는 것이다.

앞서 언급한 에코민주주의의 여러 이론들을 종합해 볼 때, 생태적 합리성은 생태계의 균형을 행위의 규범적 근거를 전제하는 가치합리성이라 할 수 있다. 생태적 합리성은 지구적인 생태위기라는 실존적 조건 속에서 생겨났지만, 동시에 인간의 성찰적 반성능력을 절실히 필요로 한다.[33] 또한 생태적 합리성은 도구적 합리성을 넘어서는 의사소통적 합리성에 기반해 있지만, 이것을 뛰어넘고자 하는 보편적 합리성을 요구한다. 따라서 에코민주주의는 개인의 이익을 뛰어 넘어 공동체의 구성원으로서 인류, 더 나아가 자연을 고려하는 이념이어야 한다.

이런 관점에서 에코민주주의는 전문가 집단들이 주도하여 공론화되지 않은 이론을 갖고 환경문제를 다루었을 경우, 오히려 더 많은 문제점들을 낳을 수 있다. 하지만 환경전문가들에 의해 환경문제의 현황들에 대

32) Andrew Dobson, "Representative Democracy and Environment", William M. Lafferty & James Meadowcroft(eds.), *Democracy and the Environment*, Edward Elgar. 1996.

33) 구도완, 「환경철학과 환경운동」, 『한국환경철학회 · 한국사회학회 가을공동학술대회 자료집』, 2005, 44쪽.

해 직 · 간접적으로 도움을 받는 일반대중들이 직접적인 참여와 민주적인 의사결정을 통해 생태위기를 함께 극복해 나가려고 노력할 때, 인간과 인간, 인간과 자연 사이에 평등한 관계로서 점차 회복해 나갈 수 있는 발판을 마련할 수 있다.

에코민주주의와 에코공동체

앞서 고찰해 보았듯이, 드라이잭을 비롯한 우연적 접합론자들은 하버마스의 사회비판이론을 환경문제에 적용했다. 사회비판이론의 관점에서 보자면, 현대사회의 위험은 체제 내의 합리성이 도구적 합리성으로 진행해 가면서 시민사회의 의사소통적 합리성을 제약하는 가운데서 발생했다. 그래서 우리가 현대사회의 생태위기를 비롯한 다양한 위기상황을 극복하려면 체제의 영향력으로부터 생활세계를 보호하기 위한 노력이 필요하다. 이런 점에서 21세기의 현대사회는 기존의 체제 합리성을 제어할 수 있는 의사소통을 부활시키고, 시민사회의 공론장을 위한 활성화가 요구된다.[34)]

주지하듯이, 지금까지 시민사회에 관한 논의 중에서 가장 많은 영향력을 행사하고 있는 사상적 흐름은 하버마스와 그람시(A. Gramci)를 비롯한 아렌트(H. Arent), 루만(N. Luhmann), 왈처(M. Walzer) 등의 비판적 사회 이론이다. 시민사회는 현대의 사회적 조건에 맞는 합리성과 현대의 시민사회가 보여주고 있는 다양한 측면들의 규명작업이 요구된다. 특히 코헨과 아라토는 생활세계의 구조적 차원을 시민사회의 개념과 일치해야 한다고 말한

34) John S. Dryzek, *Deliberative Democracy and Beyond*. Oxford University 2000, 6장: 김명식, 『환경과 숙의민주주의』, 철학과 현실사, 2009, 64쪽.

다. 하버마스는 시민사회를 공적 영역, 사적영역 및 생활세계로 규정함으로써 구체화된 3분 모델을 제시했다.[35] 여기서 하버마스의 시민사회 모델은 최근에 코헨(J. Cohen)과 아라토(A. Arato)가 하버마스의 생활세계 개념을 적극적으로 재구성하면서 비판이론의 전통을 시민사회에 적용하고 있다.

에코공동체는 국가보다는 시민사회의 공적 영역을 민주화의 주된 대상으로 삼는다. 이제껏 전통적인 민주주의의 논의는 국가의 민주화에 초점을 맞추어 왔다.[36] 특히 서구에서는 "개인보다 상위, 국가보다는 하위의 사회적 공간이었고, 기능면에서는 국가와 경제에 의해 에워싸일 수 없는 모든 사회적 상호작용이며," 그 구성의 핵심은 "의식적 자발적 결사체들의 형성, 그리고 조직화된 커뮤니케이션의 관계"에 있다.[37] 드라이잭은 "정치체제의 작동방식에서 자유민주주의가 환경문제를 수용할 수 있는 가능성은 시민사회가 갖고 있는 규범적 정치적 함의에 있다.[38]고 말한다. 이러한 함의는 "부르주아지 시민사회의 공적 영역"을 지칭한다. 자유민주주의가 정치체제의 작동방식에서 환경문제를 어떻게 수용할 수 있는 가능성은 시민사회가 갖고 있는 규범적 정치적 힘에 있다. 이것은 "부르주아지 시민사회의 공적 영역"[39]에서 가능하다. 왜냐하면 그동안 시민사회는 대안민주주의의 논의에서 결사체민주주의 논의 및 대의민주주의로 전개해 가는 과정에서 많은 결함을 보였기 때문이다.

시민사회의 논의는 학자마다 다양한 이론적 해석을 내려왔다. 에코민

---

35) Vgl. 신광영, 「시민사회 개념과 시민사회 형성」, 유팔무 편, 『시민사회와 시민운동』, 한울, 1998. 1998 : 96쪽.

36) Held David, Anthony McGrew, David Goldblatt and Jonathan Perraton, *Global Transformations*, Stanford University Press, 1994.

37) 문숭홍, 『생태학의 담론』, 50쪽.

38) John S. Dryzek, *Deliberative Democracy and Beyond*, Oxford: University Press, 2000.

39) 문순홍, 『정치생태학과 녹색국가』, 서울: 아르케, 2006, 44쪽.

주주의는 삼분법적 시민사회론과 하버마스의 공적 영역(public sphere)의 개념에서 찾을 수 있다. 지금껏 시민사회의 공공성, 또는 공적 영역은 민주주의의 민주화 논의에서 가장 많은 관심을 끌어 왔다. 이 공적 영역은 국가와 시민사회 그리고 그 사이에 있는 영역이며, 보편적 관심의 주제를 공적으로 토론할 수 있어야 한다. 여기서 토론이란 의사소통행위를 통해 사적인 개인들이 공적으로 마주하게 되고, 기본적으로 상품교환과 사회노동과 같은 영역을 공론화하기에 적합한 이슈들에 대해 공적으로 요구할 수 있어야 한다.[40] 예컨대 자연보전과 같은 이념은 일부 철학자들의 선험적 이론적 이성이나 소수 생태주의자들의 직관에 의해서가 아니라 사회 구성원 모두에게서 함께 이루어져야 한다.

무엇보다 공적 이성(public reason)[41]은 공적 영역의 개입을 필요로 한다. 여기서 공적 이성이란 인식론적 측면에서 특정 소수 집단 안에서 통용되는 논거가 아니라 동시대를 살아가는 구성원들 대부분이 납득할 수 있는 논거에 의해 의사결정을 해야 함을 뜻한다.[42] 하마버스는 시민사회를 사회적으로 통합된 행위 영역으로 구성한다. 여기서 그는 시민사회를 사적 영역과 공적 영역[43]으로 나누어 상호 보완적인 관계를 맺고 있는 것으로

---

40) Habermas, *Theorie des kommunikativen Handeln*, Bd.1. 1985, xi, 18쪽, 27쪽.

41) 공적 이성은 학자마다 다양하지만, 롤즈의 공적 이성을 따르면 다음과 같다. 첫째, 공적 이성은 자유롭고 평등한 시민들이 갖고 있는 이성, 즉 공중의 이성이다. 둘째, 공적 이성은 그 주제가 근본적인 정치적 정의의 문제와 관련이 있는 공공선의 문제로 헌법적 요체와 기본적 정의의 문제이다. 셋째, 공적 이성은 그 본질적 성격과 내용에 있어서 공적이다. 상호성의 기준을 만족시키는 일련의 합당한 정치적 정의관에 입각한 공적 사고를 표방한다는 점에서 공적이다(John Rawls, *The Law of Peoples*, Harvard University Press. 1999, 133쪽).

42) 김명식, 『환경과 숙의민주주의』, 철학과 현실사, 2009, 59쪽.

43) 보다 자세한 하버마스의 공적인 영역에 관해서는 다음의 문헌을 참조 : 마크 포스터 1999-1, 1999 : 68-74 ; Calhoun(Hg.): 1992 ; Horster, 1964 ; pp. 116-122 : Habermas, 1969 ; ders., 1989 : 465-477 ; Hohendahl, 1979 : 89-118 ; Jäger, 1973 : 14-43.

본다. 사적 영역으로서는 경제, 공적 영역으로서는 국가가 이에 해당한다.[44] 이것은 다음과 같이 도표로 나타낼 수 있다.

체계	생활세계
경제(조정 매체 : 돈)	사적 영역
국가(조정 매체 : 권력)	공적 영역

사적 영역으로서 경제 체제는 소비자들의 수요에 대한 품질과 서비스 행위처럼 노동 행위에 대해 임금을 주는 행위에서 나타난다. 공적인 행정은 세금을 부과하는 관청의 행위나 일반 시민이 정치적 행위를 순응하는 데서 정치적으로 결정된다.[45] 이러한 정치적 결정에 의해 자본주의 사회는 사물화의 증후군으로 나타날 수 있다. 여기서 시민사회는 사적 영역에서 생산적인 기능을 구성한다. 시민사회는 의사소통을 매개로 하여 합의를 추구하는 공간이다. 시민사회는 전문화된 핵가족의 사회화 과정, 그리고 가족경제의 환경 안에서 벌어지는 사안들을 다룬다. 시민사회의 공적 영역은 점차 문화 · 출판활동 그리고 보다 훨씬 강력해진 의사 소통망의 대중 매체를 통해 구성된다. 이는 문화적 · 정치적인 공적 영역에서 보다 중요한 환경의 합법성을 조성하기 위해 국가체계를 조직하는데서 나타난다.[46]

하버마스에게 있어서 국가라는 공적 영역은 권력을 통해 주체와 객체 사이의 관계에서 벌어지는 상황에 대해 어떤 주장에 대한 비판을 가하며,

---

44) J. Habermas, *Theorie des kommunikativen Handeln*, Bd.II. , Frankfurt a. M. 1985, 471-472 쪽, 513쪽.

45) J. Habermas, 위의 책, 472쪽.

46) J. Habermas, 위의 책, 471-472쪽.

그에 대해 정당성을 요구한다. 이러한 국가체계는 상징적 재생산 과정이라 할 수 있는 관료주의적인 수단이 생활세계로 점차 확산된다.

하버마스의 관점에서 생활세계는 이미 이론적으로 복잡한 배경을 갖고 있다. 그는 생활세계에서 합리적인 생활세계를 위한 사회 분석의 모델을 제공했다. 하나는 문화이며 다른 하나는 사회와 인성이다. 하버마스는 이런 요소를 사회학자인 뒤르켐(Emile Durkheim)과 파슨스(Talcott Parsons)의 사회학 이론을 적용하여 생활세계의 구조적 요소를 설명한다.[47] 그는 의사소통의 기능적 요소를 다음과 같이 말한다 : "의사소통의 기능적 요소는 의사소통적 행위와 문화의 지식을 혁신하는데서 행해진다. 행위의 영역에서는 사회적 통합과 사회화의 생산, 궁극적으로 사회화는 개인의 정체성 교육을 위한 의사소통의 행위로 나아간다."[48] 다시 말해 그는 생활세계와 관련하여 문화적 재생산 · 사회적 통합 · 사회화[49]의 요소를 제시한다. 그리고 그는 생활세계의 구조적 요소로서 문화 · 사회 · 인성[50]의 요소를 갖추어야 한다고 보았다. 그에게서 이러한 기능주의적 차이의 중심은 합리화된 생활세계로 나아가는 데 있었으며, 이 요소를 통해 세 측면의 이론적인 틀을 형성했다. 하버마스는 이러한 측면을 이해사회학을 통해 생활세계가 사회에 보다 집중될 수 있기를 원했다.[51]

하버마스의 의사소통행위이론에 많은 영향을 받은 드라이잭은 에코민주주의를 구축하기 위해 생존주의, 행정적 합리주의, 경제적 합리주의, 녹색낭만주의 담론을 제시한다. 특히 그는 민주적인 합리적 논의를 통해

47) J. Habermas, 위의 책, 203쪽.

48) J. Habermas, 위의 책, 208쪽.

49) J. Habermas, 위의 책, 209쪽.

50) J. Habermas, 위의 책, 209쪽.

51) J. Habermas, 위의 책, 210쪽.

환경문제를 해결해 나갈 수 있다고 본다. 여기에는 정책 협상, 환경조정, 규제협상, 사회적 담론의 대화 등이 포함된다. 그러나 이러한 절차는 시야가 한정되어 구조적 맥락에 따라 제약을 받는다. 그는 근본적으로 참여민주주의를 제창하여 민주적 실용주의의 범위를 넘어서고자 한다. 참여민주주의는 단순히 대화를 구상하거나 정치권력이나 부의 여부, 그리고 전략적 계획에 따라 그 결과가 결정되는 것이 아니라 모든 이해관계에 따르는 민주적인 토론을 통해 집단의 의사를 결정해야 한다.[52] 여기서 공적적인 의사결정을 발전시킬 수 있는 공통의 실마리는 에코민주주의이다. 생태적 가치를 활성화시킬 수 있는 긍정적 가치는 민주적 실용주의에서 찾는다. 따라서 에코민주주의의 담론에서 진정한 민주주적 절차에 따른 논쟁은 사적 이익보다 공적 이익을 지향한다.

이와 같이 에코민주주의가 그 공동체 사회의 이익에 기반을 두고 있을 때, 생태적 근거를 온전히 보존할 수 있는 근거를 마련할 수 있다. 최근 들어 공동체는 자신의 생태적 기반이 지니는 의미를 거의 상실해 가고 있기 때문에 권력이나 부(富), 전략전술과 같은 배후를 밝혀야 하는 과제를 떠안게 되었다. 따라서 드라이잭의 관점에서 인간과 자연은 하나의 공동체를 구성하는 것으로 인식한다. 이러한 자연과 인간이 하나라는 공동체에 대해 먼저 인간이 그 구성원의 주체로서 책임에 대한 의무를 당연히 져야 하지만, 이와 반대로 자연은 인간과 자연체계의 협동적인 상호진화를 위한 잠재력을 제공해 주고 있다. 이런 점에서 생태학은 다양성, 항상성, 그리고 적응성과 같은 가치의 원천으로서 비위계적인 세계관으로 인식된다.[53]

에코민주주의는 지난 1970년 후반부터 실험되었던 에코지역주의 운

---

52) John S. Dryzek, *Deliberative Democracy and Beyond*, 29-56쪽.

53) 존 드라이잭, 『지구환경정치학담론』, 정승진 옮김, 에코리브르, 1995, 67-70쪽.

동에 기반 한 공동체운동을 눈여겨 볼 필요가 있다. 에코공동체는 적정한 기술과 재생가능한 자원에 기초하여 소규모의 자기 의존적 지역사회를 이상적인 사회로 여기며, 이를 위해 사회의 협동을 강조한다. 예컨대 소규모의 적정인구를 가진 마을을 삶의 단위로 하여 마을단위에서 유기농업을 하고, 태양열로 풍력을 사용하면서 서로가 밀접하게 통합된 지역사회를 이상적인 사회체계로 본다. 이것은 직접민주주의의 평등과 자유를 근거로 한 통합된 자기 규제적 에코공동체를 지향하는 이념이다.[54] 따라서 에코민주주의는 공동체 지향적이다. 이런 기치아래 에코민주주의는 공적인 문제에 대해 시민들의 참여를 적극 요구한다. 궁극적으로 에코민주주의는 시민들이 논의과정에서 상대방을 설득하기 위해서는 자기 자신의 사적인 이익에 근거하기 보다는 상대방의 이익이나 공동체 이익의 관점에서 상호토론을 통해 산적한 환경문제들을 점진적으로 풀어나갈 것을 요구한다.

---

54) 최병두, 『환경사회이론과 국제환경문제』, 한울. 1995, 157쪽: 정대연, 『환경주의와 지속가능한 발전』, 집문당, 2005, 183쪽.

제 4 장

기후변화와 환경위기

기후변화와 환경위기

현재의 환경위기는 지금 갑작스럽게 만들어진 것이 아니다. 이는 아주 오랜 기간에 걸쳐 나타난 것이다. 만약 지금과 같은 상태가 지속되었을 경우 현세대 보다 미래세대에게 다가올 커다란 부담으로 작용한다는데 있다. 우리가 환경위기를 견인하는 힘들에 대응하고 그러한 힘들을 변화시킬 수 있는 시간은 점차 미약해 지고 있다. 그래서 현재의 환경위기는 기존의 목적론적 방향으로 전개해 왔던 윤리이론을 제고해야 하며, 또한 지금껏 인간들만의 관계에서 자연과의 관계로 확장해 나갔을 때 환경문제를 극복할 수 있다.

환경문제는 우리에게 단순히 자원이거나 개발의 대상으로서만이 아니라 우리 자신이 삶을 영위해야 하는 집이다. 우리는 환경문제라고 하면, 흔히 환경오염을 떠올린다. 우리의 주변에서 수시로 접하는 자동차의 매연, 쓰레기 오물에서 나는 악취, 오염되어 냄새나는 수돗물 등 주로 환경오염과 관련되어 있기 때문이다. 그러나 환경문제는 환경오염에만 국한된 협소한 대상이 아니다. 환경문제는 환경오염의 문제보다 훨씬 광범위하다. 21세기의 환경문제는 인구의 증가, 에너지를 비롯한 천연자원의 부족, 식량부족, 육상 및 해양생태계의 파괴, 야생동물의 멸종, 온실효과, 오존층파괴, 산성비, 이상기후 등을 포함한 포괄적 현상이다. 다시 말해 환경파괴와 오염은 인간과 별개의 문제가 아니라 자연 속에서 삶을 살아가야 하는 인간의 삶의 질을 허락한다는 것을 의미한다.

> "자연을 정복할 때 마다 자연은 우리에게 보복한다. 자연이 처음에는 우리가 의도한 결과를 가져 오는 게 사실이다. 그러나 그런 정복이 두 번, 세 번 거듭될 마다 예기치 못했던 효과가 발생하여 맨 처음 정복의 효과마저 상쇄하곤 한다. 메소포타미아, 그리스, 소아시아 등지의 주민들은 농경지를 늘리기 위해 숲을 개간했다. 그러나 숲을 제거해 수분을 품을 수 있는 저장고를 파괴함으로써 오늘날 이들 지역의 황폐한 자연 상태의 기초를 놓은 셈이 되고 말았다. 〔.......〕 따라서 〔자연 개발〕 의 매 단계에서 우리는 마치 정복자가 이민족을 지배하는 식으로, 누군가가 자연 바깥에 서 있다는 식으로 자연을 지배해서는 안 된다는 점을 상기하게 된다. 오히려 살과 피와 두뇌로 이루어진 인간은 자연의 일부로 존재해 왔고, 지금도 자연 속에서 존재하고 있으며, 우리가 다른 피조물에 비해 자연의 법칙을 알고 그 법칙을 올바르게 적용할 줄 아는 능력이 있기에 우리가 자연의 우위에 있다는 점을 상기해야 한다."[1]

위의 인용문에서 보듯이, 지금껏 우리가 자연을 정복하고 과학기술발전의 결과로 인해 삶의 편의성을 한층 증가시켰다는 것을 부인할 수 없음에도 불구하고, 인간은 마음 놓고 사는 것이 어렵게 되었다. 우리는 더 이상 결정적인 조치를 늦출수록 문제는 더욱 복잡해지고 사람들이 개입해야 하는 규모는 그 만큼 커질 것이다. 21세기의 환경문제는 향후 인간의 미래를 예단하는데 새로운 전환점에 서 있다. 21세기의 인류는 이제 탄소여름(carbon summer)을 두려워하게 되었다. 여기서 탄소여름이란 미국의 앨

---

1) Friedrich Engels, "Dialectics of Nature, in: Friedrich Engels and Karl Marx, Marx and Engels on Ecology, pp. 1179-180.

고어 전(前) 부통령이 2007년 12월 노벨평화상 수상 연설에서 사용한 말로서 "지구온난화에 의한 기후변화"[2]를 의미한다. 인류가 땅속에 묻힌 화석연료를 꺼내어 사용함으로써 배출되는 이산화탄소의 온실효과로써 향후 기후가 변화할 것이라는 예측이다. 지구온난화의 우려가 처음으로 제기된 곳은 1957년 미국 캘리포니아 주 소재의 주 스크립스 해양학 연구소의 한스 스웨스와 로저 러벨이 발간한 논문을 통해서이다. 그들은 인간의 공업과 농업관련 활동이 대기 중 이산화탄소 농도의 증가로 이어져 예기치 못할 기온상승을 가져올 것이라고 경고했다.[3] 지난 1970-1980년대 들어 지구 온난화에 대한 관심은 석유위기와 환경에 대한 관심이 높아지면서 고조되었다. 1980년 하반기에 유엔은 지구의 기후변화에 대한 다양한 의견들을 종합하여 10개가 넘는 분야에서 수백 명의 연구 집단을 구성하여 지구온난화에 대한 연구를 당부했다. 2011년 1월 IPCC(유엔 기후변화 정부간 위원회(IPCC) 보고서)는 20세기에 지표면 평균 온도가 1.08~0.36도 상승했다고 밝혔다. 향후 2100년도에 가면 화씨 2.54~10.44도 상승할 것으로 예상된다.[4]

2007년 2월 "유엔 기후변화 정부간 위원회(IPCC) 보고서"에 따르면, 지구온난화에 따라 지구 평균기온이 2001년 발표된 3차 보고서에서 예상한 평균기온상승은 1.4~5.8℃였지만, 21세기말까지 20세기 말에 비해 1.8~4.0℃ 오를 것으로 예상한다. 지구온난화의 주범으로 지목되는 온실가스의 감축에 유럽연합들은 다각도로 힘을 기울이기 시작하고 있다. 2007년 5월 태국방콕에서 개최한 IPCC는 지구온난화의 위험을 경고하는 「제4차

---

2) 지구온난화에 대한 자세한 내용은 다음을 참조: 앨 고어, 『불편한 진실』, 김명남 옮김, 좋은 생각, 2008.

3) 제레미 리프킨, 『수소혁명』, 이진수 옮김, 민음사, 2003, 180쪽.

4) 제레미 리프킨, 앞의 책, 181쪽.

기후변화 보고서」를 냈다. 세계 130여개 나라의 과학자 2,500여명이 2만 9,000건 이상의 지구변화 관련 자료를 6년에 걸쳐 분석해 놓은 이 보고서는 지구온난화가 지금 속도로 지속된다면, 100년 안에 인간을 제외한 대부분의 생물이 사라질 수 있다는 충격적 내용을 담고 있다. 한때 미국 일각에서는 기후변화 자체를 부정하려는 시도가 있었으나, 이제는 IPCC보고서의 과학적 신빙성에 대한 도전은 그다지 없는 것으로 보인다.

지난 2007년 3월 유럽연합은 2020년까지 온실가스 배출을 20%까지 감축하기로 함으로써 지구 온난화 해결에 강한 의지를 보였다. 교토의정서 체결 이후 유럽연합 15개국은 2008년 대비 1.2%를 줄였을 뿐 미국과 일본은 물론 중국과 인도에서도 배출량은 오히려 늘어났으며 최근 들어 세계 7위의 배출국인 우리나라도 더 이상 예외가 아니다. 이렇게 지구온난화는 점점 가속화되고 있으며 국제사회가 점점 적극적으로 대응해야 한다는 점을 보여주고 있다. 2050년이면 지구온도가 평균 2~3℃도 상승하고, 동식물의 20~30%가 멸종위기에 처하며, 세계인구의 10~20억 명이 물 부족현상을 겪게 될 것이라 보고하고 있다.

이와 같이 인간이 계속해서 전문가들의 생태계 파괴의 경고를 외면하고 과학기술의 성장에 의한 물질적 풍요만을 추구하였을 때 멀지 않아 인류의 문명은 공멸할 수 있다는 지표들을 보여주고 있다. 따라서 향후 인간의 현재 및 미래에 대한 기후변화의 문제는 더 이상 개별적인 학문 및 정책에 한정된 사안이 아니라 학제적 관점에서 함께 고민하고 해결해야 할 과제가 되었다. 따라서 우리는 이에 기후변화의 상황들을 윤리적 관점에서 진단하고 그 대안 책들을 모색해 보자.

기후변화의 원인과 영향

인간의 활동과 온실효과

21세기 들어 현대산업사회에서 지구온난화는 가장 시급한 문제로 등장하였다. 최근 급속한 과학기술의 발전은 광범위한 화석연료를 사용함에 따라 지구상에 배출되는 대기 중의 이산화탄소에 의해 온실효과가 심해지면서 예측할 수 없는 "기후변화"[5] 현상이 나타나고 있다. 이미 지구온난화에 대한 종말론적 예언들은 무력감에 빠질 수 있다는 사실을 여러 연구에서 경고한 바 있다. 지구의 온도가 급격하게 상승하는 현상이 두렵고 위험한 이유는, 열이 증가하면 지구의 물순환이 급격하게 변하기 때문이다. 지구는 물이 있는 행성이며, 지구의 다양한 생태계는 지질시대 동안에 강수 유형과 직접적인 관계를 맺으며 진화해 왔다, 온도가 1도씩 증가할 때 마다 대기의 보수력은 7%씩 증가한다.[6]

그러면 인간 얼마나 많은 활동으로 기후변화가 생겨났을까? 과학기술의 발전은 인간의 활동을 부정적 행태로만 보아야 하는 것인가?

유엔의 정부간 기후변화위원회(Intergovermented Panel on Climate Change: IPCC)는 2007년도 제3차 평가보고서에서 "지난 50년간 관찰된 지구온난화의 대부분은 인간의 활동 때문이다"[7]라고 밝히고 있다. 이 보고서는 "산업

---

5) 기후변화라 함은 인간 활동에 직접 또는 간접으로 지구대기의 구성을 변화시키는 상당한 기간에 관측된 자연적 기후 가변성에 추가해 일어나는 현상을 말한다. 기후변화란 대기 중 온실기체 농도가 증가해서 온실기체의 복사강제력이 높아지면서 지구로부터 나가려는 긴 파장의 적외복사에너지를 더 많이 흡수하여 대기 중에 가두게 됨으로써 나타나는 현상이다.

6) 제레미 리프킨, 『한계비용제로사회』, 안진환 옮김, 민음사, 2015, 463쪽.

7) Thomas J. Crowley, Causes of Climate Change over the past 1000 Years", *Science*, 14. July 2000, 189: pp. 270-279.

혁명 이후 일어난 지구온난화에 대한 책임"[8]은 인간의 활동에 의해 초래한 것이라 보고하였다. 지금까지 인간의 활동 가운데서도 주로 화석연료 및 토지개발과 관련된 인간의 활동에 그 원인이 있다는 것이 분명하게 확인되었다.[9] 즉, 지난 기후변화 정부간 위원회는 보고서에서 지구온난화를 "명백한 인류의 책임"이라고 지적했다. 지금까지 발표한 보고서 가운데 가장 '분명한'어조였다. 하지만 "각국 대표단의 정치적 개입으로 상당 부분 수위가 조절된 채 공개된 내용"이란 지적이기도 하다. 이 보고서가 제시한 것보다도 훨씬 빠른 속도로 이미 기후변화가 일어나고 있었고 그 잠재적 결과가 엄청난 불길한 재앙을 보여주는 증거를 보여주고 있었다.

이렇게 대부분의 과학자들은 대기 중의 이산화탄소의 화석연료나 메탄 농도가 높아지는 원인으로 산업혁명 이후부터 20세기 초 급격히 진행된 산업 활동과 문화생활을 영위하기 위한 인간의 활동으로 인해 사용량이 꾸준히 증가하고 있는 것으로 진단한다. 즉, 산업혁명이후 지난 100여 년 동안 산업화가 급격히 추진되고 화석연료의 사용이 급증하면서 온실효과를 일으키는 이산화탄소가 늘어났다.[10] 그 이유는 인간의 활동을 통해 인위적으로 발생하는 이산화탄소의 양이 워낙 급증하고 있기 때문이다. 무엇보다 이산화탄소의 증가는 연료의 사용에 의한 것이며 메탄과 아산화질소의 증가는 농업부문의 성장에 다른 토지의 이용 변화에 그 주요 원인이다.[11]

---

8) 산업혁명이 자연환경을 어떻게 변화시켰는가에 대한 자세한 고찰은 다음을 참조: 이시 히로유키 외, 『환경은 세계사를 어떻게 바꾸었는가』, 이하준 옮김, 경당, 2003, 229-242쪽.

9) Intergovemmental Panel on Climate Change, 'Summary for Policymakers of Synthesis Report of the IPPCC Fourth Assessment Report, November 2007, http:www.jpoc.ch.

10) 전용호, 『교토의정서 발효와 한국의 미래』, 지누출판, 2005, 22-23쪽.

11) 정회성, 『전환기의 환경과 문명』, 도서출판 지모, 2009, 195쪽.

도시의 환경오염

주지하듯이, 인간 활동에 의해 생성되는 프레온, 질소산화물, 메탄과 같은 미량의 가스의 농도는 지구온난화의 주요요인으로 작용한다. 이중에서 메탄은 지구 온난화 원인의 약 18%를 차지한다.[12] 이러한 다양한 지구온난화의 원인이 있음에도 불구하고 이산화탄소는 온난화 과정의 약 50%를 차지하기 때문에 이에 대한 대비책이 시급한 실정이다.[13] 이산화탄소는 대기 중에 아주 오래 동안 머무른다. 지난 세기에 화석연료를 태워 방출한 전체에너지 중에서 약 56% 가량이 대기 중에 떠돌고 있는데, 이것이 모든 지구온난화 효과 가운데 80%를 차지하고 있다. 이것을 근거로 인류에게 영향을 미치는 탄소수치를 계산할 수 있다.[14] 지구 온난화가 가져올 수 있는 결과의 뿌리 깊은 불확실성 때문에 그 위험은 훨씬 더 걱정스럽다.

---

12) 비르키트 브로이엘 편저, 『아젠다 21』, 윤선구 옮김, 생각의 나무, 2000, 11쪽.
13) 레스터 브라운 외, 『바이탈사인 2001』, 서형원 외 옮김, 도요새, 2001, 50-51쪽.
14) 팀 플래너리, 『지구 온난화 이야기』, 이충호 옮김, 지식의 풍경, 2007, 37쪽.

기후가 변화하면 우리의 삶이 심각하게 붕괴하리라는 것은 중대한 위험이다. 가장 심각한 영향은 해수면 상승, 기상이변, 전에는 알려지지 않았던 지역으로 열대 질환이 확산되는 것 등이 있다. 당장 조치를 취하지 않는다면, 지구 온난화는 우리의 건강, 농장, 산림, 습지 등 자연서식지를 위협할 것이다.[15]

향후 효과적인 기후변화에 대한 정책이 부재한다면, 금세기말에는 산업혁명이 시작할 때보다 전체적으로 3도~6도 더 따뜻해 질수 있다. 이 정도 규모의 지구온난화의 추이는 지구계가 달라지는 변화에 버금간다. 지구온난화를 방지하거나 그 속도를 최대한 줄이기 위해서는 인간의 활동으로부터 온실가스배출, 특히 화석연료 연소로부터의 이산화탄소의 배출을 크게 줄여야 한다. 지구온난화란 애당초 온실효과(greenhouse effect)에서 나왔다. 비닐하우스의 비닐이 내부의 온도를 상승시키는 것처럼 지구 표면 온도를 상승시키는 것이 온실효과이다. 말하자면 지구온난화는 대기 중에 날로 쌓여가는 가스에서 비롯된다. 대기 중에 쌓인 가스들이 지구 복사열을 차단하는 것이다. 이런 온실효과는 햇빛이 대기 속으로 들어와 지면에 닿은 뒤 적외선 에너지와 열로 바뀌면서 시작된다. 열은 대기 중에 이산화탄소 등 잡다한 각종 가스를 증가시켜 기체 분자 활성화에 한몫 한다. 기체 분자가 일종의 반사경을 형성하면서 열 일부는 지표면으로 되돌아온다. 이렇게 해서 온실효과가 나타난다. 이는 사막화, 해수면 상승, 생태계의 변화 등을 일으키는 원인이다.

이렇게 온실효과를 일으키는 기체를 온실가스[16]라 하며 이산화탄소

---

15) 폴 먹가, 『녹색은 적색이다.』 조성만 옮김, 책갈피, 2007, 20쪽.

16) 한국의 온실가스 배출량은 지난 2002년 기준으로 그리고 2016년까지도 세계7- 9위 사이이다. 1위는 미국으로 이산화탄소 배출량이 56억 5,230만 톤에 달하고 있다. 중국이 32억 7,055만 톤으로 2위를 차지하고 있다. 3위는 러시아로 15억 309만 톤, 4

가 지구온난화의 주범이다. 지구온난화는 석탄이나 석유 등을 많이 사용하여 대기 중에 이산화탄소나 메탄, 염화불화수소 등이 증가하여 지구를 둘러싼 대기 중에 이상이 생기는 현상이다. 온실효과는 대기 중에 있는 입자나 가스형태의 물질들이 열을 다량 보유함으로써 발생하는 현상으로 그 종류의 수는 헤아릴 수 없이 많다. 학자들은 여섯 가지를 온실효과로 규정하고 있으며 이 가스들의 발생량을 줄이기 위한 노력을 촉구하고 있다. 이산화탄소, 메탄, 아산화질소, 과불화탄소, 수소불화탄소, 육불화황이 그것이다. 온실가스가 지구온난화에 영향을 끼치는가를 판단할 때에는 기후변화에 관한 정부간 패널(IPCC)이 제시하는 지구온난화지수(Grobal Warning Portenial: GWP)를 주로 이용한다. 이는 100년 동안의 누계를 기준으로 한다.

$$\text{온난화지수} = \frac{\text{온실가스 흡수량/1kg-온실가스}}{\text{(이산화탄소의 태양에너지 흡수량/1kg-}CO_2\text{)}}$$

이산화탄소는 나무와 석유, 석탄과 같은 화석연료가 탈 때 탄소가 대기에 있는 산소와 결합하여 발생한다. 또한 이산화탄소는 우리가 숨을 쉴 때 나오는데, 식물이나 광합성이 작용할 때 사용되거나 바다에 흡수되고, 남은 양은 대기 중에 계속 쌓이게 된다. 대기 중에 질소(72%)와 산소(20%) 이외에도 희소가스들이 있다. 이는 수증기, 이산화탄소, 메탄[17], 질소 산화

위는 일본은 12억 691만 톤을 배출하고 있다. 한국은 독일, 캐나다, 영국에 이어 4억 5,155만 톤을 배출하여 9위를 달리고 있다(전용호, 『교토의정서 발효와 한국의 미래』, 2005, 30쪽.) 점차 2016년 OECD 회원국 중 우리나라와 칠레(108.2%), 터키(62.4%)가 온실가스 배출 증가율 'Top 3'를 형성했다.

17) 메탄은 천연가스의 주성분으로 음식물쓰레기나 가축의 배설물이 부패할 때 주로 발생한다. 발생량은 이산화탄소보다 작지만, 메탄 1개가 일으키는 온실효과는 이산화탄소의 21배에 달한다. 에너지연구원(2004)에 따르면. 메탄은 석유, 석탄 및 천

물, 오존 등을 말한다. 이것들은 태양에서 유입되는 복사에너지를 잘 통과시키는 반면에, 지구에서 대기 밖으로 내쏘는 적외선 복사에너지는 흡수하는 경향이 있다. 이 때문에 지구에서 방출되는 열 중 일부는 차단되어 다시 지구 표면으로 재복사 되는데, 이러한 온실효과가 없다면, 지구의 평균온도는 -18℃ 로 떨어져서 생물이 살 수 없게 된다. 분자 당 온실효과를 보았을 때, 메탄이나 프레온가스가 이산화탄소의 각각 21배, 1,300~2만 3,900배에 달한다고 평가된다.

지구에서 발생하는 이산화탄소의 상당량은 대양과 식물이 흡수하며, 그 절반이 대기 중에 남겨 된다. 4분의 1을 대양이, 나머지 4분의 1은 식물들이 흡수한다. 이러한 이유로 인해 대양과 식물을 이산화탄소의 우물이라 일컫는다. 그러나 문제는 이 우물들이 포화 상태에 도달할 수 있다는 점이다. 끊임없이 계속되는 삼림벌채는 아직까지 우물구실을 잘 해주고 있는 열대삼림을 변형시키는 원인이 되고 있다.

온실효과의 그 밖의 원인들

자연적인 온실효과에는 수증기와 이산화탄소가 90%를 차지한다. 나머지 10%는 주로 메탄, 산화지로, 대류권 오존, 불화염화탄소(FCKW)가 차지한다. 그 이외에 추가적인 온실효과의 원인들은 다음과 같다.

인구성장: 19세기 중반 이래 인구증가는 지속적으로 증가해 왔다. 지난

연가스 시스템에 탈루되어 생성되기도 한다. 농업활동이나 폐기물 처리과정에서 주로 한다(이연상, 『쉽게 풀어보는 기후변화협약』, 한울, 2008, 13-17쪽).

2009년 인구가 60억 이상이 넘어섰으며, 미국 인구조사국에서 발표한 예측에 2013년에 따르면, 1월의 세계 인구는 71억 명이다. 세계 인구를 실시간으로 측정하는 worldometers 사이트기준으로 2016년 기준으로 75억 명이 존재한다. 인구의 증가로 인해 이들에게 모두 식량, 물, 에너지 그리고 원자재 등을 공급받지 않으면 안 된다. 인구의 증가와 더불어 기후에 대한 인간 활동의 영향도 강화된다.[18] 인구가 크게 증가하면서 제품의 수요는 더욱 늘어났다. 그리고 이윤추구에 바빴던 기업들은 채광, 제련, 전력생산 등의 산업에서 대기오염물질을 마구잡이로 방출하였다. 국가의 정치권력과 관료, 정치가들 역시도 오염을 부추기는데 커다란 몫을 했다. 지정학적 고려나 야망을 달성하기 위해 독일 · 일본 · 러시아 · 중국 · 브라질 등은 산업화를 서둘렀으며 이 과정에서 오염에 대한 고려는 그다지 없었다.

에너지 소비: 세계에너지 협회는 경제가 완만하게 성장하더라도 세계적인 에너지 소비는 계속적으로 증가할 것으로 예상한다. 지난 2001년 이산화탄소의 형태로 방출되는 7.9기가톤이지만, 매년 0.4%씩 일정하게 증가할 경우 2020년에는 탄소 배출량이 8.7기가톤의 수준에 당도할 것이라 전망한다. 산업 국가들이 방출한 몫은 교토 합의에 따라 현재에 비해 감소할 것이다. 전체 에너지 소비 중에서 산업부문은 31%, 교통부문이 22%, 농업이 5%, 그리고 서비스 부문을 포함하여 가계가 42% 차지한다.

지난 2015년 대한민국 에너지편람에 따르면, 세계 최종에너지소비는 2000년 이후 연평균 2.2% 증가하여 2012년 89.8억 톤을 소비하고 있는 것으로 나타났다. 에너지원별 공급 구성을 보면 석유가 31.5%로 가장 많은

---

18) 비르기트 브로이엘 편저, 『아젠다 21』, 윤선구 옮김, 2000, 278쪽.

비중을 차지하고 있으며, 석탄(28.9%), 천연가스(21.3%) 순으로 공급되었다. 석탄과 천연가스의 공급은 연평균 4.2%, 2.7%의 빠른 증가세를 보이고 있는 반면, 석유는 1.2%로 둔화되고 원자력의 공급 증가율은 0.4%로 점차 하락되었다.

농업 및 임업: 대기권에 도달하는 산하질소이외에 농업은 특히 벼 재배와 축산에 의한 점증하는 메탄 생상을 통하여 온실효과가 나타난다. 예컨대 전 세계의 13억 마리의 소들은 한 마리 당 하루에 100리터의 메탄을 대기 중에 방출한다. 화전민들의 개간과 벌목으로 매분 40헥타르의 열대우림이 파괴되고 있으며, 이때 이산화탄소의 흡수처는 제거되고 이산화탄소의 원천이 발생한다.[19] 소 방귀로 방출되는 메탄가스의 비중(18%)이 전 세계 교통수단이 내뿜는 온실가스의 비중(13.5%)보다 크다. 소 2~4마리가 매년 방귀로 방출하는 메탄가스의 양이 자동차 한 대가 1년간 내뿜는 양과 맞먹는다는 분석도 있다. IPCC에 따르면, 소 한 마리가 1년 동안 배출하는 메탄가스의 평균치는 육우가 53㎏, 젖소가 121㎏이라고 한다. 이 숫자를 약 13억 마리로 추산되는 전 세계 사육우의 머릿수와 합치면 1년에 약 7,000만t에 가까운 메탄가스가 소에게서 나오는 셈이다.

이렇게 소 1마리가 얼마나 메탄가스를 방출할까 의심할 수 있지만, 한우 1마리의 연간 메탄가스 배출량은 47㎏으로 이를 온난화 효과의 기준인 이산화탄소로 환산하면 1천 109㎏에 달한다. 우유 생산을 위해 사료를 많이 섭취하는 젖소는 한우보다 많은 연간 118㎏의 메탄가스를 배출한다. 이를 자동차 1대의 연간 이산화탄소 평균 배출량 4천 700㎏과 비교하면 한우 4.2마리와 젖소 1.6마리가 자동차 1대와 비슷한 이산화탄소를 배

---

19) 비르기트 브로이엘 편저, 앞의 책, 278-279쪽.

출하는 셈이다. 이밖에 도시화의 결과에 따른 대지의 밀폐화, 숲의 농지 및 초지로의 변환, 지속적인 과다초벌로 인한 사막화, 그리고 인공관개에 의한 대지의 염분증가이다.

기후변화의 영향

지구온난화는 무시 못 할 변수로서 세계 환경에 지대한 영향을 끼치고 있다. 자연재해는 지구 온난화가 자리 잡고 있다. 2007년에 발표된 "기후변화에 관한 정부간 패널 IPCC"의 제4차 기후변화보고서는 다양한 기후변화 시나리오의 모형을 작성하여 기후변화 추세를 예측하였다. 이 보고서는 지구온난화의 추세가 향후 계속될 것으로 전망하고 있다. 영국의 공공정책연구소(Institute for public Policy Research)는 지구온난화 포르노(climate Porn)라는 표현을 사용한다. 이는 지구온난화의 상황을 자극적으로 묘사하고 언론매체나 학자들 때문에 오히려 대중들은 무력감을 느끼고 적극적인 실천에서 멀어져 버린다는 뜻이다. 지구온난화와 관련하여 많은 암울한 시나리오들은 여러 보도들을 통해 이미 많은 사람들에게 인지하게 되었다. IPCC는 21세기 말까지 해수면이 18~59cm 상승해 섬나라가 물에 잠기고 아시아나 아프리카 대륙 해안저지대에 사는 수천 만 명이 삶의 터전을 잃게 될 것이라 경고했다.

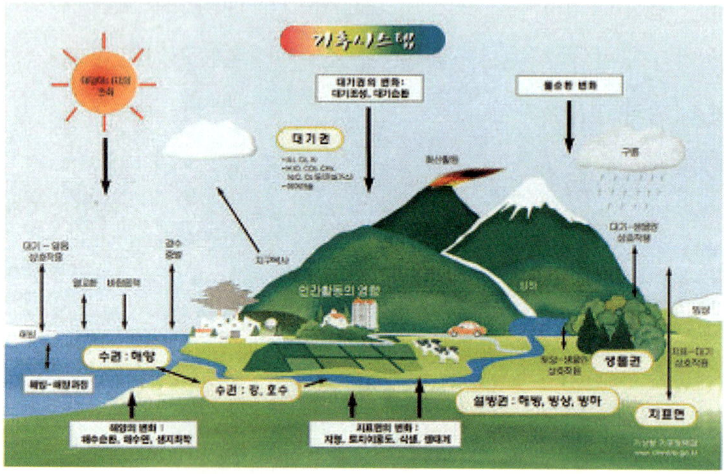

다가올 2023년 여름쯤이면 북극해에는 빙하가 없는 바다가 될 것으로 예상한다. 이는 IPCC 모델의 제시보다도 약 한 세기가 빠른 것이다. 여름에 북극의 빙하가 완전히 녹아내리면 그린란드의 빙상도 붕괴하지 않을 수 없게 되고, 그 결과로 인해 이번 세기 안에 해수면이 5미터 이상 상승하는 상황이 벌어질 것이다. 그러면 세계 50대 도시 가운데 절반가량이 위험해 지고 수억 명의 사람들이 환경난민이 될 것이다.[20] 또한 최근 덴마크 코펜하겐에서 열린 국제기후변화과학회의(ISCCC)에 참석한 전문가들은 "2100년까지 해수면이 75~190cm 상승하는 것으로 나타났으며," "온실가스 감축에도 불구하고 해수면이 최소 100cm 정도는 올라갈 것"이라 말했다. 전문가들은 또한 "2007년 IPCC가 해수면 상승을 계산할 때 남극대륙 주변 바다에 떠있는 빙붕(氷棚)이 녹는 현상을 고려하지 않았다"고 지적했다. 빙붕은 남극대륙과 이어져 떠 있는 얼음덩이로 남극 전체 얼음 면

---

20) David Spratt, "The Big Melt: lessons from the Arctic Summer of 2007," October 2007.

적의 10%에 이른다.

IPCC도 최대 6.4℃ 상승할 경우 해수면이 59cm 가량 올라간다고 예상하고 있다. 이렇게 되면 북극 빙하는 21세기 말에 완전히 녹아 없어질 것이며 폭염과 집중호우, 태풍, 허리케인 등은 지금 보다 더 자주, 더 높은 강도로 인류를 위협하게 될 것이다. 그리고 그 피해는 기상현상에만 국한되지 않고 작물 생산량 및 재배 면적이 현저히 줄 것이다. 또한 생물 다양성이 감소하여 생태계의 교란이 발생할 것이다. 우리나라에서도 이미 이러한 현상은 명확히 드러나고 있다. 감귤, 사과 등 농산물의 주산지가 계속 북상 중이며, 명태 등 한류성 어종이 감소하고 오징어 같은 난대성 어종이 증가하고 있다. 이러한 온난화의 위험으로 결국 인류는 문명의 종말을 맞이할 것인가? 지구온난화가 지구의 문명을 몰락시킬 정도로 심각한 재앙이 될 것인가? 지금으로서는 그 누구도 그 결과를 섣부르게 예측할 수 없다.[21] 전 세계가 지구온난화의 대책마련에 부심하고 있다는 것을 알면서도 현재 한국 내에서 이와 같은 논의를 제대로 진척되고 있지 않다는 측면은 어떻게 이해할 것인가?

북극과 남극 지방의 지구온난화 추세도 심각한 문제다. 남극과 북극에는 3,000m가 넘는 두께의 얼음이 두껍게 펼쳐져 있다. 남극의 얼음은 전 세계 육지에 있는 물의 70%를 차지하고, 북극 그린란드의 얼음은 약 10% 정도이다. 그동안의 지구온난화로 인해 바닷물의 수위가 이미 10~20cm 상승했다고 한다.[22] 즉, IPCC가 발표한 조사 보고서에 따르면, 지난 100년 동안 지구 해수면의 높이가 10~25cm 정도 높아 졌다. 태양온도의 상승, 그린란드의 빙설과 북극의 빙상 등의 용해로 지구 평균 해수면도 1961~2003년 연평균 1.8mm(1.3~2.3mm)씩 상승해 왔다. 특히 1993년부

21) 미래기획위원회, 『녹색성장의 길』, 중앙 books, 2009, 62-63쪽.

22) 김수병 외 4인, 『지구를 생각한다』 해나무, 2009, 38-39쪽.

터 2003년에는 평균 3.1mm(2.4~3.8)로 그 상승 폭이 매우 커지고 있다. 지표와 해양온도의 상승은 태풍, 해일, 강우량 등 강 이변을 초래하고 생태계에도 지대한 영향을 주고 있다.[23] 북반구의 봄과 여름의 빙산이 1950년 이후에 약 10~15% 감소하고 있다. 빙하학자들이 다양한 관찰을 바탕으로 계산한 것에 의하면, 그린란드와 남극 대륙이 빠르게 녹아버릴 수 있다는 것이다. IPCC에 따르면, 21세기 말에 해수면이 50cm 정도 높은 해수면 상승을 불러 올 것이라 예상한다. 빙하는 다른 흰 표면들처럼 햇빛을 반사하여 지구 온난화를 억제한다. 이것을 알베도 효과라 한다. 그러나 빙하가 점진적으로 녹으면 알베도 효과가 감소해 지구온난화를 억제하는 작용이 사라질 것이다. 따라서 지구온난화는 더욱 더 촉진 될 것이라는 전망이 가능하다.

지구온난화: 캐나다 북극 지역 빙하 위에서 탐사활동을 벌이는 과학자들.

---

23) 정회성, 『전환기의 환경과 문명』, 도서출판 지모, 2009, 196쪽.

다른 지역보다 더 심각한 양상을 보이는 고위도 지역의 온난화는 영구 동토층의 용해를 유발하게 될 것이라 예상한다. 세계 해수면은 매년 2밀리미터 정도씩 상승하고 있다. 그 이유는 물이 따뜻해질 때 팽창하기 때문이기도 하며 얼음과 눈의 융해 때문이기도 하다. 거의 전 세계의 빙하가 수축되고 있다. 그런가 하면 마지막 빙하기 이후 계속 얼어붙어 있던 알래스카와 시베리아의 영구동토층이 녹아내리기 시작했다. 아마존 일부는 기온의 수목 성장점을 넘어 사바나로 변하고 있다. 이는 100만 km의 면적을 덮고 있는 동토, 특히 평균 25m 깊이의 시베리아 지역 동토가 녹을 수 있음을 의미한다. 전문가들은 영구 빙토층에 5,000억톤 가량의 이산화탄소가 포함되어 있을 것으로 추정한다.[24] 북극의 해빙은 이미 줄어들어 면적이 유사 이래로 가장 적어졌다. 여기서 북극이란 북극권을 뜻한다. 북극권은 북위 66.5보다 북쪽을 가리킨다. 북극해, 북아메리카 대륙 최북단, 퀸엘리자베스 제도 등 그린란드의 대부분, 스칸디나비아반도 북부, 유라시아대륙에 있는 시베리아 북부를 포함한다. 북극해의 얼음이 녹아도 해수면 상승은 일어나지 않지만, 북극의 얼음이 녹으면 해수면이 상승한다.

남극에서는 과학자들이 2002년의 라르센 B 빙붕(氷棚 ice shelf)의 붕괴를 명확하게 예측할 수 없었다. 『사이언스』지에 게제 된 논문은 그 붕괴가 온난화된 대양에 의해 유발된 융해의 결과라고 결론지었다. 인도양과 남태평양의 산호초도 시들기 시작했다. 세계보건기구는 매년 15만 명이 기후변화 때문에 죽어가고 있다고 추산했다. 기온이 높을수록 질병의 전파가 더 빠르기 때문이다. 남극은 평균 2,450m 정도의 얼음으로 덮여 있고,

---

24) 에르베 캄프, 『부자들은 지구를 어떻게 망쳤나』, 진민정 옮김, 에코리브르, 2008, 21-22쪽.

남극점은 해발고도 2,800m지점이다. 남극은 대륙의 면적이 일본의 36배나 되고, 어떤 장소는 후지산보다 더 두꺼운 얼음으로 덮여 있다. 남극상공에서는 오존구멍이 보일만큼 오존층의 파괴가 극단적으로 진행되고 있다. 또한 성층권의 온도가 더욱 낮아지고 있으며, 남극점 고지에서는 지구 온난화로 기온이 저하되고 있다.[25)]

북극해에서 빙하의 해빙은 해양순환의 변화를 일으켜 유럽을 냉대지역화 할지도 모른다는 견해가 유력하게 제기되기도 한다. 그린란드와 노르웨이 앞 바다에서 무거워지고 차가워진 바닷물이 초당 2,000만 톤 침해로 침강하고 있다. 이러한 침강으로 인해 적도 해역으로부터 따뜻한 물인 멕시코 만류가 북대서양으로 흘러들어가 유럽지역을 현재의 온화한 기후로 유지하고 있다. 이것을 열염순화(thermohaline circulation)라 부른다. 그러나 지구온난화로 북극해 얼음이 다 녹으면 해수 염분이 낮아져 바닷물의 침강이 거의 없어지고, 멕시코 만류의 양이 줄어들어 유럽의 기온은 급격히 하강하고 한파가 덮칠 가능성이 높다. 2004년 롤랜드 에머리히 감독의 영화 투모로우(The Day after Tommorrow)는 이러한 시나리오를 바탕으로 만들어졌고, 전 세계의 큰 반향을 일으켰다.[26)]

늦은 여름에서 이른 가을사이에 극지방의 얼음 두께가 최근 수십 년간 무려 40% 정도 얇아졌고, 겨울의 얼음두께도 서서히 얇아지고 있다고 한다. 켄 데이빗슨 세계기상기구(WMO) 이사는 “지난 25년간 지속적으로 기온이 상승하고 있고 이와 같은 상승은 최근 천년 동안 유례없는 일”이라고 지적했다. 실제 온실가스의 주범인 이산화탄소의 대기 농도는 산업화 이전에 278ppm이었던 것이 1990년 후반에는 365ppm으로 급증했고,

---

25) 타테야마 · 오창길 · 권혜선, 『교실 밖 퍼떡이는 환경이야기』, 스마트주니어, 2016, 54-55쪽.

26) 문하영, 『기후변화의 경제학』, 매일경제신문사, 2007, 32쪽.

2010년 이후에는 380ppm을 넘어섰고, 메탄도 0.7ppm에서 1.7ppm으로 크게 늘었다.[27] 이산화탄소 농도는 100만전까지만 해도 몇몇 ppm정도였으나, 그 후 1000년 전부터 산업혁명이전까지 280ppm정도였다. 산업혁명이후 선진국은 급속도로 공업화를 진행하면서, 최근에는 개발도상국도 석유, 석탄, 천연가스와 같은 화석연료와 쓰레기, 플라스틱 등을 대량으로 태우고 있다. 또한 이산화탄소를 흡수하는 산림벌채를 대규모로 자행하고 있다. 특히 위험한 것은 단기적 이익을 위해 대규모로 행해지는 산림벌목과 화전 농업이다. 지난 2008년에만 해도 약 13만 킬로제곱미터의 땅이 이러한 운명에 처했다. 커피, 팜유, 사탕수수, 대두 같은 단일작품재배는 단기적으로 경제적 이익을 가져다 줄 수 있으나, 결국에는 벌거벗고 황폐화된 불모의 땅만 남겨 줄 수 있다.[28]

지금도 전 세계의 온실가스 배출량은 계속 증가하고 있다. 우리나라 온실가스의 배출량은 지속적으로 증가추세를 보여 2005년 총 배출량이 9.5억 톤으로서 CO_2 배출순위(에너지부문)는 세계 10위(IEA 기준 16위, 1900-2004 누적배출량 22위)에 해당한다. 그리고 OECD 국가 중에서 온실가스 배출량은 7위, 1990년 이후의 배출량 증가율은 1위를 기록 중이다.[29] 최근 20여 년간 우리나라의 이산화탄소(CO_2) 배출 증가 속도가 경제협력개발기구(OECD) 회원국 중 가장 빠른 것으로 나타났다. 2016년 4월 11일 국제에너지기구(IEA) 보고서에 따르면, OECD 회원국의 1인당 배출량은 1990년 10.29t에서 2013년 9.55t으로 7.2% 감소했다. 반면 같은 기간 우리나라는 1인당 5.41t에서 11.39t으로 110.8% 증가했다. OECD 회원국 중 우리나라와 칠레

27) 전용호, 『교토의정서 발효와 한국의 미래』, 2005, 18쪽.

28) 엔스 죈트겐 & 아르민 렐러, 『이산화탄소-지질권과 생물권의 중개자』, 유영미 옮김, 자연과 생태, 2015, 50쪽.

29) 미래기획 위원회, 『녹색성장의 길』, 중앙 books, 2009, 54-67쪽.

(108.2%), 터키(62.4%)가 온실가스 배출 증가율 'Top 3'를 형성했다. 석탄 등 연료 사용이 많았던 것이 원인이다. 우리나라는 이 기간 연료 연소에 따른 이산산화탄소 배출량이 147% 증가했다. 2013년 기준 한국이 연료 사용으로 배출한 이산화탄소는 5억 8,000만t으로 OECD 국가 전체 배출량(120억t)의 4.7%를 차지했다.[30]

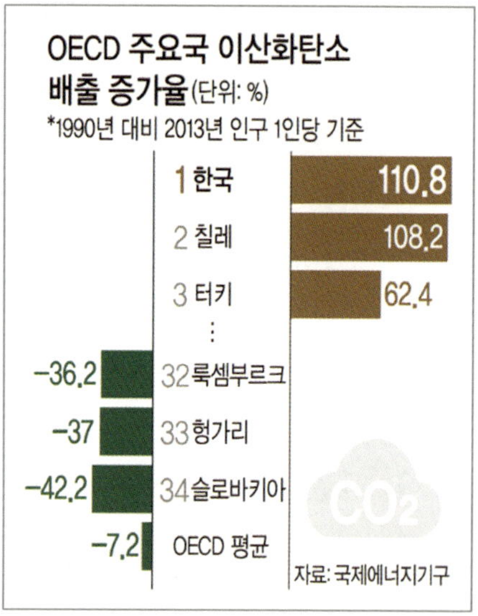

온실가스의 방출량이 변하지 않는다고 가정할 경우에, 차기 1세기 동안 범지구적 평균 기온은 매년 10년 마다 0.3℃씩 증가하게 될 것이다. IPCC보고서에 따르면, 산업화 이전에 비해 기온이 2~2.4℃ 상승하는 수준으로 지구온난화를 억제하기 위해 이산화탄소를 포함한 모든 온실가스의 이산화탄소 확산 농도, 즉 이산화탄소를 345~390ppm으로 안정화돼야 한다. 지속적으로 세계의 이산화탄소 배출이 지난 2000년과 2015년 사이에 최고치에 달했다가 2050년까지 2000년 수준의 50~85%만큼 떨어지도록 해야 한다.[31] 1990년 이래 중국과 인도의 이산화탄소 배출은 각각 두 배 이상으로 증가했고, 중국은 미국은 세계 최대의 온실가스 배출국이 되었다. 현재의 속도가 유지된다면 중국은 이산산화탄소 배출은 10년 마다 다시 두 배가 되고, 인도의 이산화탄소 배출은 15년이 채 되지 않아 다시 두 배가 될 것으로 전망한다.

---

30) 엄현준, "한국이산화탄소 배출 증가속도 OECD 1위", 『세계일보』, 2016년 4월 12일자

31) 민치리, 「기후변화, 성장의 한계, 사회주의」, 존 벨러미 포스터 외 9인/김철규 외 옮김, 『생태논의의 최전선』, 필맥, 2009, 76쪽.

또한 지구온난화는 열 스트레스 때문에 여름철에 발생하는 사망자 수를 증가시킬 것이다. 그러나 겨울에는 덜 추워서 사망자 수가 감소하여 전체 사망자 수는 이전과 마찬가지가 될 것이다. 그렇지만 이 가운데 그 무엇보다 훨씬 더 심각한 문제는 살아가는 데 온기가 필요한 곤충이 퍼뜨리는 열대성 질병의 확산이다.[32] 그밖에 대양이 온난해짐에 따라, 주로 열대 지방에 한정되어 불고 있는 허리케인과 열대성 태풍이 적도에서 멀리 떨어진 지역으로까지 확장되어, 무방비 상태인 대도시 지역을 강타할 것이다. 이것은 보험 산업계에서 심각하게 우려하면서 검토하고 있는 자연재해의 손해비용이다. 보험 산업계는 최근 몇 십년 사이에 자연 재해로 인한 손해비용이 급격하게 증가했다는 것을 이미 파악했다. 예컨대 열대성 질병이 보다 확산될 수 있다. 식량 생산이 몇몇 지역, 특히 고위도의 북부 지역에서는 증가하지만, 아프리카 사하라이남 지역을 포함한 다른 곳에서는 감소할 것이다.

하지만 기후변화로 인한 결과들이 모두 부정적인 현상만 있는 것은 아니다. 예상되는 기온의 상승은 중위도 지역에서 난방에너지를 절약할 수 있게 하고, 이것은 이산화탄소의 배출량과 에너지 비용을 감소시킨다. 급속한 변화와 예상되는 극단적인 기후현상의 증가로 인해 자연과 사회에 대한 압박도 증가할 것이다.[33] 이러한 이유 때문에 과학과 정치는 몇 전부터 지속 가능한 개발을 위한 기후보호에 대한 전략을 제시하기 위해 다각도로 노력하고 있는 중이다.

---

32) www.christianaid. org.uk/indepth/0011globwarm.htm: 피터 싱어, 『세계화의 윤리』, 김희정 옮김, 아카넷, 2003, 43쪽.

33) 문하영, 앞의 책, 281쪽.

기후변화의 원인 해결을 위한 조보 협약들

기후변화의 문제는 지난 1980년대부터 국제사회에서 정치영역의 이슈가 되기 시작해 전 지구적 차원의 대응이 불가피하다는 합의가 이루어져 왔다. 즉, 지구온난화의 문제는 1988년 영국 런던에서 개최된 서방선진 7개국 정상회의(G7) 때에 공식적으로 제기되었다. 그해에 유엔환경계획과 세계기상기구가 연합해서 "기후변화에 관한 정부패널(IPCC: International government Panel on Climate Change)"을 조직하였다. 1988년 11월 국제기상기구(WMO)와 유엔환경계획은 공동으로 온실가스 증가로 인해 향후 100년(1906~2005) 동안 지구는 지난 100년간의 평균기온 0.74℃ 상승하였다. 그중 0.6℃가 1960년부터 2005년에 상승(한국 1.5℃)[34]하였고 곳곳에서 이상 기온현상의 징후들이 나타나고 있다. 이러한 예측에 따라 2025년에는 현재보다 지구의 평균기온이 1℃, 21세기 말에는 3℃ 이상 상승할 것이라는 예측이다.[35]

비록 이런 평균 수치들은 작아 보일 수 있지만, 평균 기온이 1℃만 올라가도 지난 만 년을 통틀어 어느 한 세기에 일어난 그 어떤 변화보다 더 커다란 변화를 가져올 수 있다. 문제는 인류사회가 대기 중 온실가스의

34) 한반도의 온난화 속도가 전 세계 평균보다 갑절 이상 빠르다는 분석 결과가 나왔다. 지난 한 세기 동안 겨울철 길이가 한 달 이상 줄고, 여름철 길이는 2주가량 늘어난 것으로 나타났다. 기상청이 7일 펴낸 '한반도 기후변화: 현재와 미래' 자료를 보면 1912~2008년 한반도의 연평균 기온은 섭씨 1.7도 올랐다. 이는 같은 기간 0.74±0.03도 상승한 세계 평균치에 견주어 두 배 이상 높은 것이다. 이에 따라 겨울철이 늦게 시작되고 봄이 일찍 찾아오면서 겨울철 지속 기간은 22~49일 짧아졌고, 봄이 일찍 끝나고 가을이 늦게 시작되면서 여름철 지속 기간은 13~17일 늘어나는 등 계절의 길이도 크게 변화했다(『한겨레신문』, 2009년 5월 8일자).

35) 브라이언 스키너 · 스테핀 포터, 『생동하는 지구: 지질학 입문』, 박수인 외 옮김, 시그마 프레스, 1998, 547-548쪽.

농도를 지난 2000년 수준으로 동결시켰을 경우에도 향후 20년간은 연간 지구 평균온도가 0.01℃씩 상승하고, 2090~2099년까지는 0.6℃(0.3, 0.9℃) 정도 상승할 것이라는 전망이다. IPCC 과학자들은 1,5℃, 2.5℃의 기온상승으로 생물종의 20~30%가 멸종위기에 빠질 수 있고, 3.5℃가 넘는 기온상승에는 40~70%의 멸종가능성이 있다고 보고하고 있다. 생물 종의 손실로 인한 생태계의 변화는 다시 인간이라는 생물 종의 생존에도 크게 영향을 줄 수 있기 때문에 현재의 기후변화 현상에 대해 크게 우려하지 않을 수 없다. IPCC『제3차 평가 보고서』는 1900년에서 2100년까지 지구 평균 기온이 최소한 1.4℃에서, 크게는 5.8℃까지 상승할 것이라고 추정한다.

또한 이산화탄소 농도가 2배 상승할 때 최대 11.5℃까지 상승할 수 있다고 보고하고 있다.[36] 이 보고서에 따르면, 지구는 지난 세기 동안 분명한 온난화 징후를 보였고, 1990년대 10여 년간은 가장 더운 해로 기록되고 있다. 21세기의 기온상승폭은 후반기에 특히 커지고 있는데, 지난 12년(1995~2006) 중 11년이 1850년 이래 가장 더웠던 것으로 기록되고 있다. 특히 1998년은 인간이 날씨를 기록하기 시작한 140년이 넘는 기간 중에서 가장 더운 해였다. 2001년이 끝날 무렵, 세계기상기구(World Meteorological Organization)는 기록상 1999년에 이어 두 번째로 더웠던 해라고 발표했다. 사실상 가장 무더웠던 해의 열에 아홉 정도가 1990년 이후이다. 현재의 기온 상승률은 1900년대 초반의 세 배에 이르고 있다. 2007년 11월에 발표된 UNIPCC의 제4차 보고서에서 지금처럼 화석연료에 의존하는 대량 소비형 사회가 계속된다면 금세기 말에 지구의 평균 온도는 최대 6.4℃ 상승한다고 경고했다. 그리고 6.4℃의 상승이 가져올 변화에 대해 곳곳에서 근거 있는 예측이 나오고 있다. 하지만 지구온난화로 인한 해수면 상승이

---

36) 조지 몬비오,『CO_2와의 위험한 동거』, 정주연 옮김, 홍익출판사, 2008, 27-28쪽.

2년 전 유엔 산하 '기후변화에 관한 정부간 패널(IPCC)'이 예측한 것보다 훨씬 빠르게 진행되는 것으로 나타났다. 이는 지금까지 IPCC는 지구온난화 방지에 찬성하는 전문가들의 주장을 뒷받침하는 중요한 자료로 활용되고 있다.[37)]

지난 1990년 IPCC는 기후변화가 가져올 위험은 사실이며 이를 막기 위해 전 지구적 차원의 협약이 필요하다고 보고하였다. 유엔 총회는 협약을 체결할 것을 결의했다. 2년간의 협상 끝에 기후변화에 관한 "유엔 기후변화협약(UN Framework Convention on Climate Change)"이 1992년 브라질 리우데자이루에서 합의되었고, 1994년 3월 발효되었다. 이 회의에서 "이산화탄소 배출량을 2005년까지 1988년 대비 20%를 삭감하자"고 의결한 바 있다. 이 협약은 189개국에서 받아 들여졌다. 기후변화협약이라는 명칭이 시사하고 있듯이, 이는 차후의 조치를 위한 기본 틀에 지나지 않지만 안전한 수준에서 온실가스 배출량을 동결시킬 것을 요구하고 있다. 이 회의에서 생물 다양성의 보존을 도모하고 가난한 나라의 환경 발전문제 온실가스 방출규제 등을 해결하기 위해 한층 포괄적인 약정을 마련하였다. 이 협약에서 온실가스 규제가 주요 환경현안이 되었다. 특히 이 협약은 "형평성을 기초로 하여, 협약 당사자들의 공통되면서도 차별적인 제각각의 능력에 따라" 그러한 조치를 취해야 한다고 밝혔다. 유엔기후변화협약은 각국이 공동의 차별화된 책임과 능력에 따라 기술 시스템을 보호하는 것을 원칙으로 다음과 같은 세 가지를 합의하고 있다.

(1) 협약의 모든 당사국은 온실 가스 배출량을 목록으로 작성해서 감축계획을 입안한다.

(2) 선진국은 배출량을 1990년 수준으로 되돌리는 것을 목적으로 감축

37) 공병호, 『3년후, 세계는 그리고 한국은』, 21세기북스, 2009, 77쪽

활동을 한다.

(3) 선진국은 개발도상국에 배출량 감축을 위한 기술 이전과 지구 환경을 배려한 개발자금을 공여한다.

위의 협약에서 지구온난화 방지는 인류 공통의 과제이지만 이미 경제발전으로 부유해진 선진국은 지구환경을 배려하면서 경제를 발전시킬 더 큰 책임을 져야 한다는 것이 이 조약의 특징이다. 이 협약에서 "공동의 차별화된 책임"이라는 원칙은 선진국과 개발도상국간의 관계를 같은 조건으로 묶기 위한 핵심적 문구라 할 수 있다. 현재와 미래의 인류를 위해, 형평의 기반 위에서, 그리고 공동이지만 차별적인 책임과 각자 능력의 원칙에 따라 모든 국가들이 기후변화에 대처해야 한다. 여기서 "공동이지만 차별적인 책임"이라는 원칙은 세계 모든 각국이 공동으로 대처해 나가야 함과 동시에 그동안 기후변화를 초래한 온실가스의 배출책임이 75% 이상 선진국들에게 있으므로 선진국들이 우선적으로 배출감축 조치를 취해 나가야 함을 함축한다.

또한 각국은 기후변화에 대처해 나감에 있어서 완전한 과학적 확실성이 미흡할지라도 사전예방의 원칙(precautionary principle)[38]에 따라 필요한 원칙을 취한다. 사전예방의 원칙은 과학적 증거가 완전하지 않을지라도 각국이 그것을 이유로 심각한 상황으로 진행되고 있는 기후변화 대처를 지체하지 말 것을 천명한 것이다. 이 두 가지 원칙은 가장 중요한 양대 협약

---

38) King& Mori는 국제협약 내용의 분석에 따라 환경정책의 주요원칙을 제시한다. 그 주요원칙은 오염자부담원칙, 사전예방원칙, 통합원칙, 원칙적 공동부담원칙, 제한적 차별원칙이 있으며, 기타 원칙으로 세대간 형평원칙, 인간중심주의 원칙, 세대간 형평원칙, 시장실패원칙, 참여원칙 등을 제시하였다(Peter King, N. & Hydeiuki Mon, Policy Selection and Diffusion Theory, International Review for Environmental Strategies, 7(1), 2007, 17-38쪽).

의 기준이다.[39]

1994년 체결된 「기후변화에 관한 유엔기본협약」은 169개 당사국들이 모여 1997년 12월 일본 교토에서 모여 기본협약의 원칙에 입각하여 2012년까지 오일가스 감축을 목표로 결정하였다. 기후변화협약에서 기후변화에 한 공동의 문제의식과 대처방향을 규정하고 있고, 각 참가국에 대한 강제적인 배출감축의무는 교토의정서(Kyoto Protocol)에 포함시켰다.

교토의정서는 한마디로 온실가스를 줄이기 위한 국가 간의 약속이라 할 수 있다. 여기서 '공동의 차별화된 책임'이라는 원칙이 관철되어 선진국과 개발도상국 사이에 명확한 차이를 명시한 협정서가 합의되었다. 교토의정서에 합의된 주요 내용은 다음과 같다.

(1) 모든 선진국은 2008년부터 2012년까지 5년 동안(이것을 제1차 의무이행기간) 평균 온실가스 배출량을 1999년 대비 적어도 5% 감축한다.

(2) 선진국 각국에 국제법상의 구속력이 있는 감축에 관한 수치를 목적으로 설정하지만, 개발도상국에는 감축 의무를 지우지 않는다.

39) 문하영, 앞의 책, 46-47쪽.

(3) 목표 달성을 위한 유연장치로서, 국외에서 감축한 분량을 자국의 감축량으로 계산할 수 있는 "교토메커니즘"을 마련한다.

(4) 감축 대상이 되는 가스는 이산화탄소(CO_2), 메탄(CH_4), 이산화질소(N_2O), 수소불화탄소(HFCs), 과불화탄소(PFCs), 육불화황(SF_6) 등 여섯 종류로 한다.(단, 수소불화탄소(HFCs), 과불화탄소(PFCs), 육불화황(SF_6)의 감축 기준년은 1995년으로 한다).

이 중에서 뒤의 세 가지 HFCs, PFCs, SF_6는 프레온 가스라 하며 자연에는 존재하지 않는 인간들이 인위적으로 만든 가스들이다. 온실가스 중에서 비중이 크고 중요한 것은 이산화탄소와 메탄이다. 특히 이산화탄소는 배출량의 80% 이상, 지구온난화 기여도 50% 이상을 차지하고 있기 때문에 지구온난화의 주범으로 지목되고 있다.[40] 미국은 개발도상국들에게 자발적으로 오염배출을 규제해 줄 것과 오염배출권 거래 제도를 제안했다. 오염배출권의 국가간의 거래는 이산화탄소를 기준치보다 적게 배출하는 개발도상국의 경우에 선진국들이 구매해서 기준치 이상으로 배출하도록 허용하자는 발상이다. 그렇게 하여 대기에 배출되는 이산화탄소의 총량은 적절히 통제될 수 있다는 것이다.

지난 클린턴 행정부의 오염배출권거래제는 잘사는 나라가 돈을 주고 개발도상국이 배출할 수 있는 허용기준을 구매하면 가장 효과적으로 삭감할 수 있을 것이라는 주된 사항이었다. 이는 지구온난화를 초래하는 나라에 대해 물질적 배출을 줄이라는 요구나 회의를 하는 것보다 낫다는 것이다. 즉, 오염물질 배출에 시장논리를 적용하자는 것이다. 환경보전의 효율성을 생각하면 그럴 듯하게 보일 수 있다. 그러나 여기에는 결정적인

40) 문하영, 『기후변화의 경제학』, 매일경제, 2007, 20쪽.

윤리학적 문제가 숨어 있다. 지구환경보호라는 목표를 달성하기 위해 수단의 비윤리성을 간과하고 있었다. 에너지 소비는 단순한 자원의 낭비가 아니라 환경과 직결되는 문제이다. 그러므로 환경오염이 사고파는 상품으로 변질되면, 환경파괴에 대한 인류의 우려를 망각하고, 환경보전을 위한 국제적 협력과 연대를 훼손하게 될 우려가 있다. CO_2 배출권의 구매에 드는 비용은 일종의 벌금인데 환경문제가 벌금을 부과한다고 해서 해결되는 것은 아니다.[41] 이 교토의정서에 따라 유엔연합 8%, 미국 7%, 일본 6% 등 38개국이 평균 5.2%의 이산화탄소 감축을 실행하기로 하였다. 그러나 그 당시 부시 행정부는 애초에 기본협약의 전제가 되었던 과학계의 연구 결론에 의문을 제기하면서 교토의정서를 이행하지 않기로 하여 전지구적 환경 레짐을 구축하는 과제가 얼마나 어려운 일인지를 여실히 보여 주었다. 지난 2000년 선거에서 보수적인 미국대통령의 선출이 환경주의자에게 패배를 안겨 주었다.[42]

그 후 13회에 걸쳐 유엔기후변화협약 당사국 총회, 즉, '당사자 회의'가 개최되었다. 지난 13차 총회는 2007년 12월 인도네시아 발리에서 열렸다. 위의 협약들에서 선진국은 "기후변화와 이로 인한 역효과와 싸우는데 선도적인 역할"을 해야 한다고 보고하였다. 선진국은 2010년 무렵까지는 온실가스 배출량을 1990년 수준으로 동결하기로 약속했지만, 이에 대한 법적 구속력은 그다지 없다.

---

41) 구승회, 『환경윤리와 환경철학』, 동국대 출판부, 2001, 200-201쪽.

42) 미셸린 이샤이, 『세계인권사상사』, 조효제 옮김, 도서출판 길, 2006, 441쪽.

기후변화의 회의론

지구온난화의 찬반논의는 초창기에 지구온난화 자체를 부정하는 견해에서 출발했다. 기후변화가 '합의된 과학'인지 아니면 '불확실성의 과학'인지에 대한 논란은 아직 완전하게 매듭짓지 못했다. 과학적 합의(Scientific consensus)란 과학계의 종합적인 판단이나 입장 그리고 의견으로 '전반적인 동의'를 의미하며 만장일치를 필요로 하지는 않는다.[43] 최소한 주류 기후과학계에서는 기후변화가 진행중이며 인간의 탄소배출이 주된 원인이라는 주장이 정설로 자리를 잡아가고 있다.

하지만 기후게이트 등 기후변화 논란은 종종 '합의된 과학'인가에 대한 논란이 지속되어 오고 있다. 제롬 라베츠와 실비오 펀토비치는 유전자변형식품(GMO)이나 기후변화처럼 '과학의 역할이 한계를 드러낼 수밖에 없는 현대사회의 위험문제'들을 새로운 관점에서 '탈정상과학(post-normal science)'이라는 개념을 고안했다.[44] 그들은 기후변화 이론을 불확실성의 과학으로 분류했다. 과학자들은 우리가 관찰한 것, 그 관찰내용들을 해석한다. 모든 과학적 연구가 동일한 조건하에서 수행되는 것은 아니다. 어떤 과학이론은 이론을 검증할 수 있는 방법이 풍부한 반면에, 어떤 과학은 이런 장점을 갖추고 있지 않다. 실제로 지구온난화가 진행되고 있지만, 과학은 여전히 인간에 의한 지구온난화와 자연적 온난화를 확실히 분별할 수 있는 방법을 갖고 있지 않다.[45] 기후변화 회의론자들은 과학자들의 주장을 편견과 과장이 심한 것으로서 회의적인 시선으로 바라본다. 기

---

43) 강윤재, 『세상을 바꾼 과학논쟁』, 궁리, 2011, 152-158쪽.

44) 강윤재, 앞의 책.

45) 로이 W. 스펜서, 『기후커넥션』, 이순희 옮김, 비이북, 2008, 61쪽.

후변화가 심각하다는 기후학자들이나 과학자들의 관측은 최근에 발생하는 극단적으로 추운날씨에 기반해 있다는 것이다. 따라서 기후학자나 과학자들의 통계는 그렇게 신뢰할만한 정보가 아니다. 비록 기후변화가 심각하다고 할지라도 그것이 반드시 인간에 의해 일어난 것으로 볼 수 없다.[46] 또한 회의적 시선은 기후변화로 인해 미래에 많은 문제가 발생할 것이라는 주장은 컴퓨터 모델을 바탕으로 한 것이다. 컴퓨터가 예측한 미래를 그다지 신뢰할 수 없다. 왜냐하면 구름의 영향과 같은 변수들은 예측 불가능하기 때문에 더욱 그러하다. 따라서 과학자들의 추측한 부분들은 미래에 대한 예측일 뿐이다.[47]

하지만 최근 들어 많은 관측자료 및 연구 결과가 지구의 온도상승을 보이고 있기 때문에 지구온난화 자체를 부정하는 견해는 다소 수그러들었다. 대체로 주된 반대의견의 핵심은 기후변화의 원인이 인간에게 있지 않고 자연에 있다는 것이다. 말하자면 최근 들어 지구온도가 상승하고 있는 것은 사실이지만, 이것은 자연적으로 발생하는 지구변화의 주기 가운데 일부분에 불과한 것으로서 결코 인간의 책임이 아니라는 것이다.[48] 따라서 기후변화의 원인은 인간의 책임이 아니며 기후변화로 인해 발생하는 여러 피해들이 상당부분 과장되어 있다는 것이다. 기후변화 회의론자들은 지난 코펜하겐 회의를 전후로 있었던 몇 가지 사건들을 이용해 기후변화 과학이 심각한 오류와 정치적 왜곡으로 얼룩져 있다고 비판한다. 그 가운데 하나는 기후변화정부간패널(IPCC) 4차 보고서에 포함된 '2035년경에는 히말라야 빙하가 녹아 사라져 버릴 것'이라는 예측이 근거가 희박하

---

46) 김명식, 「기후변화의 윤리적 쟁점」, 양해림 외, 『21세기 글로벌 기후변화와 윤리적 정의(Justice)』, 충남대학교출판문화원, 2015, 68-69쪽.

47) 브라이언 클레그, 『과짜 생태학』, 김승욱 옮김, 웅진 지식하우스, 2010, 152쪽.

48) 한종훈 외, 『기후변화의 불편한 진실』, 세오세미나, 2012, 49쪽.

다는 것이다. IPCC도 이 주장에 대해 확고한 과학적 근거가 없다고 인정했다. 문제가 된 히말라야 빙하가 녹는 속도에 관한 부분은 보고서 2권에 한 페이지도 안 되는 사례연구 부분에서 소개됐다(WorkGroup II, 10.6 Case Studies 2절). 사례연구였기 때문에 보고서 발간 당시 언론에서 가장 많이 인용한 '정책결정자를 위한 요약본(Summary for Policymakers)'에 포함되지 않았으며 '전문가를 위한 요약본(Technical Summary)'과 각 장별의 요약본에도 소개되지 않았다. 전체 3권의 280여 쪽의 보고서에서 한 쪽 분량이 채 안 되는 사례연구로 다룬 내용의 오류에서 언론들은 마치 IPCC 보고서 전체에 치명적인 오류가 있는 것처럼 얘기하고 있다는 것이다."[49]

IPCC 보고서는 1권이 기후변화의 원인을, 2권이 예상되는 효과를, 3권이 기후변화를 방지하기 위한 대응책을 다루었다. 오류가 발견된 2권은 기후변화의 영향을 다루는 부분으로 기후변화의 원인을 논하는 것과는 상관이 없다. IPCC 보고서는 완성된 과학적 사실들만 다루지 않는다. 현재 논쟁중인 과학적 사실에 신빙성의 순위를 매겨 취급하는데, 기후변화가 온실가스 때문이라는 내용은 최고등급의 신빙성을 갖고 있다. 최근 언론들은 이 보도 가운데 신빙성 순위가 낮은 것들에 대한 과학자들의 의견을 공격적으로 작성했다. 이러한 보도는 예전 같으면 다음 보고서에 반영하는 것으로 매듭지을 내용들이다. 그러나 문제는 여기서 그치지 않는다. 2015년 말 코펜하겐 회의 직전에는 영국의 기후연구센터의 컴퓨터가 해킹되면서 이메일 등의 자료가 유출됐는데, 그 자료에는 지구온난화 이론을 지지하는 학자들이 회의론자들의 논문을 주요 학술지에서 배제하려 한 것으로 볼 수도 있는 대화 내용이 담겨 있었다. 기후변화 회의론자들의 주장은 과학과 과학자들에 대한 상식'을 교묘하게 이용하기도 한다.

---

49) 김종환, 〈레프트21〉 24호

그 상식이란 과학자들이 현실 세계의 이해관계와 무관한 정직한 관찰자들일 뿐이며 그들이 제공하는 정보는 모두 믿을 수 있다는 것이다. 물론 과학적 이론들은 자연 현상을 '반영'한다. 그러나 그런 이론들은 언제나 불완전하다. 그래서 자연 현상을 잘 설명할 수 있는 이론들이 살아남고 그렇지 못한 이론들은 폐기되거나 보완된다. 과학자들은 각각의 이론에 따라 자신들이 갖고 있는 정보를 재구성하는데 그런 과정에서 이론의 타당성 여부가 검증되기도 하지만, 심각한 오류가 생기기도 한다. 기후에 영향을 미치는 변수를 모두 다룰 수는 없기 때문에 과학자들은 그중 중요한 일부를 선택해서 연구한다. 과학자들이 무엇을 선택하느냐에 따라 결과가 달라질 수도 있다. 과학자들은 서로 다른 사람의 연구 결과를 검증한다. 그 결과 더 많은 사람들에게 지지받는 이론들이 채택된다.

궁극적으로 목표는 온실가스 감축이나 지구온난화를 막는 그 자체가 아니라 삶의 질과 환경을 개선하는 것임을 잊지 말아야 한다.[50] 상식과는 달리 많은 경우 과학이론이 채택되는 과정에는 관찰 결과뿐 아니라 민주주의의 원리도 작용하는 것이다. 이런 민주주의 과정이 제대로 지켜지도록 노력해야 한다.

---

50) 비외른 롬보르, 『쿨잇-회의적 환경주의자의 지구 온난화의 경고』, 김기용 옮김, 살림, 2008, 27쪽.

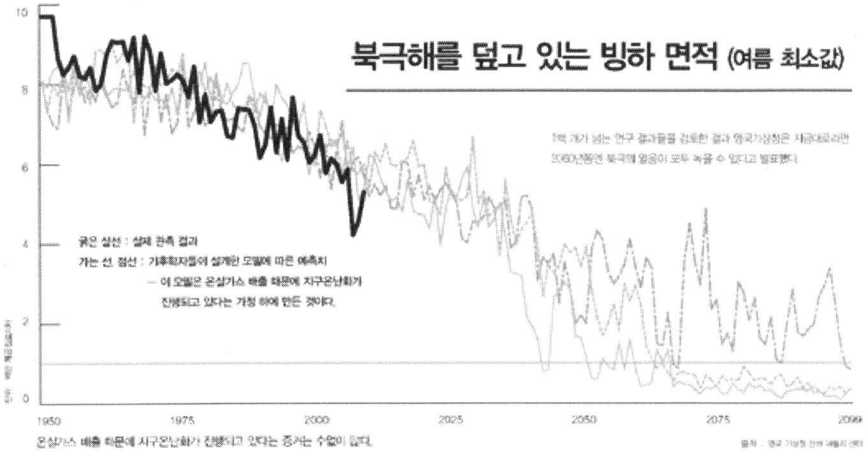

출처: 영국 기상청 산하 해들리 센터

기후변화의 위협과 지구한계선

21세기 들어 글로벌 기후변화의 위협이 가속화되면서 지구한계선의 논의도 점차 빈번해 지고 있다. 유엔의 지난 「2007-2008 인간개발보고서」는 21세기의 글로벌 기후변화의 위협에 대해 다음과 같이 경고한 바 있다. 첫째, 지구는 기후변화로 인해 가뭄, 온도 상승, 사막화, 불규칙해 진 강수로 등 농업시스템이 붕괴되면서 6억 명 이상의 인구가 영양실조에 노출될 우려가 있다. 둘째, 남아시아와 중국 북부에 2028년경 18억 명의 인구가 추가로 수자원 압박을 받게 되고, 빙하의 침식과 강수패턴의 변화로 인해 향후 심각한 생태위기에 빠질 수 있다. 셋째, 홍수와 열대성 폭풍의 영향으로 인해 해안 지역과 저지대에 살고 있는 3억 3,200만 명이 이주하고, 7,000만 명 이상의 방글라데시인과 2,200만 명 이상의 베트남인,

6,000만 명의 이집트인이 홍수 피해를 입을 수 있다. 넷째, 4억 명 이상의 인구가 말라리아 위험에 노출되는 등 건강 피해가 확대될 수 있다. 이와 같이 기후변화가 완화되지 않으면, 세계에서 개발도상국들과 주민들의 생활이 급락하고, 수백 만 명이 영양실조, 물 부족, 생태위기, 생계손실의 늪에 빠질 것이다.[51]

지난 2013년 제5차 IPCC 평가보고서에 따르면, 1880년부터 2012년까지 기간 동안에 지구의 기온은 0.85℃ 올랐다. 이 보고서는 지난 1986년부터 2005년까지 기간과 비교하여 향후 2016년부터 2035년까지 기간 동안에 0.3℃~0.7℃ 사이에 평균기온이 점차적으로 상승할 것이라 경고한다. 다시 말해 향후 2081년부터 2100년까지 기간 동안에 지난 1986년부터 2005년 기간에 비해 0.3~1.7℃ 평균기온이 상승할 것으로 예측한다. 즉, 지난 제4차 보고서와 비교하여 21세기는 2.6℃~4.8℃ 사이의 기온이 상승할 것이라 예상한다.[52] IPCC 제5차 보고서에서 온실가스의 감축 없이 현재와 같은 추세로 온실가스를 배출하는 이산화탄소 농도가 2100년 936ppm에 도달할 경우, 21세기 말(2081~2100년) 지구의 평균기온은 1986~2005년에 비해 3.7℃ 오르고 해수면은 63cm 상승할 것으로 전망된다. 그러나 감축이 상당히 실현되는 경우(CO_2 농도가 2100년 538ppm에 도달할 경우), 평균기온은 1.8℃ 정도로 상승폭을 완화시킬 수 있을 것으로 예측한다.[53]

51) UNDP, Human Development Report 2007/2008.

52) IPCC, 2013, 15쪽.

53) IPCC, 2013, 12쪽.

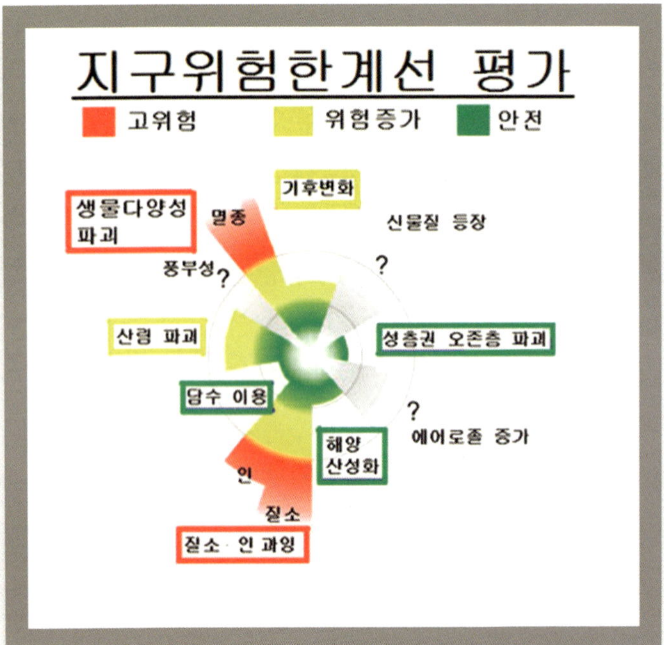

지난 2015년 『사이언스』지는 「9가지 지구한계선 가운데 4가지 위험 경계를 넘다(Four of nine planetary boundaries have been crossed)」는 기고를 통해 기후 변화의 경각심을 불러 일으켰다. 지구한계선(Planetary boundaries)의 연구 계획은 지난 2009년 스웨덴 스톡홀름대 스톡홀름 복원 센터(Stockholm Resilience Centre, SRC)에서 처음으로 제시되었다. 이러한 제시는 지구적 지속가능성을 위해 지구한계선을 이해하려는 노력의 일환이다. 『사이언스』지는 지구 한계선을 다음과 같이 지적한다. ① 기후 변화 ② 생물권 보전의 변화(생물다양성 손실 또는 종의 멸종) ③ 성층권 오존층 파괴 ④ 해양 산성화 ⑤ 생물지구화학적 흐름(인과 질소 순환) ⑥ 토지 시스템 변화(예를 들어 산림 파괴) ⑦ 담수 이용 ⑧ 대기의 에어로졸 운반 ⑨ 새로운 물질 등장, 유기 오염 물질, 방사성 물질, 나노 물질, 마이크로-플라스틱 등)이 그것이다. 이 가운데 기후 변화, 생물권 보전의 변화(생물다양성 손실 또는 종의 멸종), 생물의 지구화학적 흐름(인과 질소 순환), 토지 시스템의 변화가 현재 지구한계선을 초과하고 있다. 방사성 물질이나 나노 물질같이 잠재되어 있는 위험들도 심각한 상태이다. 과학자들은 지속적으로 새로운 생물다양성의 지구 한계에 대해 경고한다. 이 가운데에서 기후변화와 생물권 보전은 지구한계의 '핵심경계'이다. 왜냐하면 이들 핵심 경계 중 어떤 하나라도 변하면 지구 시스템은 새로운 상태로 바뀔 수 있기 때문이다.

전 세계 500만 명 개인후원자들과 정부기관으로 지원을 받아 운영하고 있는 지난 2015년도 세계자연기금(WWF)은 팬더곰, 북극곰, 오랑우탄, 고릴라, 호랑이 등 멸종위기의 동 · 식물보호 및 서식지 보존, 산림보호, 습지보전, 해양생태보호 등 다양한 보존 프로그램과 기후변화의 대응 프로그램들을 운영하면서 기후변화가 자연환경 및 생물다양성의 미치는 영향에 경각심을 일깨워 주었다. 세계자연기금에 따르면, 해마다 파괴되는 산림지역이 남한 면적보다 넓은 11만~15만㎢에 달한다. 매 분마다 축구장 36개 정도의 산림이 파괴되고 있는 것이다. 지금까지 인간이 파괴한 산림은 40%에 가깝다. 무분별한 산림파괴는 에너지와 수증기, 태양열 흡수에 변화를 주어 기후변화를 초래할 뿐 아니라 생물다양성에도 큰 영향을 미친다. 지구상에 생물 종은 인류에게 다양한 자원을 제공하며 인류가 지구상에 오래 존재할 수 있도록 도와준다.

그런데 인류는 오랜 기간 생태계의 자원을 과도하게 이용하였기 때문에 다른 생물들의 생태 교란을 끊임없이 유발했다. 지난 2015년도 1년 동안에 100만종의 생물 가운데 100~1천종의 생물이 멸종했다. 또한 인간은 기존 생물들의 서식지를 침범하여 자신들에 필요한 영역으로 바꾸고 환경을 오염시키면서 기후변화를 초래했다. 이러한 다양한 기후변화들은 생물다양성을 지속적으로 감소시키는 주요 원인으로 작용하였다. 21세기 들어 지구의 생물다양성 파괴는 이미 지구한계선을 훨씬 넘어섰고, 고위험의 영역에 들어섰다. 따라서 궁극적으로 기후변화는 전체 인류를 위협한다. 그러나 가난한 사람들은 우리가 쌓아가고 있는 생태 부채에 대해 책임이 거의 없는데도 생명이라는 가장 혹독한 비용을 지불하고 있다.[54]

무엇보다 글로벌 기후변화의 핵심은 많은 인구에게 충분한 식량을 공급해야 한다는 점이다. 이 때문에 인구의 과잉은 농지 면적을 늘려야 하고, 이로 인해 서식지가 부족해진 생물들이 생겨나서 생물의 다양성은 더욱 감소할 수 있다. 지난 2012년 한국 환경정책평가 연구원의 "중장기 생물다양성전략 추진체계 연구"에 따르면, 인구 증가로 전 세계 육상생물의 다양성이 10% 줄고 생물 다양성이 풍부한 지역조차 13% 줄어들었다. 특히 아시아, 유럽, 남아프리카에서 인구 문제로 인한 생물다양성의 감소는 그 어느 때 보다도 심각한 상황이다. 이미 지구온난화의 예견할 수 있는 두드러진 결과는 높은 산악지대의 얼음평면의 용해로 추측한다.[55] 이러한 것과 함께 바다반사의 상승, 낮은 곳에 위치한 섬의 범람, 해변가가 상승할 것이며,[56] 서부 사하라처럼 아주 메마른 사막 지역에서 감소하는 생필품의 생산과 물건조가 점차 첨예화되고 있는 것이다.

---

54) Climate Change threans unprecedented human development reversal, 2007, 11. 27쪽.

55) 지구온난화로 생존을 위협받고 있는 남태평양 피지 인근의 아홉 개 산호섬으로 이루어진 섬나라 투발로는 기후변화의 첫 번째 피해자로 전 세계에 주목을 받고 있다. 투발로는 총면적 27Km, 인구 11,000여명의 세계에서 4번째로 작은 나라다. 투발루를 이루는 섬들은 평균해발고도가 1-2미터 정도이고 가장 높은 곳도 3.7미터에 불과하다. 그래서 조금이라도 바닷물의 수위가 높아지면, 삶의 터전이 현저히 줄어든다. 지구온난화로 인해 해수면이 상승하면서 실제로 그런 일이 벌어지고 있다(John Broome, *Climate Matters, Ethics in a Warming World*, New York/London, 2012, 49쪽).

56) 지구온난화의 다른 지역에서 지역경제에 이득을 챙긴다. IPCC보고서는 이렇게 평가했다. 지구적으로 식량생산을 위한 잠재력은 1-3도 정도 이상 지역적인 평균기온이 증가했다. (IPCC 2007:48)

제 5 장

기후변화와 윤리적 강의(Justice)

기후변화의 학제간 접근

세계 각국은 지난 "18세기~19세기 산업혁명 이후"[1)] 경제 발전이라는 구호 아래 열심히 앞만 보고 달려 왔다. 그래서 각 세계국가들은 물질의 풍요와 생활의 편리성을 어느 정도 이루어 놓았지만, 지구 환경은 점차 신음하며 죽어가고 있다. 이제 환경문제는 어느 특별한 한 국가의 노력만으로 해결할 수 없기 때문에 그 심각성은 엄청나다. 21세기에 직면한 가장 심각한 문제 중 하나는 기후변화다. 지금까지 이산화탄소와 다른 온실가스가 대기 중 방출되어 지구의 기후를 변화시켜 왔다. 향후에도 기후변화는 지속적으로 변화할 것이며 이전보다 훨씬 가파르게 평균기온이 상승할 것이다. UN산하의 기후변화에 관한 정부 간 협의회(the Intergovernmrntal Panel on Climate Change, IPCC)의 보고들은 기온상승의 과학적 합의를 이루어 냈

1) 최초로 대기중 이산화탄소 농도를 측정한 것은 1958년 해발 4,000미터인 하와이 마우나로아 산꼭대기에서 였다. 마우나로아 측정소에서 데이터를 종합해 보면, 대기 중 이산화탄소 농도는 산업화이전 약 280ppm에서 380ppm까지 증가했다. 지난 65만년 동안 대기의 이산화탄소가 자연적으로 180ppm에서 300ppm사이를 오르내렸다. 따뜻한 기간과 추운기간사이의 인산화탄소 농도 차이는 80ppm으로서 지난 100년 동안 우리가 대기에 쏟아놓은 이산화탄소에 해당하는 양이다.(마크 미슬린, 『기후변화의 정치경제학』, 조홍섭 옮김, 한겨레출판, 2013, 21쪽.)

다. IPCC[2]는 지난 20년간 기후변화가 우리의 일상적 삶에 미치는 각종 문제들에 대한 심도 있는 보고서를 내 놓았다. 지난 2012년 IPCC 부회장이었던 모한 무나싱헤는 케임브리지 강연에서 "온실가스 배출이 증가하는 결과로 인해 사회문제들이 더욱 악화되는 디스토피아적 세계의 가능성"을 설명하기도 했다. 이러한 "기후변화는 현존하는 빈곤, 환경 파괴, 사회 양극화, 테러리즘과 같은 문제들을 약화시키고, 매우 혼란스러운 사회상황을 추가적으로 조성하는 요인"[3]이 되고 있다.

이제까지 IPCC를 비롯하여 많은 과학자들은 기후변화의 심각성에 대해 지속적으로 경고하고 있지만, 이에 대해 다양한 이해관계자들이 얽혀 있기 때문에 기후변화의 심각성에 합의점을 이끌어내기는 쉽지 않다. 이산화탄소 배출의 핵심 요인은 화석연료의 생산과 소비이지만, 산업 활동이나 농업과 관련된 다른 기여요인들도 많다. 인간은 농경지를 확보하기 위해 숲을 파괴하고, 토지를 이용하여 천연의 이산화탄소 흡수원을 감소시켜 오면서 이산화탄소의 축적을 더욱 증가시켜 왔다. 이렇게 인류는 기후변화로 인해 피할 수 없는 홍수, 질병 및 기타 예기치 못하는 죽음 등 심각한 위기상황에 처해 있다.

최근 이러한 글로벌 기후변화의 문제는 학제간 연구로 활발하게 진행

---

2) 기후변화에 관한 정부간 패널은 1988년 세계기상기구(WMO)와 유엔환경계획(UNEP)이 공동으로 설립한 유엔산하 구제협의체다. IPCC는 개별단체가 아니라 과학자 및 해당분야 행정 관료가 포함된 다양한 분야의 조직으로 구성되어 있다. 기후변화에 관한 과학적, 생태적, 사회경제적 분석을 통해 정책을 권고하는 구실을 한다. 현재 5차례의 기후변화 보고서를 제출했다. 이 위원회는 기후변화협약과 교토의정서를 협상하는데 커다란 영향을 끼쳤다. IPCC 보고서의 저자는 가구 정부와 비정부(NGO)를 포함한 국제기구가 추천한 인사들로 구성되어 있다. IPCC는 지난 미국 부통령 앨 고어와 함께 20년 동안 기후변화를 널리 알린 공적으로 2008년 노벨평화상을 공동 수상했다.

3) 이안 앵거스, 『기후정의』, 김현우 외 옮김, 이매진, 2012, 42쪽.

중이다. 이는 유엔 기후변화패널이나 IPCC와 같은 유엔기구의 역할이 학제간 연구진행에 커다란 공헌을 했다.[4] 기후변화 유엔기구나 연합체는 각계각층의 다양한 전문가들의 의견교환을 촉진시키면서 기후변화의 다학문적 연구를 지속적으로 축적해 왔다. 기후변화의 문제는 단순히 결과론적 원인 분석에 그치지 않고 그러한 결과를 낳게 한 근본적인 원인을 찾아내는데 있다. 특히 기후변화의 문제는 인간의 활동과 관련된 역사적, 문화적, 사회적, 정치적 원인에 대한 인문 사회과학적 연구와 그 인간 활동 결과의 파국적 종말을 최대한 막기 위해 다각도의 노력을 기울여 왔다.[5] 이렇게 기후변화의 연구는 자연과학뿐만 아니라 사회공학, 국제정치에 이르기까지 광범위하게 확산되어 나가고 있다. 이제 21세기 글로벌 기후변화는 광범위한 두 부류의 측면에서 다음과 같이 논의해 오고 있다.

첫째, 기후변화의 원인과 미래를 예측하는 자연과학적 접근의 연구, 둘째, 어떻게 기후변화에 대해 적절히 대응하고 모색할 것인지에 대한 인문 · 사회과학적 연구가 그것이다. 하지만 이 두 영역은 서로 독립된 분야가 아니다. 특히, 과학자를 비롯한 전문가들은 지구온난화와 이에 따르는 기후변화의 위험에 대해 대체적으로 합의하고 있기 때문에 새로운 기후환경에서 자연과학적, 사회문화적, 그리고 제도적으로 어떻게 적응할 것인지의 논의는 여전히 중요하게 작동한다. 여기서 기후변화의 적응에 대한 논의는 본질적으로 그 예측과 대응의 두 축을 형성한다.[6] 이러한 두 축은 기후변화의 원인을 규명하는 연구 결과에 대체로 따른다. 따라서 우

---

4) IPCC에서 이루어진 기후변화 관련된 논의의 역사에 대해 중요한 역할을 했던 과학자의 시각에서 파악한 Bolin Bert, *A History of the Science and Politics of Climate Change: The Role of the Intergovernmental Panel on Climate Change*, Cambridge: Cambridge University Press, 2007을 참조.

5) Anthony Giddens, *The Politics of Climate Change*, Cambridge, USA, 2009, 48쪽.

6) IPCC 2007.

리는 향후 21세기 글로벌 기후변화가 지구상의 어떤 지역에서 어떤 형태의 위협으로 나타날 것인지, 기후변화를 적절하게 통제할 경우 각국이 얻게 될 이득의 내용은 구체적으로 무엇인지, 그리고 기후변화에 대응하는 조치에 수반되는 비용은 어떻게 교정적, 분배적 정의를 형평성에 맞게 조정할 것인지에 대해 차례로 살펴보자.

기후변화와 온실가스 배출권 거래제

지난 2014년 한국의 온실가스 배출량은 세계 7위이고, 누적 배출량은 세계 19위였다. 한국은 온실가스 배출수준(2012년 배출량 세계 7위, IEA), 능력(2014년 GDP 세계 13위, WB) 등을 고려하여 후퇴금지(no backsliding) 원칙에 부합하는 장기감축목표를 설정해야 한다. 제20차 유엔기후변화협약 당사국총회(COP20)가 지난 2014년 페루의 리마(12월 1일~12일)에서 개최되었다. 향후 2020년 이후 신기후 체제에 대한 국제협상은 Post-2020 온실가스 감축목표 수립을 포함하여 기후변화의 대응 정책에 중요한 가이드라인이 될 것으로 전망한다. 제19차 기후변화총회에서 Post-2020 감축목표는 "각국이 결정한 기여(INDCs, Intended Nationally Determined Contribution)"[7]를 제21차 기후변화

7) 지난 총회에 참가한 각국 대표들은 지구 온난화의 주범인 화석연료 감축안에 동의했다. 또한 개발도상국에 대한 선진국의 재정적 지원에도 합의했다. 각국은 현재 감축량을 웃도는 목표를 제시하기로 하고, 감축안은 유엔 기후변화협약 홈페이지를 통해 공개하기로 했다. 협상의 핵심으로 지적되었던 각국의 기여(INDCs)와 관련하여 제출된 INDCs의 종합적 효과에 대한 종합보고서를 Post-2020 감축목표 등 각국의 기여 제출 범위, 제출시기, 협의절차, 제출정보 등을 담은 당사국총회 결정문을 채택했다. 하지만 개별 국가별로 강제 의무 할당이 아닌 자율에 맡기면서 절반의 성공이라는 비판도 제기되었다. 향후 2020년까지 감축을 강화하기 위해 기존

총회(2015년 12월) 이전에 충분한 시간을 갖고 제출하기로 하였다. 이 협약에서 미국, 중국 등 선진국과 개발도상국을 구분하지 않고 지구촌 190여 개국이 기후변화에 대해 공동 대응하기로 했다. 2015년 파리협정 이후 신기후 체계에 대한 Post-2020 체제를 논의하면서 196여개 국가가 1,000Gt을 넘지 않는 한도 내에서 각국의 목표를 조율해야 한다. 전 세계는 목표 달성을 위해 향후 2050년까지 온실가스 배출량을 40~70%까지 줄여야 하고, 2080~2100년에는 온실가스 무배출 상태가 되어야 한다. 협약 당사국들이 상당히 높은 수준의 감축 목표량 설정에 합의해야 한다는 것을 의미한다.

지난 1997년에 마련하여 2012년까지 시행된 교토의정서의 경우 선진국들에만 온실가스 감축 의무를 부과했으며, 한국이나 중국 등 개발도상국은 감축할 의무가 없었다. 개발도상국은 향후 2020년 이후에 현재 국내 감축목표 수준보다 강화된 의무를 요구하고 있다. 여기서 국가의 능력 · 수준에 부합하는 감축목표를 제출할 것을 요구했다. 특히, 선진국을 포함한 주요 국가들이 2015년 1/4분기까지 INDCs의 종합 보고서를 2015년 11월 1일까지 국내 INDCs에 제출을 요구했다. 이에 따라 한국은 Post-2020 감축목표를 해야 한다. 한국 정부는 온실가스를 감축하려는 노력의 일환으로 지난 2015년 1월부터 아시아 최초로 전국 단위 온실가스 배출권(pollution credit) 거래제[8]를 도입했다.

의 2020년까지 기후변화 대응행동 이행에 대한 점검 절차를 마련하고, 추가적인 감축이 가능한 부문(신재생에너지, 건축, 도시 등)을 분석하여 기술보고서와 정책 결정자용 추가적인 감축을 유도하기로 합의하였다.

8) 오염배출권 거래제란 정부가 온실가스 총 배출량 산출을 기초로 목표에 부합하는 일정량의 거래 가능한 배출권을 발행하고, 배출자가 그 권리를 할당받거나 구입하여 보유 배출권 범위 내에서 온실가스를 배출하는 제도이다. 이 배출권은 시장에서 매매가 가능하다.

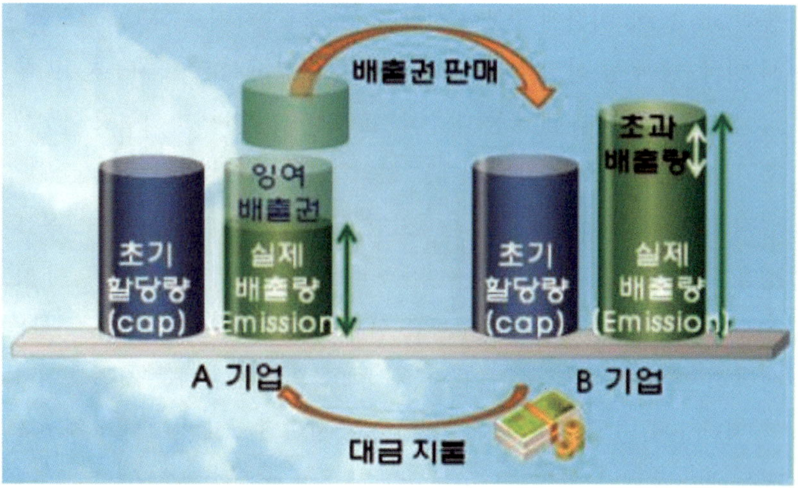

이러한 온실가스 배출 거래제(Emissions Trading System)는 향후 다음과 같은 일들을 예상한다. 첫째, 현재나 미래에 부유한 선진국들은 온실가스 배출을 감축하는 정책을 채택해야 한다. 이런 정책들은 화석연료를 태우거나 숲을 없애거나 지구온난화에 기여하는 행위에 대해 비싼 대가를 지불해야 한다. 이는 배출권거래제도와 같은 대안적 정책들을 통해 배출권을 팔거나 거래한다. 이러한 대안적 방법들은 정치적으로 실현가능해야 한다. 둘째, 조세, 배출권거래제등 어떤 정책이 선택되는지 간에 세계 각국의 정부는 협약을 통해 조정해야 한다.

주지하듯이, 지구온난화는 전 지구적 문제이다. 지구온난화는 지구의 공유자들, 이산화탄소와 다른 온실가스를 저장할 공기의 수용가능성에서 나타난다.[9] 온실가스 오염배출권의 거래는 이산화황의 통제를 위해 지난 1989년 미국에서 시작되었다. 여기서 미국은 교토의정서의 탄소 거래 체계를 적용하였다. 본래 배출거래제는 교토의정서의 요구를 충족하

9) 이안 앵거스, 『기후정의』, 김현우 외 옮김, 이매진, 2012, 10-11쪽.

기 위해 만들어 졌다. 이는 정해진 배출허용량을 각국의 국가별 할당계획을 통해 산업계에 할당하게 하는 것이다. 지난 미국의 부시정부는 경제에 해(害)가 될 것이라는 이유를 들어 교토의정서를 거부하였다. 하지만 모든 자본가들이 이런 견해에 동의한 것은 아니었다. 또한 지속적으로 유럽연합은 기후변화의 문제에 많은 관심을 보여 왔고, 미국과는 다르게 관심과 행동을 보여 주었다. 실제로 EU는 배출권거래제라는 프로그램을 만들었다. 그 제도는 EU 온실가스의 약 40%를 차지한다.

첫째, 온실가스 오염배출권은 배출감축 효과가 경미한 수준에서 거래된다. 거래과정에서 잠재적으로 엄청난 가치가 추가된다. 둘째, 온실가스 오염배출권은 청정개발체제(Clean Development mechanism, CDM)라 불리는 것으로서 북반구 기업이 남반구에서 유칼립투스 나무 공장 같은 탄소격리(carbin sequestration) 프로젝트를 할 수 있는 허가권을 부여했다. 이것은 기업들에게 미래에 탄소가 재활용될 것이라는 공상적인 희망을 불어 넣어 오염의 자유를 지속적으로 허용하였다. 이러한 배출권거래제는 부유한 선진국이 온실가스를 배출할 수 있는 권리를 가난한 개발도상국에게 돈을 지불한 대가로 선진 국가들의 합리적인 시장을 상정하는 것이다. 이런 부류의 시장에서도 각 국가들은 협력을 필요로 한다. 하지만 지구적으로 세계화된 신자유주의는 국간간의 협력을 기대하기란 쉽지 않다. 배출거래제는 성공하는 만큼 또한 실패도 거듭날 수 있다. 새로 창출되는 부(富)는 도처에서 끊임없이 투자처를 찾고 생태계에 부하를 줄 수 있다. 이제 선진국이든 개발도상국이든 탄소배출 감축을 하지 않으면 향후 현재는 물론 닥쳐올 후손에게 심각한 위협을 끼칠 수 있다.

첫째, 탄소배출은 지구 전체의 안녕에 손실을 끼칠 수 있다. 그 손실은 기온의 상승과 함께 한층 증가할 것이라는 사실이다. 가장 완화된 수준에서 탄소배출을 감축하기 위한 비용을 절약해야 한다.[10] 이런 점에서 기후변화에 대한 비용-편익분석은 많은 부분에서 한계를 안고 있다. 먼저 공공정책의 정당성을 확보하고자 하는 공공정책의 책무성 또는 해명가능성(accountability)도 문제의 발단이 될 수 있다.[11] 공공정책의 책무성을 확보하고자 하는 과업은 그다지 쉽지 않다. 그 공공정책이 지향하는 바가 바람직한 내용을 담고 있을지라도 그 목표를 실현하기 위한 비교우위에 있는 방안의 정책 내용을 구성하고 있는지를 구체적으로 검토하는 것이 선결문제다. 즉, 공공정책의 책무에 적용되는 방법은 정책의 경제적 합리성을 위해 비용-편익(cost-benefit)을 분석하는 것이다. 여기서 비용-편익 분석은 이론적 기초와 정교한 통계 분석을 활용하여 계량화된 객관적 결과를 이끌어 낸다. 특히 비용-편익분석은 정책의 사회 윤리적 정당화의 맥락에서 설득력이 높은 공리주의적 입장을 수용한다. 근대 경제학, 특히 공공복지 경제학의 윤리적 토대는 종종 고전적 공리주의(utilitarianism)를 적용해 왔다.[12] 공리주의적 할당이론은 책임분배의 예측 가능성을 효율성에 의해 한정한다.

하지만 책임분배가 장기목표로 추구하는 상황을 가급적 적은 비용으로 야기할 수 있는 가능성을 얼마나 폭넓게 제공하는가에 따라 각기 다른 분배문제가 나타난다.[13] 이런 이유 때문에 공공정책의 입안과 실행, 평가 과정은 비용-편익 분석에 의해 경제적 합리성의 방법을 적용하여 왔다.[14] 말하자면 비용-편익 분석은 대중 매체에 제시되는 공공 정책에 대

---

10) Eric A. Posner/David Weisbach, *Climate Change Justice*, Princeton University Press, 2010, 20쪽.

11) accountability는 책무성, 공공정책의 타당성, 해명가능성으로 종종 번역한다.

12) 비용-편익 분석과 공리주의 사이의 논의는 Williams Bernard and Sen Amartya (eds.), *Utilitarianism and Beyond*, Cambridge: Cambridge University Press, 1982 참조.

13) 하랄드 벨처 외, 『기후문화-기후변화와 사회적 현실』, 모명숙 옮김, 성균관대학교, 2013, 154쪽.

한 정당화의 과정을 반영했다. 일반적으로 정책이나 개발이 실현되면, 경제적 가치의 예측치를 제시한다. 그리고 예상되는 경제적 이득이 과다(過多)하면, 공공 정책의 타당성이 증가할 것이라 예측한다. 이런 방식의 경제적 방식은 첨단 기술개발에 대한 투자대비 효율성, 즉 R&D 효율성 평가에서 두드러진다. 하지만 정책적 효율성에 대한 비용-편익의 평가는 과학기술 관련 정책에만 한정된 것은 아니다. 어떤 경우든 정책에 관련된 사실적 내용이나 가치 판단의 내용을 정확히 확정할 수 없는 상황에서 일반 국민에게 몇 조원의 경제적 부가가치의 산출 효과가 있을 것이라는 불확실한 예측은 그다지 적절하지 않다. 따라서 기후변화 대응 과정에서 비용-편익 분석은 근본적인 한계를 드러낼 수 있다. 따라서 비용-편익 분석의 한계는 특정 정치적 입장이나 도쿄 의정서 도출 과정 및 약속 이행과정에서도 드러났다. 하지만 비용-편익 분석을 제대로 시행된다면, 윤리적 · 정치적 근본적인 한계에서 벗어날 수 있다. 궁극적으로 비용-편익 분석은 지역의 기후조건, 국지적 지역의 생명체에 대한 영향, 가능한 적응성, 저탄소 배출에 대한 기술적 진전 등과 같은 변수들을 제대로 측정할 수 있어야 한다.

둘째, 기후변화로 인해 개발도상국들은 부유한 선진국들보다 훨씬 더 커다란 피해를 입을 수 있다. 탄소배출이 최악으로 나타나는 지역은 대부분 가난한 지역이었고 개발도상국들은 더운 지역에 위치해 있다. 이러한 지역에서 기후변화의 영향은 더욱 악화될 수 있다. 더구나 개발도상국들은 부유한 선진국들보다 농업에 훨씬 더 의존하는 경향이 있고, 주어진 변화에도 아주 취약하다.[15] 울리히 벡에 따르면, 사회적 불평등과 기후변

14) 이상욱은 공공정책 입안 및 수행과정에서 비용-편익 분석을 경제적 합리성 및 사회문화적 합리성, 인문학적 합리성을 고려하는 것이 필요하다고 주장한다(이상욱, 「학제간 과학연구의 두 방향: 간학 STS」, 『과학기술학연구』 5(2); 1-21, 2005).

화는 한 동전의 양면과 같다. 기후변화가 사회적 불평등에 미치는 효과를 고려하지 않으면서 기후변화를 파악하는 것은 가능하지 않다. 또한 기후변화가 사회적 불평등에 미치는 영향을 고려하지 않고 기후변화를 파악하는 것도 가능하지 않다.[16] 이렇듯 기후변화가 사회적 불평등을 전지구화하고 극단적으로 치달을 수 있다는 것은 의심의 여지가 없다. 기후변화가 가난한 사람들에게 가장 많은 피해를 줄 것으로 예상되기 때문에 부유한 국가들이 가난한 국가들을 도와 줄 것을 요청한다. 기후변화로부터 오는 피해의 대분이 먼 미래에 일어날 수 있는 것으로 예측하기 때문에 온실가스 배출감축을 단순하게 미래의 가난한 사람들을 도와주는 것으로 치부하기도 한다.

사회윤리학자 피터 싱어(Peter Singer)는 기후보호의 목적을 위해 가난한 나라에서 지역에 투입되는 배출권이라는 환경 정책적 도구를 보편화할 것을 제안한다. 싱어의 이러한 제안은 현재 온실가스 배출이 보다 적은 개발도상국들에게 경제 재건의 추가 자금을 약속하자는 것이다. 또한 온실가스의 배출감축은 가능하다면 배출 없는 경제적 발전을 독려하여 지난 150년간 동안 산업화된 세계가 저지른 기후에 대한 죄의 반복을 억제하자는 것이다.[17] 단순히 탄소배출을 줄이자는 것은 현세대의 가난한 사람들을 도와주는 방법은 아니다. 탄소배출을 감축하는데 소요되는 자원의 한도는 현세대의 가난한 사람들을 단순하게 도와주기 위해 이용하는 것은 아니다. 대체로 탄소배출감축이 미래의 가난한 사람들을 도와주는 것이라 할지라도 이는 훨씬 복잡한 상황을 초래한다.

---

15) Eric A. Posner/David Weisbach, 앞의 책, 21쪽.

16) 울리히 벡, 「변화의 기후인가 아니면 녹색 근대가 어떻게 가능할까?」, 하랄드 벨처 외, 『기후문화-기후변화와 사회적 현실』, 성균관대학교 출판부, 2013, 44-45쪽.

17) Peter Singer, *One World. The Ethics of Globalization*, 2. Aufl. New Haven/London. 2004, 35쪽.

셋째, 개발도상국들은 자원 부족 때문에 선진국만큼 쉽게 기후변화에 적응하지 못한다. 특히 아프리카는 기후변화에 가장 취약한 지역으로 나타났다. 지난 2006년 컬럼비아대학의 국제지구과학정보센터(Center for International Earth Science Information Network, CIESIN)는 국가별 기후변화 영향 조사에서 15개국의 가장 취약한 국가 중 14개 국가가 아프리카에 있고 방글라데시가 유일한 아프리카이외의 국가였다. 최소한 3개 비아프리카 국가들은 대부분 중남미 국가들이다. 아프리카이외의 방글라데시와 같은 작은 지역 섬들이나 지대가 낮은 지역들도 역시 심각한 기후변화의 위험에 직면해 있다.[18] 남아시아와 인도를 비롯한 남동아시아도 역시 기후변화의 위험지대에 있다. OECD 유럽 국가는 아프리카와 아시아 있는 국가들보다는 기후변화의 적응력이 다소 뛰어나지만, 심각한 상황에 빠질 수 있다.

기후변화와 윤리적 정의

정의(Justice)의 원칙

21세기 글로벌 기후변화를 윤리적 문제로서 다루어야 하는 이유는 시간과 공간에 의해 피해와 혜택이 분리되고 가장 취약한 계층에게 기후변화의 재앙이 되기 때문이다. 그래서 각각 정부는 종래에 그들의 이기적 관점을 극복하고 윤리적 책임감에 따라 행동해야 한다. 지난 1992년 6월 유엔 기후변화협약이 브라질의 리우환경회의에서 지구온난화에 따른 이상 기후현상을 예방하기 위한 목적으로 채택된 바 있다. 이 기후협약은 인류에 의해 발생되고 있는 위험한 요소들이 기후체제에 영향을 미치지

18) UNFCCC, 2005.

않도록 대기 중 온실가스의 농도를 안정화시키는 것을 궁극적인 목적으로 삼고 있다. 기후협약은 선진국에서 개발도상국으로부터 부의 재분배가 이루어질 수 있도록 다음과 같은 세 가지 가능성을 예상할 수 있다.

첫째, 기후변화 협약은 선진국이 부유하기 때문에 개발도상국보다는 선진국에 대해 더욱 엄격한 감축 의무를 규정해야 한다. 이것은 언제, 어디서, 어떻게 라는 정책이다. 둘째, 기후변화 협약은 기후목표, 배출량 감축, 선진국들보다 개발도상국들의 관심을 추적해 나간다. 셋째, 기후변화 협약의 목표 및 의무들은 지구적 차원에서 도출해 내는 것이 최선의 정책일 수 있다. 하지만 개발도상국들에 대한 부유한 선진국들의 부대적인 비용(side payments)을 발생할 수 있다는 것을 유념한다.[19]

이른바 정의는 개인의 선(善)을 공동의 선으로 전환시킬 수 있는 삶의 원칙이다. 정의는 윤리적인 관점에서 일차적으로 올바로 행위를 한다는 정행(正行)을 의미하고, 불의는 올바로 행위 하지 않음을 뜻한다. 정의의 원칙은 "불의를 행함과 불의를 당함 사이의 중용"으로 규정한다. 고전적 의미에서 정의란 "각자에게 마땅히 받아야 할 것을 주는 것"이다. 그런데 무엇을 마땅히 받아야 하는가? 능력이나 자격의 근거는 무엇인가? 이는 분배되는 것이 무엇인가에 달려있다. 정의에는 두 가지의 요소가 있다. 하나는 "대상과 그것이 할당되는 대상이다. 다른 하나는 "평등한 사람에게는 평등한 대상들이 할당되어야 한다." 그래서 정의는 보상적 정의와 분배적 정의로 구분한다.

교정적(보상적) 정의는 너무 많이 가진 사람에게 일정 양을 빼앗아 적게 가진 사람에게 되돌려 줌으로써 훼손된 평형상태를 복원하는 것을 뜻한다. 교정적 정의는 불의를 행한 자의 사회적 신분과 행위의 도덕적 성격

---

19) Eric A. Posner/David Weisbach, 앞의 책, 80쪽.

을 고려하기 보다는 오히려 실행된 불의를 시정하는데 초점을 맞춘다. 이는 도덕적 행위의 주체인 구체적인 인격을 배제하는 복수의 원칙이 항상 정의로운 것은 아니다. 불의를 당한 것을 똑같이 복수한다는 것은 부정적 의미로 이해되고 있는 보상적 정의는 공동체의 질서를 파괴할 수 있다는 인식에서부터 출발한다. 그래서 보상적 정의를 공동체적 선의 교환에서만 국한할 것을 제안한다.

분배적 정의는 평등한 시민들의 지배관계에 의해 분출되는 불평등을 극복할 수 있는 방법으로서 근본적으로 정치적 정의이다. "공동체 구성원들 사이에 명예와 재산 또는 다른 것들을 나눌 때 분배적 정의가 드러난다. 그런 것을 분배할 때 사람들은 다른 사람들의 몫과 동등하거나 동등하지 않은 몫을 받을 것이기 때문이다." 분배적 정의는 "누가 정당한 몫을 받을 가치가 있는가?를 결정하는 법칙으로서 가능하다. 하지만 "분배에 있어서는 공과(功過)를 근거로 정의가 결정되어야 하는데 모든 사람들이 동의한다. 그러나 공과의 기준은 똑같이 인정하지 않는다.[20]"

사람들은 태어날 때부터 평등한 권리를 가지고 태어난다고 생각한다. 여기서 평등한 권리란 동등한 기회, 결과의 공평성, 최소한의 생활수준을 말한다. 다시 말해 평등은 모든 사람의 욕구가 고려되어야 하고 희소한 자원의 재분배는 도덕적 의무이며 재분배는 사회에 가장 취약한 계층에게 혜택을 부여하는 방식으로 이루어 져야 한다. 따라서 이러한 주장은 가난한 사람들에게 생계유지에 필요한 기본적인 자원에 대한 권리를 갖고 있어야 한다. 평등한 사회에서 모든 시민들은 동등한 권리, 기회 그리고 사회적 자원에 대한 접근이 보장되어야 한다. 사회에서 가장 취약한 계층에 속한 사람들에게 혜택이 돌아갈 때에만 불평등한 자원분배가 허

---

20) 데이비드 존스턴, 『정의의 역사』, 정명진 옮김, 부글. 2011, 107-110쪽.

용되어야 한다.[21]

특히 정치철학자 롤즈(John Rawls)는 다양한 사회정의이론들을 중심으로 공리주의의 비판에 초점을 맞추었다. 공리주의는 전체효용이 가장 높을 때 정의롭다는 주장, 즉 "최대다수의 최대행복"이라는 슬로건으로 내걸었다. 공리주의자는 벤담, 밀을 위시로 하여 고전 공리주의에서부터 시드워크, 피터 싱어로 이어지는 현대공리주의의 전통에 있다. 롤즈는 어떻게 공리주의의 정의원칙의 문제점을 드러내면서도, 그를 대체할 만한 정의원칙을 제시할 수 있을지에 대해 한평생 연구해 왔다. 롤즈의 정의관은 평등주의 정의관의 한 변형이며 이 정의관의 핵심은 '공정으로서의 정의(justice as fairness)'이다.[22] 그 결과 고안한 것이 "원초적 입장"이라는 아주 특별한 사유실험이었다. 여기서 그는 원초적 입장을 자신의 이익의 증진에 관심을 가진 합리적 인간들이 그들의 공동체의 기본조건을 정하기 위해 논의하는 상황이라 정의한다.

존 롤스
John Rawls, 1921~2002

원초적 입장은 현실에서 발견할 수 있는 것이 아니라 우리의 생각 속에서 이루어지는 가상적인 실험일 뿐이다. 말하자면 원초적 입장에서 사람들이 모여 국가의 기본구조에 대해 논의하고 합의한다면, 그것은 무엇일까에 대해 생각해 보는 것이다. 그러나 이 가상적인 사유실험이 중요한

---

21) Von Soest, *Peace and social justice as integral part of the social work curriculum: A North American perspectives. social Work: Australian social work* 45,10. 1999: 29-38쪽.

22) 김재진, 「소득재분배 문제와 정책적 대안」, 참여연대 사회복지위원회편, 『한국 사회복지의 현실과 선택』, 나눔의 숲, 2007, 102쪽.

이유는 현대에 가장 큰 영향력을 미치고 있는 공리주의 정의원칙의 문제점을 밝혀내서 그보다 우월한 정의원칙을 찾고자하기 때문이다. 롤즈가 무엇보다 중요하게 생각한 것은 사회제도의 정의로움이다. 그에게서 사회체제는 인간의 힘으로 어쩔 수 없는 불변의 질서가 아니라 인간의 힘으로 바꿀 수 있는 가변의 질서다. 사회제도는 인간 활동을 규정하는 방식과 사회를 배열하는 방식일 뿐이다.

롤즈는 원초적 입장에서 합의과정에 참여하는 구성원은 무지의 베일 속에 있다고 가정한다. 무지의 베일 속에 있다는 것은 합의의 당사자들이 자기 자신에 관련된 사실들에 대해 알지 못한다는 것이다. 각 당사자들은 자신의 사회적 지위나 계층, 타고난 재능이나 체력을, 도덕적 종교적 선호나 심리적 성향을 알지 못할 뿐만 아니라 자신이 속한 사회의 경제적, 정치적, 문화적 사정에 대해 알지 못한다. 또한 그는 자신이 속한 세대, 즉 유년기, 청년기, 노년기 중 어디에 속하는지 알지 못한다. 그가 아는 것은 인간사회에 대한 일반적 사실뿐이다. 롤즈는 무엇보다 사회의 효율성을 중시하면서도 더 나아가 사회의 공명정대함이 충족되어야 한다고 생각했다. 이런 점에서 그는 사회의 효율성을 모두가 도덕적으로 동의할 수 있는 공명정대함 또는 흔히 공정함이라고 부르는 것에 종속돼야 한다고 간주했다. 롤즈는 원초적 입장에서 무지의 베일 속에 있는 당사자들이 합의하는 두 가지 원칙을 표현할 수 있다고 보았으며, 그것을 정의의 2원칙이라 불렀다. 그것은 다음과 같은 두 가지 기본원칙에 기초한다.

> 제1원칙: 각 개인은 다른 사람들의 유사한 자유와 양립할 수 있는 가장 광범위한 기본적 자유에 대해 동등한 권리를 가져야 한다.
>
> 제2원칙: 사회 · 경제적 불평등은 다음 두 조건을 만족시키도록 조정되어야 한다.
>
> ⓐ 최소 수혜자에게 최대의 이익이 되고, ⓑ 공정한 기회균등의 원칙아

래 모든 이에게 개방된 직책과 직위에 결부되어야 한다.[23]

롤즈의 정의 2원칙 중에서 제1원칙은 "자유우선원칙"이며, 제2원칙 중 ⓐ는 "차등의 원칙", ⓑ는 "공정한 기회균등의 원칙"이다. 여기서 정의원칙은 앞뒤 우선순위가 결정적인 역할을 한다. 마치 '가'가 '나'보다 먼저 배치되듯이, 제1정의 원칙이 제2정의 원칙보다 우선한다. 차등의 원칙이 공정한 기회의 원칙보다 먼저 충족되어야 한다. 이런 순서를 염두해 두고 보았을 때, 롤즈의 정의관에서 가장 중요한 과제는 정치적 자유를 확보하는 것이다.[24]

제1정의의 원칙은 광범위하고 근본적이다. 이것은 한 국가를 이루는 여러 정체와 체제들을 조정하기 위한 근본원칙으로서 법 · 사회 · 경제 · 정치제도를 모두 포괄한다. 이것이 롤즈 정의관의 주된 특징이다. 제2원칙은 사회의 불평등을 최소화할 수 있는 방안을 찾아내는 것이다. 사회 불평등을 완전히 제거할 수 없다고 한다면, 그 불평등은 사회에 보탬이 되는 방향으로 나아가야 한다.

기후변화와 공정성의 원리

최근 기후변화에 대한 대중적 논의는 일반적으로 과학적, 경제적, 정치적 측면에 주로 초점을 맞추고 있다. 전 지구적 배출권 거래에 대해 두 가지의 심각한 반론이 존재한다. 하나는 과학적인 반론이고, 다른 하나는

---

23) 존 롤즈, 『정의론』, 황경식 옮김, 서광사, 1996, 81-82쪽.

24) 존 롤즈, 앞의 책, 82쪽.

윤리적인 반론이다. 과학적인 반론은, 모든 나라의 온실가스 배출량을 정확하게 측정할 수단이 없다는 것이다. 그래서 각국이 어느 정도의 할당량을 사고팔아야 하는지 알 수 없다. 이것은 보다 많은 연구를 요하는 것이지만, 결국에는 극복할 수 없는 장애는 아니라고 판명된다. 이러한 추정이 공정하다면, 이산화탄소의 마지막 1톤까지 정확히 계산할 필요는 없다는 관점이다. 영국의 저명한 과학전문지 〈뉴사이언티스트〉는 2010년 3월 10일자에서 "기후변화에 대한 과학적 보고서가 정치 · 경제적 이권이 개입하면서, 최종 보고서 작성 단계에서 상당 부분 퇴색하고 말았다"고 지적한다. 실제로 보고서 초안을 살펴본 과학자들은 "생태계 파괴로 인해 열대우림이나 토양, 바다의 온실가스 흡입 능력이 갈수록 떨어지면서 '오는 2100년에 이르면 대기온도가 1.2도가량 상승할 수도 있다'는 구체적인 내용이 최종 보고서에선 빠졌다"[25]고 전한다.

윤리적인 반론은 개발도상국의 정부가 그 이익을 자국민을 위해 쓴다면, 배출권 거래가 개발도상국에게 이익이 된다.[26] 이러한 윤리적 반론은 그동안 등한시 해 온 윤리적 문제가 어떻게 기후변화의 문제를 해결하는데 중심축을 차지할 수 있는가?에 대한 물음이다. 지구온난화가 어느 정도 윤리적 문제인가를 이해하기 위한 최선의 방법은 어느 누구의 소유도 아닌 지구의 희소(稀少)자원을 어떻게 가장 잘 분배할 것인가의 문제로 귀결될 수 있다. 여기서 희소자원이란 대기를 말하며 해로운 방식으로 지구의 기후를 변화시키지 않으면서 우리의 배기가스를 흡수하는 능력을 갖는 것이다.

주지하듯이, 지구온난화는 선진국과 개발도상국사이에 에너지소비

---

25) 정인환, 「기후변화를 둘러싼 국제정치학, 두 '온실가스 대국'과 인도 · 중국의 반응이 관건」, 『한겨레 21』, 2007년 03월 22일 제652호.

26) 피터 싱어, 『세계화의 윤리』, 김일방 옮김, 아카넷, 2008, 79쪽.

에 대한 공정성의 문제가 끊임없이 제기된다. 지구온난화의 이산화탄소 배출량이 모든 국가들에게 이득이 될 수 있으려면 공정한 분배의 결과이어야 한다. 그런데 시장에서의 공정성은 초기 자연의 배분상태, 즉 소유권의 보유상태와 같은 교역조건의 영향을 받게 마련이다. 시장에서 지배력의 차이가 크면 클수록 교역의 결과가 공정성과는 거리가 멀어진다. 문제는 선진국에서 배출하는 이산화탄소의 배출량들은 도덕적으로 고려해야 할 대상이 전혀 아닌 것으로 여기는 것이다. 자국 바깥의 고통은 그저 다른 사회의 작은 현상으로만 간과한다. 이산화탄소 배출량이 다른 공동체의 일이기 때문에 그것을 줄이기 위해서 우리가 도움의 손길을 뻗어야 할 의무가 없다. 의무란 상호협력과 호혜의 끈으로 묶인 단일 공동체의 구성원 사이에서나 성립한다. 어떤 의무든지 모든 의무는 사회적 맥락에 의해 제한받는다. 이러한 믿음에는 두 가지 주장이 서로 관련되어 있다. 첫째, 사회란 무엇인가? 둘째, 도덕성의 범위는 사회의 정의(定義)에 따라 제한된다는 것이다. 이러한 측면에서 도덕은 하나의 공동체 안에 살고 있는 도덕행위자들의 상호관계를 규제하는 일련의 규칙이다.[27]

피터 싱어

27) 김일방, 「세계화가 환경에 미치는 영향과 세계화의 윤리」, 『철학연구』, 제108집, 대한철학회, 2008, 52-53쪽.: 나이젤 다우워, 「세계의 빈곤」, 피터 싱어 엮음, 김성한 외 옮김, 『응용윤리』, 철학과 현실사, 2005, 26쪽.

실천윤리학자인 싱어(Peter Singer)는 우리의 대기상황에 대해 중요한 식량 공급원을 하고 있는 물고기를 잡기 위해 200개의 마을에 둘러싸인 호수의 예를 들어 설명한다. 이 마을들은 호수에 쓰레기를 버리는 양이 각각 다르지만, 오물의 양이 감소하지 않는다면 호수가 오염되어 거의 모든 물고기는 죽게 될 것이라 전문가들은 예측한다. 쓰레기 버리는 할당량을 각 마을에서 동의한다면 그 분배하는 방식은 다음과 같이 될 수 있을 것이다.

첫째, 어떤 마을이 현재 오염의 문제를 일으켰는지에 대해 묻는 것이다. 이는 버리는 양의 정도에 따르는 오염자 부담의 원칙(polluters pays)[28]이 될 수 있다. 어떤 생산자가 다른 어떤 제3자를 해롭게 하는 오염을 방출한다면, 생산자는 오염을 정화하거나 오염에 피해를 입은 자들에게 보상하는 비용을 지불해야 한다.

둘째, 과거를 무시하고 모든 마을에 동일하게 쓰레기 처분 할당량을 주는 것이다. 하지만 인구규모에서 볼 때 마을의 규모가 동일하지 않다면, 더 큰 마을에 살고 있는 사람들에게 불공평하게 될 것이다. 호수에서 처리할 수 있는 쓰레기 총량을 호수주변에 살고 있는 사람들의 수로 나누어 1인당 허용할 수 있는 오염의 양을 구하는 것이다.

셋째, 각 마을에 살고 있는 사람들의 수에 1인 할당량을 곱하게 되면 호수에 버릴 오물의 양에 대해 마을의 할당량을 산출하는 것이다. 여기서

---

28) 오염자 부담의 원칙이란 오염 원인을 제공한 자가 환경을 보호 · 유지하기 위한 환경오염의 방지 및 제거 비용을 부담하고 손실보전에 대한 책임을 지는 것을 의미한다. 2002년 1월 노르웨이는 국가에 대해서도 구속력있는 국제적인 "오염자 부담" 체제를 수립하여 노력하겠다고 선언했다. 이는 영국의 셀라필드(Sellafield) 원자력 발전소가 배출하는 핵폐기물이 노르웨이 해안에 까지 영향을 미치고 있다는 증거에 뒤따라 나온 것이다.

다른 관련 요소가 없다면 공동의 자원을 나누는 자명하고 공정한 방식대로 산출하는 것이다. 여기에 대해서 개인이나 집단이 다른 개인이나 집단들보다 더 강력한 요구를 하지 않는다.[29]

지난 2세기 동안 산업화된 국가들은 많은 양의 이산화탄소를 대기 중에 방출하였으며 그 대부분은 여전히 지구상에 남아 있다. 그 원인은 온실효과가스를 더 많이 흡수할 수 있는 대기의 능력이 고갈되어 버렸기 때문이다. 오염자 부담의 원칙을 적용한다면, 개발도상국보다 오히려 선진국들이 지구온난화 문제 부담을 져야 합당하다.[30] 특히 선진국들은 세계 인구의 4분의 1에 불과하지만, 이산화탄소 방출의 4분의 3정도는 책임이 있다. 예컨대 미국은 평등한 1인 분담체계 아래서도 가질 수 있는 국가 할당량의 최소한 5배를 사용한다. 부자의 국가들이 가난한 나라들보다 더 많이 희생해야 한다는 제3원리로 뒤바꾼다고 할지라도 동일한 결과가 나온다. 즉 기후변화에 가장 큰 부분을 담당해야 하는 국가가 바로 선진국들이다. 미국과 같은 선진국이 온실가스 배출량을 가장 많이 줄여야 한다는 이유도 여기에 있다. 그러나 이 1인당 평등 배분의 원칙이 미국 및 유럽 선진국에 훨씬 더 관대하다. "과거는 잊어버리고 새롭게 시작하자."라는 구호는 순수한 1인당 평등 배분의 원칙은 역사적 근거에 기반한 원칙보다 선진국에 훨씬 더 유리한 것이다.[31] 지구의 배출권 거래에 대해 1인당 평등 배분에 기반한 온실가스 배출 할당량에 대해 두 가지 반론이 제기된다.

첫째, 전 지구적 배출권 거래가 온실가스 배출량 문제에 대해 공리주

29) 피터 싱어, 『이 시대에 윤리적으로 살아가기-현대 사회와 실천윤리』, 구영모 외 옮김, 철학과 현실사, 2008, 105-106쪽.

30) 피터 싱어, 위의 책, 108쪽.

31) 피터 싱어, 『세계화의 윤리』, 74쪽.

의적 반론이다. 예컨대 추운 나라인 캐나다가 멕시코와 같은 더운 나라와 동일하게 1인당 배출량을 강제한다면, 겨울을 지내는 데 더 많은 에너지를 사용해야 하기 때문에 부당한 고통을 겪게 될 것이라는 반론이다. 부당한 어려움을 겪는다는 주장으로 선진국이 개발도상국보다 더 많은 1인당 배출량을 갖게 해야 한다는 주장은 그다지 정당화될 수 없다. 둘째로, 전 지구적 배출권의 거래는, 1인당 평등한 배출량을 할당하는 방식에 대해 저개발 국가는 선진국보다 경제활동 단위당 더 많은 온실가스를 배출한다고 할지라도 계속해서 상품을 제조할 수 있는 반면에, 산업화된 나라나 선진국은 경제활동 단위당 더 적게 온실가스를 배출하더라도 자국의 전체 제조량을 감소시켜야 하기 때문에 비효율적인 생산을 유도한다는 것이다.[32]

주지하듯이, 공정성에 관한 원칙은 각각 우리가 채택할 만한 최선의 것으로서 옹호될 수 있다. 2050년 국가별 인구 증가에 대한 UN의 예측에 따라 대기라는 1인당 평등한 몫을 미래에 차지할 수 있는 자격을 어떻게 부여해야 하는가는 여전히 논란의 여지가 있다. 지구온난화의 국가간 혹은 세대간 분배의 문제를 다루는데 있어서 환경윤리학자들은 대부분 인간중심주의의 입장에 서 있다. 인간중심주의의 입장에서 보면 지구온난화는 환경의 정의로운 분배를 위한 윤리적 원칙을 만드는 일로 이해된다. 개발도상국들은 자신들을 환경제국주의의 피해자이며 북측 선진국들은 환경파괴의 원인을 제공했으면서도 그 이후 이득을 취해 온 수혜자라는 사실을 간과하면서 현재의 기후변화는 선진국에 책임이 있다고 간주한다. 하지만 선진국들은 경제 시장의 신화를 신봉하면서 개발과 성장에 집착한다. 그리고 선진국들 입장에서 현재의 기후변화는 전 인류의 문제이

32) 피터 싱어, 앞의 책, 77-78쪽.

기 때문에 선후진국의 구분 없이 생태위기의 극복에 다함께 동참할 것을 호소한다. 즉 개발도상국은 국가간 분배의 정의를 내세우는 반면에 선진국은 지구 생태계의 복리를 앞세우고 있다.[33] 여기서 분배정의는 단지 개인적 차원의 문제가 아니라 사회구조적 차원, 사회와의 관계, 국가와의 차원, 또는 세대간의 차원의 문제이다. 어떤 부자가 어떤 가난한 사람에게 도와주는 것은 개인윤리의 차원에서 덕행은 될 수 있지만, 분배정의의 차원은 아니다.

자연자원의 세대간 공평한 활용 및 미래를 위한 비축을 주장하기 위해서는 모든 세대의 권리와 책임을 "하나의 도덕공동체(moral community)로써 이해하는 것이다. 도덕공동체는 최소한 공통된 도덕 개념을 지니며 상호간의 도덕적 관계를 승인하는 사람들로 이루어진다. 우리의 권리와 책임이라는 것도 도덕공동체 안에서 성립한다. 그것에서 벗어나면 아무런 의미를 갖지 못한다.[34] 정치철학자 롤즈(John Rawls)는 『정의론』에서 '공정으로 정의'[35]라는 자신의 정의관에 의해 가장 적합한 도덕적 기초를 정립하고자 했다.[36] 그의 저서에서 도덕체계들은 어떤 신성한 존재로부터 유

---

33) 김일방, 『환경윤리의 쟁점』, 서광사, 2005, 97쪽.

34) Golding, "Obligations to Future Generations", Monist, 56(1972): J. R. 데자르뎅, 『환경윤리』, 김명식 옮김, 자작나무, 1999, 145쪽 재인용.

35) 롤즈의 '공정으로서의 정의는 두 원칙'으로 구분된다. 첫째, 개인들은 상호간에 양립 가능한 범위 내에서 최대한으로 확정된 평등한 자유를 구가한다.(평등한 자유의 원칙) 둘째, 사회적 · 경제적 불평등은 i) 사회적 지위와 책무에 접근할 수 있는 기회가 평등하게 분배되어 있는 한에서 기회평등의 원칙) ii) 한 사회내의 최소 수혜자에게 최대한 배려를 하는 방향으로 허용될 수 있다(차등의 원칙). 그는 각자로부터 그의 능력에 따라서: 각자에게 그의 필요에 따라서" 라는 슬로건과 같이 널리 인용되는 분배적 정의의 격률들은 완전한 정의론으로 소용될 수 없는 그다지 정당화되지 못한 직관들일 뿐이며 그 직관들이 서로 경쟁할 때 우리는 그것들을 합리적으로 비교할 방법이 없다(John Rawls, *A Theory of Justice*, Cambridge, MA: The Belknap Press of Harvard University Press, 1971, pp. 304-309).

래하며, 우리들 위에 서 있는 것처럼 말하는 도덕에 대한 유사 신비주의적 견해에 대해 자신의 경쟁자들이 갖고 있던 반감을 공유한다. 마르크스주의자들이나 실증주의자들과 마찬가지로 롤즈에게서 도덕체계들은 인간사회의 창조물이며 사람들이 함께 살아가며 일어나는 문제들을 해결하기 위해 제안했다.[37] 롤즈에게 있어서 만약 어떤 도덕체계가 논란의 대상인 재정들을 해소할 구체적 제안들을 제시할 수 없다면, 설득력을 얻지 못한다.

롤즈에 의하면, 도덕철학자가 사람들 사이에서 일어나는 구체적인 문제들을 해결하는 것보다 일상생활에서 어려운 문제들을 해결하는 것"보다 더 쉬울 것이라 말한다.[38] 즉 그는 공리주의를 수용하면서 그 이론과 동일하지 않더라도 필적할 만한 쟁점들을 "갖춘 계약주의적 대안을 만들어 내자"고 제안한다. "하나의 정의관은 사회가 진출한 이익 분배를 결정할 사회제도를 선정하고 적절한 분배의 몫에 대한 합의를 공인할 원칙들의 집합이다."[39] 롤즈에게 전체사회는 그 구성원들이 통제할 수 있는 규칙들과 행동방식을 가진 공동프로젝트다. 그래서 롤즈에게 있어서 "사회는 상호이익을 위한 협동사업"[40]이다.

롤즈가 정의론을 제공하는 주된 이유들 중 하나가 바로 그러한 논쟁들의 해결을 도우려는 것, 즉 정의에 대한 상식적 격률들을 보다 엄밀하

---

36) John Rawls, *A Theory of Justice,* p. viii 황경식 옮김, 『사회정의론』, 서광사, 1985. 13쪽.

37) 새뮤얼 플레이쉐커, 『분배적 정의의 소사(小史)』, 강준호 옮김, 서광사, 2007, 182-183쪽.

38) John Rawals, "Distributive Justice," in: John Rawls: Collected Papers, Edited by Erin Kelly. Cambridge, MA: Havard University Press 1999, p. 156.

39) John Rawals, "Distributive Justice," p. 130.

40) John Rawals "Distributive Justice," p. 4.

게 지적인 틀 안에 집어넣으려는 것이다. 롤즈의 두 원칙들은 그것들에 대한 논증과 함께 (1) 어떤 재화가 분배되어야 하는가? (2) 이 재화는 어떤 필요를 만족시키는가? (3) 왜 필요를 기여하는 것보다 중요하게 여겨야 하는가? (4) 어떻게 분배가 자유와 비교되어야 하는가? 이를테면 자유의 분배는 모든 경제적, 사회적 재화의 분배보다 우위성을 가진다.

하지만 롤즈는 언제, 어디서나 통용되는 "정의"의 원칙을 설명하지는 않는다. 롤즈 자신은 다음과 같이 말한다. "아무도 천부적인 재능을 분배하는데 있어서 자신의 위치나.... 사회에서 자신의 출발점을 당연히 그렇게 가질 자격은 없다는 것은 우리 도덕적 판단의 고정점들 중 하나이다.[41] 원초적 입장은 정의의 두 원칙들을 선택하기 위한 논증뿐만 아니라 그 원칙들이 일관적이고 그럴듯한 결과들을 산출하도록 그것들을 축차적으로 서열화하기 위해 논증한다. 그리고 어떻게 비공리주의적 철학이 공리주의와 같은 엄밀함을 가지고 어려운 윤리적 선택들에 대한 대답을 결정할 수 있는 지를 보여주고자 한다.[42] 롤즈의 정의의 원칙에 따르면, 잘사는 나라들이 이산화탄소 배출량을 줄이는 데 드는 비용을 모두 부담하는 것에 반대할 수 있는 유일한 근거는, 잘사는 나라가 모든 비용을 부담하는 것이 그렇게 하지 않는 것보다 가난한 나라들을 더 가난하게 만든다는 이유뿐이다.

기후 변화에 대해 지난 조지 W. 부시 전(前)대통령이 표방하는 미국 정부의 정책은 이런 경우에 해당하는 시도로 해석될 수 있다. 부시는 미국 정부가 "온실가스에 대한 강도 접근법(intensity approach)"을 채택하여, 미국이 경제활동 단위당 배출하는 온실가스의 양을 줄이려 노력하고 있다고

---

41) John Rawals, A Theory of Justice. p. 311, p.74, p.104.

42) 새뮤얼 플레이쉐커, 『분배적 정의의 소사(小史)』, 강준호 옮김, 서광사, 2007, 187쪽.

밝혔다. 하지만, 지난 부시 행정부가 온실배출가스를 가장 꺼려하는 부분은 크게 두 가지로 요약될 수 있다. 하나는 교토협약에서 상당기간 개발도상국들이 직접적인 제약을 받지 않는다. 거기에는 우리나라를 포함해 경제적으로 갈수록 비중이 높아지는 개발도상국들이 협약의 구속을 받지 않고 경제활동을 계속한다는 속내가 깔려 있었다. 반면 선진국들에만 강도 높은 규제가 지워진다면 향후 미국의 위치가 불안해질 수 있다는 것이다. 두 번째는 발전소에서 배출되는 이산화탄소에 대한 규제가 이루어질 경우, 에너지 가격이 상승하고 결과적으로 미국경제가 큰 타격을 받을 수 있다는 점이다.[43]

반면 자연자원의 세대 간 분배문제는 "언제나 현재 세대"의 문제이다. 세대간 분배정의는 먼저 세대 간에 의무와 권리가 존재할 수 있다는 것을 전제로 한다. 현존하는 인간들 사이에는 의무와 권리설정이 가능할 수 있지만, 현존하지 않는 미래의 인간이 문제가 될 수 있다. 브라이언 베리(Brain Barry)에 의하면, 우리 세대가 재생 불가능한 에너지 자원을 정의(正義)에 의해 누구에게나 동등한 대우를 받을 수 있어야 한다고 말한다. 즉 우리가 재생불가능한 에너지 자원을 사용한다는 것은 그 만큼 미래세대가 자원을 사용할 기회를 부정하는 것이다: "미래세대의 문제와 관련하여 정의가 요구하는 것이 무엇인지 이제는 말할 수 있다. 자연자원의 고갈 문제와 관련하여 미래세대가 고갈이 없는 상태가 아니라 (생산능력)에 있어서 더 나쁜 처지에 놓이지 않게끔 한다는 의미에서 보상이 이루어져야 한다."[44] 도덕을 위의 주장과 다른 관점에 본다면 달리 해석할 수 있다. 즉 도덕을 개인의 행위와 책임이라는 관점에서 본다. 즉 타인들에 대한 나

---

43) 김동광, 「환경을 억누른 부시의 미국」 한겨레21, 2001년 04월 24일 제356호.

44) B. Barry, "Intergenerational Justice in Energy Policy", D. MacLean/R. I. Brown, Energy and the Future, Prometheus Books, 1980, pp. 15-30.

의 배려에 기반으로 하여 행동해야 할 관점에서 본다면, 행복을 바라는 타인들이 동일한 도덕공동체의 호혜적 구성원인가의 여부는 그다지 중요하지 않으며, 심지어 그들이 도덕 행위자인가의 여부도 중요하지 않게 된다. 중요한 것은 타인들의 선이나 행복이 행위자의 선택에 의해 영향을 받을 수 있다는 점이다. 우리의 공간상으로 멀리 떨어져 있는 사람들뿐만 아니라 미래세대, 동물, 생명일반, 특정한 생물 종, 더 나아가 가치를 갖는다고 생각되는 모든 존재가 고려대상이 될 수 있다.[45] 이에 대해 피터 싱어는 "다른 나라에 사는 이방인을 도와야 하는 의무가 우리의 이웃이나 동포 중 한사람을 도와야 하는 의무만큼이나 크다"[46]고 주장한다. 따라서 우리나라의 국민과 다른 나라의 국민을 공평하게 고려해야 한다는 것이다. 도덕공동체의 범위설정은 시대성을 뛰어넘어야 한다. 현세대가 결정한 것에 의해 미래세대가 받게 될 영향을 고려해야 한다. 예컨대 현세대의 방만한 세계화 정책에 의한 열대우림, 오존층, 해조류 등이 파괴될 경우에 미래세대들은 자신들의 의지와는 무관하게 피해를 입는 것이 불가피해 진다.

이런 관점에서 우리에게 미래세대들의 이익 또한 공정하게 고려할 의무가 있다. 도덕공동체의 범위설정은 전 세계인과 미래세대를 포함하는 인간공동체를 초월하여 보다 더 확대되어야 한다. 이전에 벤담이 동물의 이익도 우리의 도덕적 고려의 대상에 포함돼야 한다는 주장이다. 이렇듯 세대간 분배정의는 전 인류가 하나의 도덕공동체를 구성한다는 전제조건을 정당화할 수 있을 때 의미 있게 실현될 수 있다. 만약 전 인류가 도덕공동체를 구성하는 것이 아니라면, 현재세대와 미래세대 간에 권리와 의무관계는 성립하지 않고 분배정의의 관점에서 환경에 대한 논의를 할 수

45) 나이젤 다우워, 앞의 논문, 26쪽. 26-27쪽.

46) 피터 싱어, 앞의 책, 205쪽.

없게 된다. 그러나 부담을 어떻게 나누어 가질 것인가(비축의 효율을 세대 간에 어떻게 분배할 것인가)의 문제는 사실상 계산 불가능할 뿐 만 아니라 현재세대가 엄청난 재화를 남겨둔다고 하더라도, 한계효용체감의 법칙에 의하면, 미래의 어느 시점에서는 현저히 감소할 수 있고(기술의 현재속도도 계속 발전한다고 가정할 경우), 더욱이 문제가 되는 것은 "아직 현존하지 않은 세대들과 고통분담"을 제약할 수 있는가"[47]이다. 이 문제에 대해서는 계약론적 방법론이든 공리주의적 방법이든 그다지 용이하지 않다.[48] 그 근거로 모든 현재세대는 첫째, 우리가 미래의 일을 멀리 투영해 보면 볼수록, 특정한 사건과 상황에 희박한 확률을 부여할 수밖에 없다. 둘째, 우리는 미래의 향방에 대해 예측할 수 있는 능력을 결여하고 있다. 셋째, 미래에 어떠한 인간이 존재하는지가 불투명하다. 넷째, 미래의 인간은 실존하는 것이 아니라 가능성으로서만 존재한다. 다섯째, 우리는 미래의 필요, 욕망, 취향에 대해 무지하다. 여섯째, 우리는 미래의 인간의 숫자에 대해 무지하다. 여기서 공리주의적 도덕 계산이 불가능하게 된다. 일곱째, 우리의 도덕 공동체의 일원이 될 것인지 결정할 수 없다.[49] 현재세대가 보유하고 있는 능력은 인류역사상 최초로 미래세대의 출현을 금지할 수 있는 정도에 이르렀다.

이제 인류는 부존자원의 고갈을 통해서든지, 오존층의 파괴를 통해서든지 아니면 자신의 선택에 따라 계속해서 존속할 것인지 아닌지를 결정

---

47) 구승회, 『생태철학과 환경윤리』, 동국대출판부, 248-249쪽. 김형철, 「환경위기와 세대간 분배정의 문제」, 한국사회 · 윤리연구회편, 『사회계약론연구』, 철학과 현실사, 1993.

48) Jeremy Bentham, *The Principles of Morals and Legislation,* Oxford: Oxford University Press, 1907, ch.17. 1, footnote 참조.

49) Earneast Partridge, "Why care About the Future?", in: *Responsibilities To Future Generations*, ed by Partridge, E. Prometheus Books: New York, 1981, p.7.

할 능력을 보유하게 되었다.[50] 궁극적으로 현재세대의 부단한 활동이 미래세대에 절대적 영향력을 미친다는 사실은 더 이상 부정할 수 없게 되었다.

교정적 정의와 분배적 정의

유엔기후변화협약에서 제안한 '형평성'에 대한 조작적 정의(Justice)는 다양하게 나타난다. 글로벌 기후변화에 대한 논쟁에 있어서 형평과 정의의 문제는 중대한 역할을 한다. 기후변화는 형평성의 관점에서 다른 어떤 문제보다 형평성에 위배될 확률이 높다. 온실가스배출원이나 배출지역과 그로인해 유발되는 이상기후를 비롯한 기후변화 영향으로 피해를 입은 지역이나 집단이 각기 다르기 때문이다.[51]

앞서 고찰하였듯이, 교정적(보상적) 정의는 너무 많이 가진 사람에게 일정 양을 빼앗아 적게 가진 사람에게 되돌려 줌으로써 훼손된 평형상태를 복원하는 것이다. 그에 반해 분배적 정의는 평등한 시민들의 지배관계에 의해 분출되는 불평등을 극복할 수 있는 방법이다.

먼저 교정적 정의의 관점에서 한 개인이 다른 사람에 손해를 입힌 경우 전자는 그 피해자에게 현금과 같은 구제를 제공해야 한다. 이 관점은 기후변화의 배경에 대해 개발도상국과 그 지지자들이 기후변화의 문제가 미국과 부유한 나라들에 의해 대부분 야기되었기 때문에 그들은 구제해야 한다고 주장한다. 교정적 정의는 당연한 목적을 위해 문제의 원인에

---

50) 김형철, 「환경위기와 세대간 분배정의」, 372쪽.

51) 윤순진, 「공유지 비극론을 통해 본 기후변화 대응과 기후정의: 당위와 현실의 간극」, 양해림 외, 『21세기 글로벌 기후변화와 윤리적 정의(Justice)』, 충남대학교 출판문화원, 2015, 181쪽.

대해 책임이 있는 사람들을 구분한다. 한편으로, 비난의 가능성이 있는 사람들, 다른 한편으로 원인에 대한 책임이 있지도 않으며 비난의 가능성이 없는 사람들을 구분한다.[52] 각 국가들이 윤리적으로 요구되는 행위를 거절한다고 해서 윤리적 요건에 위반하여 용서를 구하는 것은 아니다. 어느 국가든 간에 국가의 이익을 무시하는 윤리적 논쟁은 환상이다. 강대국들의 이익을 향상시키는 것이 윤리적 기반을 구축하는 것은 아니다. 각 국가들이 서로 균형을 잡고 윤리적으로 실현 가능한 협약을 만드는 것이 중요한 관건이라 할 수 있다. 이런 점에서 교정적 정의는 기후변화의 국제적 논쟁을 종종 일으켜 왔다. 즉 기후변화에 있어서 국제간 윤리적 관점과 현실적 주장사이에는 언제나 첨예한 긴장관계가 있어 왔다.

대체로 개발도상국은 선진국들이 기후변화의 문제에 대부분 책임을 져야 한다고 말한다. 즉 부유한 선진국들이 기후감축의 비용을 부담해야 하거나 그 비용의 대부분을 부담해야 한다는 것이다. 이런 점에서 교정적 정의는 오염자 부담의 원칙(polluter pays principle)을 적용해 왔다. 즉 환경을 오염시킨 사람들이 환경에서 초래한 손해에 대해 부담을 져야 하는 것이다.[53] 즉 오염자 부담의 원칙은 "네가 부셨으면, 네가 고쳐야 한다.", "네가 버린 것은 네가 치워야 한다"는 뜻이다. 결자해지의 차원에서 문제를 일으킨 사람이 문제를 해결하고 다른 누군가에게 피해를 주었으면, 피해를 보상해 주어야 한다는 것이다.[54]

기든스(Anthony Giddens)는 오염자 부담의 원칙을 제도화하도록 정부가

---

52) Eric A. Posner/David Weisbach, *Climate Change Justice*, Princeton University, 2010, 104쪽.

53) Eric A. Posner/David Weisbach, 위의 책, 100쪽.

54) 김명식, 「기후변화의 윤리적 쟁점」, 『환경철학』, 제14집, 한국환경철학회, 2012, 15쪽: Gardiner, Stephen M. et al. (eds.), *Climate Ethics: Essential Readings*, Oxford; Oxford University Press, 2010: 5쪽.

시장에 개입하여 이를 통해 시장이 기후변화대응 정책을 이끌어내야 한다고 주장한다.[55] 일반적으로 교정적 정의의 논쟁은 과거에 일어난 행위에 초점을 맞추기 때문에 다분히 회고적이다. 교정적 정의는 현재의 공급보다 재고(在庫)에 집중한다. 교정적 정의는 통상적으로 피해를 입힌 자가 자기로 인해 피해를 입혔기 때문에 희생에 대해 보상할 것을 요구한다. 단순하게 미국이나 다른 선진국에 사는 사람들을 도덕적으로 비난받을 수 있는 가해자라고 낙인찍을 수는 없는 것과 같은 이치이다. 통상적으로 도덕적 책임은 비난 가능성뿐만 아니라 언제나 이에 대한 인과관계를 요구한다.[56] 기후변화의 맥락에서 교정적 정의의 논쟁은 선진국들이 온실가스를 대량으로 배출함으로써 세계의 다른 국가들에게 피해를 끼쳤다는 것이 주요 골자다. 보편적 관점에서 교정적 정의는 온실가스의 문제를 회복시키기 위해 피해를 입힌 국가들이 많은 자원을 투자할 것을 요구한다.[57] 그래서 이러한 교정적 정의의 논쟁은 언제나 심각한 난제에 부딪혀 왔다. 그 이유는 각 국가들은 상호 연관된 윤리적 존재들이라 가정하기 때문이다.

무엇보다 한 국가가 다른 국가에게 막대한 손해를 끼쳤을 경우, 교정적 정의의 관점에서 전자가 후자에 대해 배상의 책임을 지도록 요구한다. 예컨대 한국의 경우 대기오염 때문에 GDP의 6% 손실을 입고 있으며 중국은 12%에 달한다. 한국 오염물질의 60%는 대체로 중국에서부터 이동해 온다. 어떤 국가가 올바른 윤리적 척도가 될 수 있다는 논거는 공동 책임에 기인한다. 하지만 공동책임은 형사법이나 불법행위법에서도 그다지 인정하지 않고 있기 때문에 그다지 설득력이 없다. 공동책임은 한때

55) 앤서니 기든스, 『기후변화의 정치학』, 에코리브르, 2010, 137쪽.

56) 앤서니 기든스, 위의 책, 137쪽.

57) Louis Caplow and Steven Shavell, *Fairness versus Welfare*, 12, 2005.

사회조직에서 중요한 역할을 담당하였지만, 수세기 거쳐 오면서 국내법 및 국제법상에서 점차 강요되어 왔다.[58)]

일반적인 정의에 관한 논쟁에서 개발도상국들은 부유한 나라들이 온실가스 감축비용의 대부분을 부담해야 한다고 주장한다. 예컨대 중국, 인도, 브라질들의 국가는 미국과 유럽의 부자 나라들이 적극적으로 배출감축 책임을 져야 한다고 말한다. 그리고 그들은 온실가스배출 감축 부분에 대해 선진국들이 많은 재정적 원조를 보태 주어야 한다고 주장한다. 하지만 선진국들은 선진국과 개발도상국의 구분 없이 가장 많이 온실가스를 배출하는 국가들이 엄격한 의무를 지는 것이 마땅하기 때문에 대체로 이러한 견해에 반대한다. 따라서 선진국이나 개발도상국의 국가들은 각기 다른 형평의 원칙을 서로 다르게 주장하고 있을 뿐이다. 그렇기 때문에 각 선진국이나 개발도상국의 국가들은 서로 다른 잣대를 들이대어 정의의 원리를 주장할 뿐만 아니라 배출감축비용의 원칙을 서로 다르게 인식하고 있을 뿐이다. 기후변화협약이 개발도상국들 보다 부유한 선진국들에게 많은 부담을 져야 하거나 많은 양의 온실가스를 배출한 나라들을 응징해야 하고 지구상의 사람들에게 공평한 부담을 지워야 하는 것은 당연한 이치다. 하지만 첨예한 선진국과 개발도상국 사이의 이해관계 때문에 서로 상이한 정의의 입장 차이를 보일 뿐이다.

교정적 정의의 관점에서 어떤 국가가 온실가스 배출감축을 위해 어떻게 "돈"[59)]을 지불할 것인 지가 중요한 관건이다. 과거에 부유한 선진국이

---

58) 국내법과 국제법에 대한 논의는 다음을 참조: Darly J. Levinson, Stanford Law Review, 345(2003): The Economics of individual versus Group punishment, in: *Journal of Studies* 81(2007)., 46쪽.

59) 돈은 매개적 역할을 수행한 前자본주의 경제에서는 상품과 돈의 순환은 특정한 상품들(혹은 사용가치)에 경제순환의 마지막을 구성하는 형태로 존재했다. 특정한 사용가치를 구현하는 상품은 다른 상품을 구입하는데 사용하는 돈으로 판매된다

든 개발도상국이든 간에 누가 더 많이 이산화탄소를 배출하였는지의 문제는 일단 보류에 두는 것이 배출감축에 대한 첨예한 논쟁을 최소화 할 수 있다. 정의론의 관점에서 지금까지 선진국들이 온실가스 배출의 최대 근원지라는 것이 전형적 관점이었다. IPCC에 따르면, "선진국들이 과거와 현재가 온실가스 배출의 모든 근원"[60]이라는 것이다. 종종 선진국들이 부자이기 때문에 온실가스배출의 특별한 의무를 져야 한다는 관점이 일반적 주장이다. 개발도상국들은 선진국이 부자라는 이유를 들어 온실가스를 완화하는데 들어가는 비용의 대부분을 부담해야 한다는 반복된 주장을 펼치기도 한다.

이러한 주장은 종종 선진국들이 철저하게 준수해야 하는 환경 및 기타 제한사항에 대해 개발도상국의 개발할 권리와 국제법을 무시했다. 선진국은 개발도상국의 경제성장에 대한 욕구와 지속개발가능성의 정책기획을 도와주어야 한다는 것이다. 말하자면 개발도상국이 인구팽창과 과

(상품(C)-돈(M)-상품(C). 자본주의 경제의 경우, 상품과 돈의 순환은 돈으로 시작해서 화폐로 끝난다. 돈은 돈을 위해 판매되는 상품을 구입하는데 사용된다(M-C-M). 물론 돈은 단순히 양적 관계의 추상적인 표현이기 때문에, 순환과정의 마지막에서 처음과 같이 같은 양의 돈이 교환되면 그런 교환은 의미가 없다. 그래서 현실에서 실제 공식은 M-C-M'인데, M'은 사실상 M+m 또는 이윤 또는 자본, 아니면 이전에 마르크스주의자들이 언급한 것처럼, 잉여가치다. 물론 이것과 단순상품 생산의 커다란 차이는 목적이 최종 사용이 아니라 자본축적이기 때문에 그 과정의 끝이 없다는데 있다. 그래서 한 해에 생산된 M-C-M'은 잉여가치를 재투자하여 다음해에 M-C-M''으로, 그 다음해에 M-C-M'''으로 그리고 무한정 이어진다.(손 톰슨, 2012: 162). 이런 점에서 환경단체들은 자본에 대해 세 가지 편익을 제공한다. 첫 번째, 정당화를 통해 세계가 잘 작동하고 있다는 점을 상기시킨다. 두 번째, 대중의 반대 의견에 대한 통제이다. 일반 국민들 사이에 퍼진 생태적 염려를 억누르고 빨아들이는 스펀지 같은 것이다. 세 번째는 합리화이다. 이는 이윤의 질서있는 흐름을 보장하면서 최악의 경향에 맞서 체제를 통제하고 보호하는 유용한 통치이다.

60) IPCC 12. 33, 106쪽.

도한 경제성장 욕구로 인해 기후변화대응에 제대로 동참하지 못하고 있는 사실을 이해해야 한다. 이런 점에서 개발도상국의 경제성장 욕구를 수용하는 것이 진정한 포용력일 수도 있다. 그렇지만 개발도상국의 화석연료 중심의 경제성장을 옹호하는 것은 또 다른 갈등의 요소를 낳고 있다.

지난 기후변화 기본협약은 배출감축을 형평의 원칙에 기초하고 있으며, 공동이지만 차별화된 책임의 원칙을 따르도록 요구했다. 기후변화 기본협약을 토대로 한 교토의정서는 개발도상국의 제한 없는 배출 증가는 인정하면서 선진국에는 보다 많은 의무를 지웠다.[61] 신기후경제보고서에 따르면, 화석연료 보조금의 규모가 클수록 보건비용의 지출이 증가한다. 개발도상국들은 배출감축의 비용의 대부분을 혹은 심지어 비용 전부를 부담해야 한다고 주장해 왔다. 기후변화협약은 부의 재분배 방법일 뿐이지 최선의 방법은 아니다. 부를 재분배하는 보다 최선의 방법이 있다면, 기후변화협약을 임의적으로 이용하게 해서는 안 된다. 따라서 기후변화의 책임을 최다 배출국에게 지워야 한다는 교정적 정의의 논쟁이 공동책임에 근거하지 않는다면, 단지 개인적 차원의 윤리에 호소하는 방향으로 나아갈 수 있다. 선진국들이 동반으로 온실가스를 감축하지 않을 경우, 어느 국가에게도 온실가스의 배출을 감축할 도덕적 의무가 있는지는 여전히 의문이다. 이것은 도덕적 공동행동의 문제이다. 교정적 정의가 불법행위에 유추한 것이 아니라면, 기후변화상황에 부합하는 방안을 이끌어 내야 한다.[62]

하지만 유엔기후변화협약의 '형평성'을 정의하는 모든 제안들이 실제로 윤리와 정의를 존중한다고 보기 어렵다. 사실상 유엔기후변화협약의

61) 교토의정서에 대한 자세한 내용은 이 책의 제4장 참조.

62) Frank Dietrich/Véronique Zanetti, *Philosophie der international Politik*, Hamburg, 2014, 164쪽.

형평성을 적용하기 위한 제안서들 중에서 지구적 책임과는 관계없는 자국의 이익에만 근거한 것들도 널려 있다. 각 국가들의 온실가스 목표치의 분배의 형평성 문제에 올바르게 접근하기 위해서 제안자들은 분배적 정의의 원칙을 따라야 한다. 분배적 정의는 비용을 부담하는 주체를 어떻게 변경해야 할 것인 지가 주된 관건이다. 국가의 의무는 앞서 언급한 정치철학자 롤즈의 무지의 장막(a veil of ignorance)에 호소함으로써 정의될 수 있다. 이성적인 사람은 국적 등 자신의 환경에 대한 정보가 없는 상태에 어떠한 정의의 원칙을 선택할 수 있는가? 부유한 선진국들은 개발도상국에게 정의의 원칙을 선택할 수 있다. 특히 후자가 심각한 위험에 처한 경우는 신중하게 정의의 선택을 고려해야 한다.[63] 개발도상국은 권리를 상호 주장할 수 있어야 한다. 그리고 부유한 선진국들이 도움이 필요한 개발도상국에게 자비로워져야 할 만큼의 권리는 비교적 미약하다. 지금까지의 전통적인 분배정의는 공정성의 개념에 따라 분배할 것을 요구한다. 이것은 필요한 업적을 도덕적인 고찰에 의해 수정된다. 분배적 정의는 언제나 동등한 분배를 요구하는 것은 아니지만, 각기 상이하게 대우받기를 원하는 사람들은 도덕적으로 올바른 기준에 따라 증명할 책임을 져야 한다. 이런 이유 때문에 분배적 정의는 형평성의 정의를 제안한다. 따라서 분배적 정의는 업적, 응당한 보상, 도덕적인 기준에 의해 근거한다.

기후협약이 분배정의를 실현해야 한다고 할 때, 그 의미는 명확하지 않다. 기후변화협약은 개발도상국들에게 부를 재분배하는데 있어서 효과적인 방법이다. 왜냐하면 개발도상국은 기후감축의 조치로 인해 보다 많은 이익을 선진국으로부터 얻을 수 있기 때문이다. 지구 온난화는 부유한 나라들보다 개발도상국들에게 보다 부정적인 영향을 끼칠 수 있다. 왜

63) Martha Nussbaum, *Frontiers of Justice*, Vanderheiden, supra, n.4. 2005, 4쪽.

냐하면 보다 온난한 지역에 있는 개발도상국들은 농업과 같은 1차 산업 의존도가 더 높고, 제방 등 다른 대책을 마련하는 것이 어렵기 때문이다. 예컨대 탄소축적량을 450ppm에서 500ppm이라는 합리적 수준으로 제한하는 것은 선진국의 배출감축만으로 불가능하다. 현재 대기 중에 이산화탄소량이 약 380ppm이라고 하였을 경우, 매년 대략 2ppm씩 증가할 것이고, 세계경제는 50년 이내에 세 배정도로 그 규모가 성장할 것이므로 현재보다 각 GDP 단위는 세 배 정도 낮은 이산화탄소를 배출해야 500ppm이라는 목표가 달성될 수 있다(IPCC 2013).

기후변화의 정의(正義)가 개념화되기 이전에 개발도상국을 중심으로 논리가 전개되어 왔다. 개발도상국들은 선진국들의 산업개발로 지구 환경이 악화되고 기후변화가 왔음에도 불구하고 기후변화대응에 공동대응을 요구받았다. 심지어 개발도상국은 경제개발에 값싸게 동원할 수 있는 화석에너지 사용을 제한받는다고 불만을 종종 토로해 왔다. 이러한 움직임은 선진국의 자금 공여로 개발도상국의 기후변화대응을 돕는 녹색기후기금(GCF) 설치로 구체화되었다. GCF는 2015년 10개국에서 30억 달러의 자금공여를 약속했다. 예컨대 오바마 미국 대통령은 지난 G20 정상회담 기간 중 미국 정부의 30억 달러 자금공여를 약속했다. 자손을 위해 아버지 세대인 현세대가 기후변화대응에 적극 나선다는 도덕적 판단은 분명 옳지만, 기후변화 원인을 제공하지 않는 사람들이 기후변화로 고통을 받는 사실에 경각심을 가져야 한다. 즉, 기후변화대응이 머나 먼 미래가 아닌 현실에서 성과를 담보해야 한다.

가난의 문제는 분배적 정의의 문제이고, 분배적 정의의 원칙들은 이에 대한 접근 책을 유도하는 것이다. 부유한 선진국들은 가난한 사람들의 복리를 향상시킬 수 있는 개발도상국에 기부해야 하는 부담을 안고 있다. 먼저 개발도상국이 우선권을 가져야 한다. 현금의 원조가 비교적 좋은 방법이 될 수 있다. 왜냐하면 그 원조를 받는 사람들이 그들의 이익을 가장 증가시킬 수 있는 방법으로 사용될 수 있기 때문이다.[64] 분배적 정의의 관점에서 선진국이 개발도상국에 직접적인 대외원조를 통해 자금을 보낸 것이거나 다른 기후조약과 연결하여 '배출권' 혹은 현금으로 대외 원조를 하는 것은 커다란 차이가 없다. 분배적 정의의 관점에서 기후변화로 인해 누군가 타격을 많이 받거나 적게 입거나 혹은 에너지 문제에 대한 무조건적인 세금 부과를 가한다고 해서 산업 활동이 위축되는 것은 아니다. 다만 그 나라의 문제가 기후변화에 연관되어 열악한 상황에 처해 있는가의 여부다.

선진국들은 개발도상국들에게 최소한 현금 지원, 개발원조, 무역규칙의 방식들로 도와 줄 의무가 있다. 가능한 한 최소의 비용으로 배출을 감축하는 것이 선진국들의 책무이다. 배출감축의 실패가 예기치 않게 부정적 결과를 낳는다면, 분배적 이익을 위한 기후변화 목적은 나쁜 거래가 될 수 있다. 문제는 부유한 국가에게 감축 비용의 부담을 안겨 주겠지만, 언제, 어디서, 어떻게 배출이 감축되는 지를 변경하는 방법에 있어서는 아주 민감하다. 교토 의정서는 "언제, 어디서, 어떻게"라는 정책의 전형적인 실례이다. 감축은 감축비용을 크게 높이며, 부유한 선진국에 집중되어 있다.[65] 부유한 선진국들은 국가정책을 통한 재분배를 이루어내기 보다는 오히려 개별정책이 각각의 분배적 목표에 도달하기를 원한다. 선진국들은 기후변화 비용의 정책과 분배적 목표들의 효율성을 감소시키는 위험도 마다하지 않는다. 부유한 선진국들은 기후변화와 같은 어떤 정책에 대해 특별한 의무를 부과 받는 것만으로 충분하지 않다. 말하자면 선진국들은 다양한 기후변화의 분배적 접근방식에 있어서 언제, 어디서 그

64) Eric A. Posner/David Weisbach, 앞의 책, 96쪽.

65) Eric A. Posner/David Weisbach, 앞의 책, 74쪽.

리고 어떻게 라는 방식을 통해 재분배적인 부(富)를 위해 비용이 많이 드는 방식을 적용한다. 그럼에도 불구하고 선진국들은 가난한 개발도상국에 재분배하는 방법이 기후변화협약일 가능성이 있다는 점에서 동의한다.[66]

현실적으로 부유한 선진국들이 종종 침수되는 저지대 마을에 거주하는 사람들과 함께 지구 온난화로 인해 고통 받는 사람들에게 보상을 해 줄 것을 요구한다. 말하자면 개발도상국은 선진국들로부터 온실가스 감축 비용의 대부분을 부담해 줄 것을 원한다는 것과 동일한 이치다. 선진국들만이 그들의 배출 제한이 강제되거나 상대적으로 온실가스 배출권을 적게 가져야 하는 것이다. 그래서 선진국들은 지속적으로 오염을 방지하기 위해 그들의 배출권을 위해 동시에 개발도상국들에 비용을 지불해야 한다는 것이다.[67] 원칙적으로 피해자들이 가해자들 통해 어떠한 보상을 지급하게 하거나 특정 가해자들이 특정 피해자들에게 많은 부분에 대해 이전하게 하는 것을 보장받을 수 있는 것이 개괄적인 정의의 형식을 받아들일 수 있다.[68] 선진국에서 개발도상국으로의 재분배가 바람직하다면, 예컨대 미국과 같은 선진국은 자기에게 이득이 없는 협정에 참여하는 방법으로 어떤 특정한 형태의 거래를 한다는 것은 여전히 분명하지 않다.

---

66) Eric A. Posner/David Weisbach, 앞의 책, 75쪽.

67) 온실가스 배출에 대한 법적 쟁점에 대한 논의는 다음을 참조: Eduardo M. Penalver, Eduardo M. Penalver, Acts of God or Torts? Applying Tort Principles to the Problem of Climate Change, 38. natural Resources Journal 1998, 563쪽: David Hunter and James Salzman, Negligence in the Air: "The Duty of Care in Climate Change Litigation," *University of Pennsylvania Law Review*, 155 2007, 174쪽.

68) Frank Dietrich/Véronique Zanetti, *Phiilosophie der international Politik*, Hamburg, 2014, 149쪽.

따라서 앞서 언급하였듯이, 선진국들이 배출량 감축의 의무를 감수해야 한다는 주장들은 언제, 어디서, 어떻게 감축해야 할 것인 지를 거듭 촉구한다. 기후기본협약 및 교토의정서는 이러한 접근법을 지금껏 취해 왔다. 하지만 지난 교토의정서는 중국, 인도, 인도네시아, 말레시아, 브라질 등 주요 배출국들이 개발도상국들에게는 배출량 감축 의무를 규정하지 않았다. 그 대신에 선진국들에게는 그들이 부자이기 때문에 배출량 감축에 보다 집중하였다. 이러한 접근방식의 문제는 그 배출 감축의 가격을 매우 상승시키고 그 효율성을 저하시켜 결과적으로 기후변화라는 목표를 손상시킨다는 점에 있다. 따라서 배출량 감축을 부유한 선진국에만 집중시키는 것은 효율적인 기후정책은 아닌 것이다.

제 6 장

기후변화와 공감의 확장 – 제레미 리프킨의 기후변화

제6장

기후변화와 공감의 확장

-제레미 리프킨의 변화

기후변화와 인류의 미래

지난 1992년 브라질 리우회의를 앞두고 조직한 〈기후변화에 관한 유엔 기본협약〉에서 기후문제에 발생하는 책임할당의 기본적인 경향은 미래 지향적이다.

> "당사국들은 현재와 미래세대의 인류를 위해 기후계를 보호해야 한다. 형평성을 바탕으로 하고, 공통적이지만 구별되는 책임과 각자의 역량에 부합되어야 한다."[1)]

여기서 현재와 미래에 구별되는 책임의 원칙은 어떤 기준에 따라 단계화되어야 하는지 그 원칙들을 세워 미래의 기후변화에 대한 구상을 계획해야 한다. 지난 2008년 개최된 다보스포럼은 기후변화로 인해 향후 10년간 전 세계적으로 약 2천 500억 달러의 경제적 손실이 예상되고, 매년 GDP 5%에 해당하는 손실이 발생할 것이라고 진단했다. 또한 지난 2008년 9월은 유난히도 무더운 여름이었고 관측사상 열두 번째로 찌는 듯이 더운 날씨였다. 기후 전문가들은 이와 같은 더위에 주목하면서 지구가 새

1) United Nations 1992.

로운 국면에 접어든 또 다른 징후라고 경고하기에 이르렀다. 기후변화는 "과학자들이 예측했던 것보다 100년 이상"[2] 일찍 다가와 우리의 눈앞에서 진행 중이다

지난 2009년 12월 코펜하겐에서 192개국을 대표하는 각국 정상들은 인류가 직면한 가장 커다란 난제, 즉 산업화가 유발한 기후변화에 대한 해결책을 논의하기 위해 모였다. 2007년 3월 유엔의 〈기후변화에 관한 정부간 패널(Intergovermental Panel Climate Change, IPPC)〉이 파리에서 발표한 보고서는 문제의 심각성에 대한 냉혹한 진단을 내렸다. 이는 199여개 국가의 2,500명이 넘는 과학자가 현상을 분석해서 내린 결론이었다. 이는 15년에 걸쳐 발표한 일련의 보고서 가운데 네 번째로 역사상 가장 대규모의 과학 연구라 평가된다.[3]

지난 2014년 논픽션 부문에서 에미상을 수상한 외교문제 전문기자인 토마스 프리드먼은 기후변화 다큐멘터리 「Years of Living Dangerously」에서 기후변화로 인한 가뭄이 시리아 내전의 원인이라는 것을 밝혔다. 또한 2014년 발표된 「지구한계보고서」는 지난 40년 동안 전 세계 척추동물의 수가 50% 이상 감소했다고 보고한다. 척추동물이 감소한 이유는 기후변화가 중요한 원인 가운데 하나라고 밝혔다. 과학계는 지구의 한계를 예측하는 기준을 기후변화, 오존층의 파괴, 바다의 산성화, 생물다양성의 감소, 담수이용, 질소. 인의 순환, 토지 이용의 변화라고 진단한다. 인류가 자연재앙을 피하려면 각각의 기준을 설정한 한계치 안에 있어야 한다. 하지만 이미 기후변화와 생물다양성의 감소, 과영양화는 지구의 한계를 넘어섰고 바다의 산성화도 이미 문턱을 넘어섰다. 현재 동물 종의 약 $\frac{1}{3}$

---

2) 제레미 리프킨, 『공감의 시대』, 민음사, 2010, 111쪽.

3) 제레미 리프킨, 위의 책, 40쪽.: Intergovermental Panel on Climate Change. Restrieved fromhttp:www.ipcc/publication_and _data/ar4/syr/en/frontmattersforeword.html.

은 멸종 위협을 받고 있거나 멸종위기의 동물로 치닫고 있다. 따라서 기후변화는 생태계에 다음과 같은 변화를 초래한다.

> 기후변화는 다양한 생물종을 위한 지역의 적합성을 바꾸고 생태계 내에서 그들의 경쟁력을 바꾼다. 그래서 심지어 비교적 소규모의 기후변화도 일정시간이 지나면 생태계의 구성에서 커다란 변화를 초래할 수 있다.[4)]

위에서 보듯이, 기후변화는 향후 100년 이내에 지구의 온도가 1.5℃에서 3.5℃ 이상 상승하면 모든 생물가운데 최소 20%, 최대 70%가 멸종할 가능성이 있다고 IPCC는 추산한다. 지구상에 생명이 존재했던 38억 년 동안 대량 멸종의 증후가 5차례 지나갔다. 그리고 한번 사라진 생물종의 다양성을 회복하는데 평균 1,000만년이 걸렸다.[5)] 이와 같이 기후변화는 경제, 사회, 환경에 커다란 영향을 미치고 있다. 왜냐하면 지속가능발전은 경제성장과 환경보전의 균형, 그리고 사회적 형평성을 추구하고 있기 때문에 기후변화에 대한 적극적인 대응이 지속가능발전의 핵심적인 요소라 할 수 있다. 지난 2012년 개최된 유엔지속가능발전회의(Rio+20) 선언문 〈우리가 원하는 미래〉에서도 "기후변화로 인해 지속가능발전을 달성하기 위한 노력이 위협받고 있다는 것에 깊이 우려하고 있다"는 내용을 담고 있다. 즉, 우리는 지속가능발전을 담보하기 위해 기후변화의 문제를 우선적으로 해결해야 한다.

IPCC는 2100년 산업화 이전(1861~1880년) 대비 2℃ 이하로 지구 평균온도의 상승을 제한하려면 2011~2100년 사이에 지구가 배출할 수 있는 탄소 총량을 1,000Gt 이산화탄소를 제한해야 한다고 밝혔다. 향후 89년간

---

4) 제레미 리프킨, 위의 책, 60쪽.

5) 제레미 리프킨, 위의 책, 599쪽.

사용할 지구의 '탄소 예산'은 1조톤 정도를 헤아린다. 지난 2014년 11월 20일 유엔환경계획(UNEP)이 발간한 '2014 목표 대비 세계 탄소 배출량 격차 보고서(The Emissions Gap Report)'에서 세계 각국이 발표한 탄소감축목표와 지구의 남은 탄소예산을 지킬 수 있는 실제 목표 배출량 사이의 배출량 격차를 추적한 바 있다.[6] 우리는 지속가능한 발전을 담보하기 위해 기후변화의 문제를 우선적으로 인류가 공감의 차원으로 확장해 나가야 한다. 이를 뒷받침하는 차원에서 우리는 제레미 리프킨(Jeremy Rifikin)의 『엔트로피』, 『공감의 시대』, 『3차 산업혁명』 등의 저서를 중심으로 기후변화의 논의를 살펴보자.

기후변화의 환기: 지구촌 엔트로피의 청구서

리프킨은 지난 1980년에 출간한 『엔트로피』에서 처음으로 기후변화를 다루었다. 여기서 리프킨은 기후변화와 관련하여 대중의 인식을 최초로 환기시켰다. 리프킨은 1988년 연구소에서 기후변화에 대응하는 글로벌 운동을 어떻게 펼쳐야 할 것인지를 모색하기 위해 세계 각국의 환경

6) 향후 2055~2070년 사이에 지구는 78%에 달하는 가장 많은 양과 기후변화 영향력을 가진 온실기체인 '탄소'의 '배출/흡수 중립상태(탄소 중립)'에 도달해야만 한다. 또한 2080~2100년 사이에 지구는 탄소보다 배출 총량은 단위당 영향력은 훨씬 큰 메탄 등의 나머지 온실기체들도 중립상태로 만들어야 한다. 하지만 2020년 세계의 목표 탄소 배출량은 440억 톤이지만, 각국이 내놓은 감축목표를 모두 달성한다고 해도 배출량이 적어도 520억 톤을 넘을 것으로 예측한다. 최소 80억 톤 이상 탄소 적자가 발생하고 적자폭은 2030년에는 140억 톤으로 확대될 것으로 보인다. 더욱 신속하고 강력한 세계적인 수준의 탄소 감축행동이 필요한 상황이다.(환경운동연합, 2014.).

NGO들과 과학자들이 참석하는 최초의 모임을 주도했다. 인류는 200년간 산업화 생활방식을 밀어 붙이면서 석탄, 석유, 천연가스를 태워 엄청난 양의 이산화탄소를 방출해 왔다. 인류는 이미 사용한 에너지, 즉 엔트로피의 청구서는 태양의 복사열이 지구에서 벗어나지 못해 지구에 위협을 가하고 있으며, 미래의 삶에 파국적인 결말을 예고하고 있다. 대기 속에 이산화탄소가 증가하면 기온이 상승하여 북극의 얼음이 녹아 지구의 열기가 빠져 나가지 못한다. 감소한 눈의 표면은 반사 능력의 소실, 이를테면 희색은 열을 반사하고 검은색은 열을 흡수하여 지구에 빠져 나가는 열의 양이 감소한다. 이는 다시 지구의 온도를 높이고 하얀 눈을 더 빨리 녹여 플러스 피드백의 루프를 더욱 가속화한다.[7)]

리프킨에 따르면, 열역학은 과학의 개념 중에서도 가장 단순하면서도 놀랍다는 것이다. 지구 온난화는 산업혁명이 그동안 치루어 왔던 엔트로피의 수치를 의미한다. 산업화와 도시화는 엄청난 양의 석탄과 천연가스를 태웠다. 그렇게 소모된 이산화탄소의 엔트로피는 대기를 가로막고 열이 지구로 빠져 나가는 것을 가로 막고 있다.[8)] 열역학의 효율은 정체 상태를 유지한 반면에, 과거의 경제활동으로 인한 엔트로피 청구서는 놀라울 정도로 축적되어 가고 있다. 대기 및 오염수질과 재생 불가능 자원의 고갈에 수반되는 비용이 지난 2010년에 4조 5,000천 억원 달러로 추정되었다. 이것은 미국 GDP의 34%에 해당되는 금액이며 이 비율은 지난 1950년에 비해 두 배나 증가했다. 이것은 온실가스 배출에 따라 지속적으로 증가하는 엔트로피 청구서는 보고되지 않았다.[9)]

제1.2차 산업혁명에 대한 엔트로피(entrophy: 물질계의 열적 상태를 나타내는 물리

7) 제레미 리프킨, 『3차산업혁명』, 안진환 옮김, 민음사, 2012, 41쪽.

8) 제레미 리프킨, 『공감의 시대』, 597쪽.

9) 제레미 리프킨, 『3차산업혁명』, 302쪽.

량의 하나)의 자연현상은 언제나 물질계의 엔트로피가 증가하는 방향으로 일어나는데, 이를 지칭하여 엔트로피 증가의 법칙이라 말한다. 리프킨은 『엔트로피』에서 카르노에서 시작되어 톰슨(Thomson Willian)과 크라우지우스(Clausius Rudolf)에게서 제안된 열역학 제1법칙과 제2법칙이 물리학 법칙에서 근본적이라고 평가한다.[10] 제2법칙이 우주론에 갖는 의미를 처음으로 끌어낸 과학자는 벤자민 톰슨(Benjamin Thompson)이었다(1854). 톰슨의 법칙은 우리에게 다음과 같은 관점을 제시해 준다.

> 과거 일정기간 동안 지구는 인간이 살기에 부족한 곳이었을 것이다. 앞으로 일정기간 동안 또 다시 그렇게 될 것이다. 이것을 막으려면 무엇인가 조치를 취해야 하는데, 그 조치는 현재 우리가 사는 물질세계를 지배하는 법칙 하에서 불가능하다.[11]

이러한 지구의 물질세계에 대해 독일의 물리학자이나 철학자인 헬름홀츠(Hermann Ludwig Ferdinand von Helmholtz, 1821-1894)는 엔트로피 법칙에 따라 표준 우주이론을 내 놓았다. 그에 따르면, 우주는 조금씩 쇠락하여 궁극적으로는 엔트로피 극대점 또는 열 죽음의 상태에 이른다는 것이다. 리프킨은 이 단순한 열역학을 합쳐서 하나의 문장으로 다음과 같이 정리했다.

> "우주의 에너지 총량은 일정하며(제1 법칙), 엔트로피 총량은 지속적으로 증가한다(제2 법칙)[12]

무엇보다 제1법칙은 에너지를 창조하거나 파괴하는 것은 불가능하

10) 제레미 리프킨, 『엔트로피』, 이창희 옮김, 서울, 세종연구원, 2006, 55쪽.
11) 제레미 리프킨, 위의 책, 69쪽.
12) 제레미 리프킨, 위의 책, 56쪽.

다. 우주의 에너지 총량은 태초부터 정해져 있었고, 우주의 종말이 도래할지라도 변하지 않는다. 즉 제1법칙은 에너지 보존의 법칙으로서 에너지는 결코 창조되거나 파괴될 수 없으며, 한 가지 형태에서 다른 형태로 변할 뿐이다.[13] 리프킨에 따르면, 엔트로피가 증가한다는 것은 유용한 에너지가 줄어든다는 것을 뜻한다. 자연계에서 무슨 일이 일어난다는 것은 일정량의 에너지가 무용한 에너지로 전환한다는 것이다. 그래서 쓰레기란 흩어진 형태의 에너지이다. 제1법칙에 따라 에너지는 창조되거나 파괴되지 않고 단지 전환될 뿐이며, 제2법칙에 의해 한 방향으로 혼돈과 무질서를 향해 변해가기 때문에 오염이란 엔트로피의 또 다른 명칭이다. 말하자면 엔트로피란 어떤 시스템 내에 존재하는 무용 에너지의 총량을 나타낸다.[14] 에너지 제1법칙은 '우주의 에너지 총량은 일정하다'는 주장이다. 이 법칙이 의미하는 바는 에너지는 창조 될 수 없다는 뜻이다. 이런 점에서 리프킨은 에너지 제1법칙에 대해 다음과 같이 언급한다.

> 가장 중요한 것은 에너지는 창조될 수 없다는 사실이다. 그 누구도 여기에 성공한 적도 없고 앞으로도 없을 것이다. 우리가 할 수 있는 일이라곤 에너지를 어떤 상태에서 다른 상태로 바꾸는 일 뿐이다. … 존재하는 모든 것들의 형태, 모습, 운동은 에너지를 여러모로 집중 변화시킨 결과 구체적인 형태로 나타난 것에 불과하다. 인간, 초고층 빌딩, 자동차, 풀 한 포기 등은 모두 에너지가 하나의 상태에서 다른 상태로 옮겨간 모습을 보여주고 있다. … 그 에너지는 어딘가 옮겨졌을 뿐이다. "하늘 아래 새로운 것은 없다"는 말을 자주 들어 보았을 것이다. 단 한 번의 숨쉬기로 그것을 알 수 있다. … 우리가 걱정해야 할 것이 열역학 제1 법칙뿐이라면 에너지가 고갈될 걱정은 할 필요가 없을 것이다. 그러나 세상은 그렇지 않다. 예를 들어 석탄 한 조각을 태운다면 태우

---

13) 제레미 리프킨, 위의 책, 56쪽.

14) 제레미 리프킨, 위의 책, 59쪽.

기 전과 후의 에너지 총량은 같겠지만 … 이 석탄 한 조각을 다시 태워서 같은 일을 하게 할 수는 없음을 우리는 알고 있다.[15]

여기서 에너지 총량은 동일하다는 에너지 제1법칙은 활용가치의 하락을 함축한다. 즉 그것은 제 2법칙인 에너지 하락 법칙이다. 에너지 보존 법칙은 주로 양에 대한 문제를 다룬다. 여기서 우주의 총량은 불변한다.

열역학 제1 법칙은 마치 에너지 계좌에 대차대조표를 맞추듯, 일을 열로 바꾸든 열을 일로 바꾸든 총합은 항상 일정해야 함을 뜻한다. 예를 들어, 뜨거운 물과 차가운 물을 섞으며 뜨거운 물에서 차가운 물로 열이 이동해 온도가 같아지게 된다. 이 과정에서 뜨거운 물이 준 열량과 차가운 물이 받은 열량은 같으며, 이를 '에너지가 보존 된다.' 그러나 차가운 물에서 뜨거운 물로 열이 이동할 수는 없다. 이와 같이 어느 한쪽방향으로 일어나는 과정을 '비가역 과정' 이라 한다.[16]

위 인용문에서 보듯이, 물질의 비가역성은 물질의 시간성을 상정한다. 이는 에너지가 한 쪽에서 다른 한 쪽으로 흐른다. 시간은 언제나 한 방향으로만 흘러간다. 그렇지만 시간이 어떤 목표를 향해 나간다고 말할 수는 없다. 시간은 어떤 목적을 갖고 있지 않다. 시간이 흘러가는 유일한 목적을 찾는다면, 열적평형으로 향해 간다는 사실이다. 엔트로피가 보여주는 과거와 미래는 에너지가 질서 있는 것에서 무질서로 저-엔트로피의 상태에서 고-엔트로피로 향한다. 어느 물리법칙도 이것을 벗어나서 새로운 물리법칙을 세울 수 없다.[17] 이러한 측정을 벗어나 있는 잠재적인 것

15) 제레미 리프킨, 위의 책, 57쪽.

16) 정갑수, 「물리법칙으로 이루어진 세상」, 다른, 2007, 70쪽.

17) 엔트로피는 주어진 물리계의 무질서를 나타내는 척도이다. 우주는 과거에 지극히 무질서한 상태(고-엔트로피)에서 시작되어 통계적으로 아주 희귀한 요동을 겪으

은 어떤 힘을 보존하고 있는 것처럼 보인다. 그 힘이 바로 에너지다. 엔트로피는 비가역적인 시간이다. 즉 한번 사용된 에너지는 다시 되돌려 사용할 수 없다. 그것이 바로 시간의 비가역성이다.

현대 과학자들은 생명이 엔트로피를 거스른다는 사실을 인정하고 있지만, 엔트로피를 회피해 지나갈 수 있는 방법은 없다고 말한다. 양자물리학자 슈뢰딩거(Eewin Schrodingera)는 『생명이란 무엇인가』(1988)에서 생명의 본질을 두 가지 관점에서 말한다. 하나는 부호기록(Codescript)이고 다른 하나는 부(否) 엔트로피(negative entropy)이다. 첫째는 염색체 안에 부호기록이 있어야 장차 이것이 검은 장닭이 될지 아니면 점박이 암탉이 될지를 판별할 수 있게 된다는 것이다. 이후 부호기록은 핵산염기 배열을 지닌 DNA 분자를 지칭한 것이다. 둘째, 우주는 점차 엔트로피가 높아감으로써 두 질서를 이행하는데 그것이 생명을 유지하려면 일정한 기간 동안 자체적으로 질서 자체를 구비한다. 즉, 엔트로피 흐름에 저항하는 부 엔트로피를 갖추어야 한다는 것이다.[18] 슈뢰딩거에게서 "모든 생물은 주변 환경으로부터 마이너스 엔트로피를 지속적으로 흡수하여 살아간다. 마이너

면서 지금의 상태로 진화해 왔을 가능성이 높다. 또한 "엔트로피가 미래로 진행될 경우에만 증가하고 과거로 거슬러 올라가면 감소한다는 관점을 고수하면서, 시공간 속의 시간에 대하여 비대칭적으로 일어나는 이유를 설명할 수 있을 것인가? 빅뱅에서 탄생한 우주는 매우 작은 엔트로피에서 시작하여 지금의 상태로 진화해 왔다. 우리의 눈에 보이는 우주의 질서는 '우주적 유물'인 셈이다. 모든 생성과정에서 총 엔트로피는 꾸준히 증가한다. 기체가 더욱 작은 영역 속에 뭉칠수록 총 엔트로피는 더 크게 증가한다. "미래는 엔트로피가 증가하는 방향이다. 시간이 흐르는 방향, 어떤 사물이 '이런'상태에서 '저런'상태로 변할 수는 있지만 '저런'상태에서 '이런'상태로 변할 수 없다는 제한 조건은 고도의 질서가 갖추어진 저-엔트로피 상태의 초기 우주에서 이미 결정되었다."(브라이언 그린, 『우주의 구조』, 박병철 옮김, 승산, 2007, 246-260쪽.).

18) 에르빈 슈뢰딩거, 『생명이란 무엇인가 · 정신과 물질』, 전대호 옮김, 서울, 궁리. 2013, 118쪽.

스 엔트로피야 말로 생명체의 양식이다. 생명체는 주변 환경의 질서를 파괴하여 자기 몸에 흡수하지 않으면 살아가지 못한다.[19]" 이러한 이유로 슈뢰딩거는 다음과 같이 엔트로피를 언급하고 있다.

> 살아 있는 유기체는 어떻게 평형상태로의 파멸을 면하는 것일까? 자명한 대답이 있다. 그것은 먹고, 마시고, 숨 쉬고 동화하기 때문이다. 이런 활동을 가리키는 전문용어가 물질대사(metabolism)이다. … 모든 과정, 사건, 일 (뭐라 불러도 좋다) 한마디로 자연 속에서 일어나는 모든 일은 그 일이 일어나는 장소 근처의 엔트로피가 증가하는 것을 의미한다. … 물질대사의 핵심은 유기체가 살아 있는 동안 불가피하게 산출하는 엔트로피를 유기체 자신에게서 성공적으로 떨어내는 것이다.[20]

에너지 보존 법칙에 따르면, 우주의 에너지 총량은 동일하다는 것이다. 즉 에너지는 최대의 상태에서 한번 주어진 것이다. 따라서 에너지는 여러 상태의 에너지에서 다른 그 밖의 상태의 에너지로 이동이 있을 뿐이지 에너지가 소비되어 사라지지 않는 것을 전제한다. 또한 에너지 하락 법칙은 사용가능한 에너지가 한번 사용되는 가용할 에너지로 변화하지 않는다는 관점에서 논의된다. 예컨대 한번 사용된 석탄은 어떠한 방법을 동원해도 다시 처음의 석탄으로 되돌릴 수 없는 것과 같은 이치다. 과학기술의 발전으로 인해 석탄을 재활용할 수 있을지라도 그 이전 석탄을 100% 사용할 수 없다. 엔트로피의 법칙에 따르면, 재활용의 최대는 30% 이내이며 30%를 완전히 재활용하려면 다른 에너지를 그 이상 사용해야 한다. 즉 이러한 수치에 따라 에너지 재활용은 그렇게 엔트로피 증가를 억제하는 효율적인 방식은 아니다. 엔트로피는 시간의 화살의 방향과 동

---

19) 제레미 리프킨, 『엔트로피』, 79쪽.

20) 에르빈 슈뢰딩거, 앞의 책, 119-121쪽.

일하기 때문에 되돌아오지 않는다. 리프킨에 따르면, 지구상에는 두 가지 유용한 에너지원이 있다. 즉, 하나는 지구전체에 있는 에너지원이고, 다른 하나는 태양에 흘러들어오는 에너지원이다.

> 지구상의 에너지원은 두 가지가 있다. 하나는 인간의 시간단위로 재생 가능한 것이고, 다른 하나는 지질학적 시간 단위로만 재생가능해서 인간에게는 사실상 재생 불가능한 것이다. 또한 지구 자체의 저-엔트로피의 원천은 에너지와 물질로 분리될 수 있다. 지구자체의 재생 가능한 에너지원도 총량이 한정되어 있어서 고갈될 때까지 소비하면 재생 가능한 에너지원과 같아진다. 태양 에너지도 총량에 있어서 무한하지만 지구에 도달하는 비율과 형태가 지극히 제한되어 있다.[21]

우리의 은하에는 우리에게 잘 알려진 항성계, 바로 태양이 있다. 태양은 자신이 이끄는 많은 행성에게 열에너지를 전달한다. 물론 열에너지는 태양계에만 한정된 것이 아니라 항성계에도 크고 작은 영향을 미친다. 무한한 우주에서 우리의 행성이나 항성들은 은하계를 형성하고 있다. 이때 항성은 행성에 비해 저-엔트로피 현상을 보인다. 그런데 이러한 저-엔트로피 현상에 생명이 있다. 생명은 우주에서 질서를 가져다주는 물질을 탄생시킨다. 저-엔트로피의 상태는 주변의 무한한 우주를 생각하면, 그 엔트로피의 증가량은 그다지 높지 않다.

그러나 지구라는 한정된 장소는 엔트로피의 증가를 빠르게 목격하고 있다. 엔트로피의 증가는 고-엔트로피 상태를 늦추는 것만이 아니라 저-엔트로피를 만들어 내는 생명에 한갓 만족하지 않는다. 저-엔트로피는 자신과 같은 질서를 계속해서 생산해 낸다. 또한 저-엔트로피는 물리적 법칙을 벗어나서 스스로 행동한다. 따라서 리프킨에게 있어서 공감적 세

---

21) 제레미 리프킨, 『엔트로피』, 60쪽.

계시민주의는 엔트로피 발자국을 가장 많이 남는 장본인이다.[22] 하지만 개인이 세계시민주의에 가까워질수록 지구의 에너지와 자원으로부터 받는 혜택은 점점 줄어들고 있다.

기후변화와 생태적 세계시민주의

기후변화가 초래한 가뭄이 미국이외에 다른 지역까지 확산되면서 농업생산량이 감소하고 있다. 최근 한 연구는 전 세계적으로 21세기 중반까지 가뭄이 두 배 이상 더 빈번하게 발생할 것이며, 21세기 말에는 세 배나 더 자주 발생할 것으로 예측했다.[23]

지난 2014년 덴마크 코펜하겐에서 열린 기후변화에 관한 정부간 협의체(IPCC) 제40차 총회(10월 27~31일)는 '기후변화에 대한 IPCC 제5차 평가종합보고서(Climate Change 2014 Synthesis Report)'를 승인하였다. 이 보고서는 '기후변화에 대한 인류의 영향은 95퍼센트 이상 수준으로 명백하다'고 확언했다. 우리나라의 온실가스 누적배출량은 108.4억tCO_2(1850~2008, WRI CAIT, 에너지 사용에 따른 CO_2 기준)으로 세계 19위, 2011년 배출량은 697.7$MtCO_2$으로 세

22) 제레미 리프킨, 『공감의 시대』, 2010, 542쪽.

23) 제레미 리프킨, 『한계비용제로사회』, 민음사, 2015, 466쪽. 2050년까지 남아시아가 가장 심한 기후변화의 영향을 받을 것으로 예측한다. 2000년 수준에서 밀생산량은 50%, 쌀 생산량은 17%, 옥수수 생산량은 6% 감소할 것으로 예상한다. 2050년까지 동아시아 태평양지역의 쌀 생산량은 20%, 밀생산량은 16%, 옥수수 생산량은 4% 감소할 것이다. 평균 칼로리 가용성은 2050년까지 245감소할 것으로 예상되며, 영양실조에 걸리는 아동 수는 나아시아의 경우 59만명, 동아시아와 태평양 지역의 경우 약 1,400만 명으로 증가할 것으로 예상된다. (제레미 리프킨, 『한계비용제로사회』, 466쪽.)

계 8위(2013, GIR)이며, 화석연료 연소기준 약 585.7MGtCO_2으로 세계 7위(2013, IEA)이다. 지난 이명박 정부 들어 온실가스 감축을 위해 지난 2009년 '녹색성장기본법'을 제정하였고, 향후 2020년까지 배출전망치(BAU) 대비 30%를 감축하겠다고 밝혔다. 이를 위해 지난 2010년부터 '온실가스 · 에너지 목표관리제'와 '온실가스 배출권거래제'를 시행하기로 확정했다. 또한 신재생에너지 공급 비중은 2030년까지 11%로 확대하겠다고 했지만, 온실가스 배출량은 2010년 9.8%, 2011년 4.4% 증가하는 등 지속적인 증가 추세를 보이고 있다.

리프킨은 글로벌화가 진행되는 세계에서 새로운 세계시민주의를 낳았다고 말한다. 새로운 세계시민주의는 다중의 정체성과 다중의 신분으로 지구 곳곳에 제집 드나들듯이 한다. 세계시민주의는 자신이 원하기만 하면, 갓 태동한 생물권 의식의 선발대가 될 수 있다. 모순이 있다면, 개인이 세계시민주의에 가까울수록 지구의 에너지자원으로부터 받는 혜택은 점점 줄어든다는 사실이다. 이러한 세계시민주의의 뿌리는 고대 그리스의 도시국가에 다다른다. 세계시민주의는 세계를 뜻하는 그리스어의 코스모와 도시를 뜻하는 폴리스가 결합된 말이다. 세계시민주의의 어원은 그리스어 코스무 폴리테스(Kosmou Polities)라는 개념에서 나왔다. 이 개념의 그리스어는 코스모스, 즉 세계의 시민을 의미한다. 폴리테스, 이를테면 시민은 스스로 충성을 맹세한 특정한 폴리스(polis)에 속해 있다. 그 당시 코스모스는 지구라는 의미가 아니라 우주라는 뜻에서 세계를 지칭했다.[24] 이런 측면에서 세계시민주의는 본래 모든 시민들이 여러 공동체 가운데 한 공동체에 속해야 한다는 전통적인 관점을 거부한다. 세계시민주

24) 세계시민주의의 개념 및 세계시민주의에 대한 자세한 내용은 다음을 참조: 양해림, 「세계시민주의와 세계시민권-하버마스의 논의를 중심으로-」, 『동서철학연구』, 한국동서철학회, 2014, 423-450쪽.

의가 된다는 것은 '세계의 시민'이 된다는 뜻이다.[25] 세계시민이 가능하기 위해서는 세계시민으로 살아갈 수 있는 조건이 마련되어야 한다. 칸트(Immanual Kant)는 「세계시민적 관점에서 본 보편사의 이념」의 4명제를 다음과 같이 기술한다.

> 자연이 인간들의 모든 소질을 계발시키기 위해 사용하는 수단은, 이 항쟁이 궁극적으로 사회의 합법적인 질서의 원인이 되는 한에서, 사회 속에서의 인간들 상호간의 항쟁이다. 내가 여기서 말하고 있는 항쟁은 인간의 반사회적 사회성을 의미한다. 끊임없이 사회를 파괴하려고 위협하는 일반적인 저항들과 결합되어 있으면서도 사회를 이루고 살려는 인간의 성향을 일컫는다. 더욱이 소질은 인간의 본성에 존재하는 것이다.[26]

인류에게 무엇이 더 좋은지를 더 잘 알고 있는 자연은 인간의 불화를 원한다. 인간의 끝없는 악의적 경쟁심, 한없는 소유욕과 지배력, 그리고 자연을 정복하고자 하는 욕구를 통해 인간의 악행의 싹을 키워왔다. 인간의 반사회성은 개인들 간에 작동하는 것이 아니라 국가들 간에도 첨예하게 작동한다. 세계국가를 둘러싼 최근의 이론적 논의의 대부분은 칸트의 『영구평화론』(1796)과 깊게 관련되어 진행되어 왔다. 고전적 국제법의 규범적 내용은 오직 주권국가, 인구와 영토 그리고 실제적인 정치력이나 경제력 규모의 차이에 관계없이 상대를 국제법의 주체로 인정하여 동등한 지위를 부여하는 것에 제한하고자 한다. 특히 고전적 국제법은 자신의 가정(假定)에 따라 국제법의 주체에서 부여된 형식적으로 동등한 지위가 사실상 권력균형에 의해 뒷받침 되었을 경우에만 본래의 안정화를 행사할

---

25) John Tomlinson, *Globalization and Culture*, Chicago: University of Chicago Press, 1999, 184쪽.

26) 임마누엘 칸트, 『영구평화론』, 이한구 옮김, 서광사, 2008, 29쪽.

수 있다. 또한 그것은 항상 교전 중인 당사자들이 도덕적으로 터부시되는 폭력사용을 제한하는 것에 암묵적인 합의를 받아들일 것을 제안한다.

칸트의 『영구평화론』에 대한 해석자들은 이러한 제안에 대해 다소 부정적이다. 국가간 차원에서 지역적으로 조직된 제도와 협상체계들이 유럽연합의 모델에 따라 경제나 환경문제와 같이 국경을 초월한 주요문제들에 대해 법적 구속력이 있는 합의에 당연히 도달해야 한다. 하지만 "정치적으로 구성된 세계 공동체"의 이념을 세계국가로 오해해서는 안 된다. 왜냐하면 세계기구가 세계중앙 정부의 성격을 모두 아우를 수는 없기 때문이다. 유엔은 시민과 국가의 정치적인 공동체를 평화의 안전과 인권의 글러벌한 실행을 한정지었다. 또한 유엔은 세계경제와 환경문제를 지속적인 협의와 협상체계의 틀 속에서 주요의제를 다루어 왔다.

현재 미국을 제외한 2012년 이후 포스트 도쿄기후변화정책을 실행하기 위해 "필요한 권력과 충분히 대표적 협상권한을 갖춘 세계적 차원의 행위주체로 나서야 하는 절박한 상황에 있다. 왜냐하면 세계기구가 오직 평화보장과 인권정책" 그리고 환경과 기후변화라는 삶의 가장 당면한 현실문제들에 한정하여 신경을 써야 하기 때문이다. 이미 우리 인류는 지난 20세기 들어 제1,2차 세계대전을 겪었다. 그 전쟁의 여파는 상당히 컸지만, 미래의 전면전 전쟁이 초래할 가공할 결과의 파장은 아니다. 전쟁의 위협은 기후의 변화와 같은 자연재앙과 함께 인류의 미래를 불투명하게 만드는 주된 요인이다.[27] 세계시민주의 사회의 위험은 경제위기, 자원위기, 환경위기(기후변화)의 위기가 결합된 복합된 위기를 뜻한다. 이 위기의 충격은 국가들 마다 상이하지만, 위기의 해결을 둘러싸고 국가들 사이에 첨예한 갈등을 초래하고 있다.[28]

---

27) 김혜숙, 「세계시민사회와 평화의 정초」, 「철학과 현실」, 2014, 101쪽.

28) 임현진, 「지구시민사회의 구조와 역학: 이론과 실제」, 나남, 2012, 21-23쪽.

첫째, 특정국가에서 시작된 경제위기는 다른 국가에 빠르게 전파되었다. 지난 2007~2008년 금융위기에서처럼, 미국의 부동산시장에서 시작된 경제위기는 복잡한 금융상품들의 매개를 거쳐 전 지구적인 금융위기로 확대되었다.

둘째, 자연자원의 위기가 급속도로 진행되고 있다. 지구온난화로 인한 가뭄 때문에 북미, 남미, 아프리카, 동남아 지역에서 식량생산이 어려움에 빠졌을 뿐만 아니라 거대 곡물기업의 등장으로 식량의 독과점 문제가 발생했다. 지난 2007년과 2008년 사이에 식량문제로 소요를 일으킨 나라는 30개국에 달했다.[29] 이 때문에 식량가격이 폭등하고 일부 국가에서는 식량주권의 위기가 나타나고 있다. 자원문제 가운데 가장 심각한 문제는 에너지와 관련된다. 화석연료에 대한 지나친 의존도는 만성적인 유가상승으로 나타나며, 거대 석유기업의 독점으로 만성적인 유가상승을 낳는다. 또한 석유를 대체하는 주요 에너지인 원자력은 일본 후쿠시마 사고에서 보듯이, 그 위험성이 적나라하게 노출되었다.[30]

에너지경제연구원에 따르면, 우리나라의 전기가격은 석유환산톤(TOE) 당 1천 82달러로 등유 가격 1천 753달러에 비해 40%나 저렴한 것으로 나타났다. 최근 10년 동안 에너지 사용 효율이 낮은 전력 사용량이 68% 증가한 반면에 등유 소비는 62% 감소했다. 따라서 온실가스 배출량을 줄이기 위해서는 에너지 가격구조의 개선이 시급하며, 석탄과 같이 온실가스 배출량이 상대적으로 많은 연료의 사용을 억제하는 방향으로 세제 개편이 이루어져야 한다. 온실가스 배출의 주원인인 화석연료의 사용량을 줄이기 위해서 신재생에너지 비중을 높여야 한다.

지난 2012년 기준 우리나라의 신재생에너지 비중은 3.2%로, 독일

29) 제러미 리프킨, 『공감의 시대』, 547쪽.

30) 임현진, 「복합위기 시대와 지구시민사회」, 「철학과 현실」, 2014, 106쪽.

(12.0%), 덴마크(26.8%), 프랑스(8.4%) 등에 비해 크게 낮은 수준이다. 정부에서는 2030년까지 신재생에너지 비중을 11%로 확대하기로 하였다. 하지만 육상풍력은 경관 훼손과 소음으로 인한 민원 제기로, 해상풍력은 어업권 보상 문제로, 조력발전은 생태계 교란 등의 부작용으로 난관에 부딪히고 있다. 따라서 신재생에너지 보급을 활성화하기 위해서는 지역 선호도 및 수용성에 기초한 지역기반 신재생에너지 보급 로드맵을 개발하고, 지자체 주도형 보급 프로그램을 추진하면서 다양한 주민지원책을 도입해야 한다.

셋째, 기후변화에 따른 지구온난화에서처럼, 환경위기가 점점 심각해지고 있다. 예측하기 힘든 기후변화는 이미 남반구에서 극빈 지역의 농업에 영향을 주었다. 기후변화는 가뭄과 홍수를 야기했고, 극심할 정도로 비상적인 날씨는 세계 여러 지역의 식량생산에 많은 타격을 안겨 주었다. 개발도상국의 급속한 산업화에 따라 이산화탄소량이 증가하여 기후가 바뀌고 산림이 사라지고, 무분별한 해안연안 개발로 갯벌과 습지가 유실되고, 해양오염도 심해지고 있다. 지나친 화석연료 의존도와 일상화된 에너지의 낭비로 에너지위기와 함께 환경위기의 가능성으로 증가하고 있다.[31]

이와 같이 리프킨에 따르면, 상업적 유대와 공감적 유대가 밀접하게 연결되어 있다면, 이 양자(兩者)의 관계는 공생적이다. 거래의 역사에서 사회적 거래가 상업적 거래에 앞선다는 사실을 인류학자들은 말해 왔다. 예컨대 뉴기섬 동쪽에 있는 트로브리안드 제도의 주민들은 조개껍데기를 정교한 사회적 거래의 수단으로 사용해 왔다. 그들은 종종 카누를 타고 멀리 떨어진 섬으로 여행할 때 사회적 신용의 유대감을 다지는 수단으로 이 징표를 주고받았다. 트로브리안 제도에서 상업적 교환은 언제나 사회

31) 임현진, 「복합위기 시대와 지구시민사회」, 107쪽.

적 교환이 다음이었다.[32] 이것은 문화적 자본이 상업적 자본에 선행하며, 상업은 문화적 관계의 확장일 뿐이지 인류의 일상사에 일차적 제도는 오래된 지혜를 확인시켜 주고 있다. 리프킨이 보기에 세계시민주의는 공감적 감성과 상업적 감성이 교차하는 민감한 줄타기 게임이다. 세계시민주의로 편입된다는 것은 타자에게 마음을 열고 다양한 문화에서 편안함을 느끼는 것이다. 다양한 사람들과 자주 만나 공감적 유대감을 형성하는 세계시민주의는 결국 차별화되어 있고, 개성이 강하며 정체성도 다양하고 소속된 곳도 많으며 세련된 자의식을 갖게 된다.[33] 여기서 공감적 유대감은 세계시민을 만들어 내는 수업이다. 즉 모두가 같은 구명정에 탔다는 생각을 바탕으로 어려서부터 사회적 책임감과 공감적 윤리를 심어준다. 자라나는 세대들은 남을 배려하고 평화를 사랑하며 시민이 주도하는 사회를 만들어 나갈 수 있다.[34] 따라서 아래로부터의 세계시민주의는 다음과 같은 특징을 갖고 있다.

> 아래로부터의 세계시민주의는 일상생활에서 융합과 교잡을 만들어 낸다. 그때 집단들은 각 집단의 정체성에 대한 어떤 초월을 요구하는 삶의 실질적 문제를 해결하면서 단순히 함께 지낸다는 사실을 기반으로 하나의 이웃과 하나의 역사와 하나의 기억을 공유한다.[35]

지역주민들의 문화교류를 유발하는 가장 강력한 동인은 정원 가꾸기, 즉 원예이다. 이웃끼리 거리나 뒷마당 담장에서 나누는 대화의 대부분은 원예에 대한 정보이다. 꽃이나 나무 가꾸는 방법을 놓고 토론하고 의견을

32) 제레미 리프킨, 『공감의 시대』, 541쪽.
33) 제레미 리프킨, 위의 책, 541쪽.
34) Mary Gorden, *Roots of Empathy*, Toronto, 2005, xvii.
35) 제레미 리프킨, 『공감의 시대』, 543쪽.

주고받는다. 씨앗이나 열매를 나누고 조리법도 교환한다. 동네의 일상적 세계시민주의의 생태의식에 힘입어 어떤 곳에서도 보기 드문 초소형 생태를 만들기도 한다. 이러한 현상을 세계시민주의의 생태(cosmopolitan ecology)라 부르기도 한다.[36] 따라서 지역차원의 세계시민주의는 의식하지 못하는 사이에 하나의 문화가 다른 문화로 스며들 경우, 상호간에 문화를 바꾸어 놓을 수 있다.

기후변화와 공감의 확장

지난 2013년 IPCC 제5차 평가보고서는 인간 활동에 의한 온실가스의 배출이 기후변화를 초래했을 가능성이 '대단히 높다'고 밝혔다. 기후변화로 인해 지구의 평균온도는 지난 100년간 약 0.8℃ 상승했다. 이로 인해 지구상의 생태계 균형이 상당부분 파괴되었고, 강우패턴이 변화하며, 해수면이 급속히 상승하고 있다. 지구상에 부유한 선진국이든 개발도상국이든지간에 온실가스 배출이 지속적으로 증가한다면, 인류에 큰 재앙이 될 것이라는 관측은 어렵지 않다. 또한 현재와 같은 화석연료 기반에 둔 경제성장이 지속될 경우, 21세기 말 대기 중 온실가스 농도는 936ppm으로 상승하여 지구평균 기온은 3.7℃까지 상승할 것으로 전망한다. 한국의 평균 기온은 지난 100년간 1.8℃ 상승해 지구 평균보다 2배 이상 높은 상승추세를 보여 왔다. 이와 같은 조건에서 21세기 말 한국의 평균기온은 5.9℃ 상승할 것이며 지구 평균보다 높은 온도상승률을 보일 것이라 예측한다.

36) 제레미 리프킨, 위의 책, 544쪽.

리프킨은 『공감의 시대』(2009)의 방대한 저서를 통해 사회적 관계에서 공감에 대해 많은 반향을 불러일으킨 바 있다. 먼저 인문학자들은 정서적 지능이라는 분야에서 공감적 조율이라는 카드를 꺼내 들었다. 상업적 교환은 사회적 신뢰를 먼저 세워주는 공감의 확장 없이는 불가능하다. 상업적 교환이 공리적이고 도구적이고 착취적인 본성은 그것의 작동을 가능하게 만드는 사회적 자본을 고갈시킬 수 있다.[37] 리프킨에 따르면, 공감적 유대감과 상업적 유대감의 관계는 동시에 복잡하면서도 위태롭다. 왜냐하면 공감의 확장은 당장 혹은 미래에 상대방을 위한 호혜성을 고려하지 않은 채 무료로 주어지는 조건이 주어지지 않는 선물이기 때문이다.[38] 공감의 확장은 중요한 징표로서 아이들의 심리적 상태를 판단할 수 있다. 예컨대 공감의 확장은 석유와 석탄과 천연가스와 같은 일정 분량의 에너지를 꾸준히 제공해 주어야 한다. 최근 들어 화석연료의 중독에 대한 총비용이 세계 경제의 걸림돌로 작용한 황혼기에 이미 접어들었다는 공감대가 형성되어 가고 있다. 동시에 화석연로를 태우면서 배출되는 이산화탄소의 급격한 증가는 지구의 온도를 상승시키고 있다. 따라서 세계인류는 어느 지역에서든지 전례가 없을 정도로 이상 기후현상을 초래하면서 인간문명의 생태계에 불길한 미래를 예고하고 있다.[39] 앞서 언급하였듯이, 공감의 확장은 기후변화에 중요한 관점을 제공한다. 그러면 공감의 개념을 살펴보도록 하자.

애초에 자아의식의 발달은 공감의식과 밀접한 관계에 있다. 공감의 개념은 지난 1909년 근대 심리학이 의식과 무의식의 내적 역학 원리를 탐구하기 시작한 시점과 일치한다. 우리는 흔히 동정(sympathy)과 공감(empathy)

---

37) 제레미 리프킨, 위의 책, 541쪽.

38) 제레미 리프킨, 위의 책, 541쪽.

39) 제레미 리프킨, 위의 책, 542쪽.

을 구분하여 설명한다. sympathy는 동정으로 '남의 아픔을 이해하는 것'[40]에 불과하다. 동정은 "다른 사람의 상황에 동의하거나 느끼는 것"[41]으로 그들과 같아지려는 것을 의미한다. empathy는 공감으로서 '남의 아픔을 느끼며 같이 아플 수 있다는 것'을 뜻한다. 즉 공감은 동정과 관련이 있지만, 서로 상이한 차이가 있다. 공감은 다른 사람의 기분과 경험을 감정적으로 이해하는 능력이다. 공감은 다른 사람의 느낌들을 공유하는 감각을 말한다. 공감은 라틴어로 '내면을 느끼는 것', 또는 '~와 느끼는 것'을 말한다. 인간은 마음의 이론으로 가장 깊숙한 내면의 느낌과 생각의 성격을 다른 사람의 내밀한 감정과 연관 지어 생각하게 된 것이다.[42] 그들이 공감의 존재를 인식하고 그것을 토론할 적절한 은유를 발견하고 깊이 감추어진 복합적인 의미를 증명할 수 있게 된 것은 마음의 이론(theory of mind)이 정립되는 자아의식이 발달했을 시기였다.[43] 마음의 이론은 보통 인지와 정서적 측면을 포함해서 다른 사람의 마음뿐만 아니라 우리 자신의 마음을 이해하는 복잡한 초인지적 이해를 갖고 있다는 아이디어를 부각하기 위해 종종 사용된다.[44]

이렇듯 공감은 어떤 내적 상태, 대리적, 정의적 대응, 그리고 어느 문화에서도 존재한다. 단지 어느 문화든지 공감을 얼마나 확장하거나 제한하느냐 문제일 뿐이다. 생존사회에서 공감의 유대감이 제대로 발전할 수 없어 가까운 관계에서만 이루어질 정도로 빈약하고 위축되어 있다.[45] 여

40) 동정은 희랍어의 sympatheia에서 유래했다. 이 개념은 '함께'(sym)와 '고통하는'(pathos)의 두 부분으로 구성된 합성어이다(박성희, 『공감학-어제와 오늘』, 학지사, 2010, 36쪽).

41) 폴 에얼릭 · 로버트 온스타인, 『공감의 진화』, 고기탁 옮김, 에이도스, 2012, 9쪽.

42) 제레미 리프킨, 『공감의 시대』, 18쪽.

43) 제레미 리프킨, 위의 책, 2010, 18쪽.

44) Bernard J. Baars, Nicole M. Cage, 『인지, 뇌, 의식』, 교보문고, 2011, 386쪽.

기서 공감의식의 확대는 인간에 대한 배려에 멈추지 않는다. 인간의 공감의식은 이제 인류를 넘어 다른 생물 종에 이르기까지 확대될 조짐을 보이고 있다. 공감의식은 인간이 아닌 생물에 이르기까지 인정의 대상에 포함시켜야 한다는 관점은 논란의 여지가 있다. 하지만 공감의식은 다른 종에 이르기까지 보다 확대해 나가면서 지구에 사는 다른 존재와의 관계에 대해 심도 있는 논의를 전개해 나가야 한다.[46] 따라서 인간이 초래한 기후변화의 문제는 다음과 같이 불길한 재앙을 예고하고 있다.

> 인류가 어떤 행성을 문명이 발달하고 지구상의 생물이 적응해 온 상태와 비슷한 수준으로 보존하고 싶다면 고기후적 증거와 지속적인 기후변화의 측면에서 이산화탄소를 현재의 385ppm에서 적어도 350ppm까지는 줄여야 한다는 사실을 의미한다. 하지만 그럴 가능성은 별로 없다.[47]

세계 각국이 논의하고 있는 현재의 기준치를 넘어 그 이상의 감축이 필요한 시점이다. 복잡한 글러벌 현대사회는 순수한 일차 생산량의 24%를 소모하고 있다. 이는 광합성으로 유기물질을 기르는데 전환되는 태양에너지와 같은 양이다. 리프킨에게 있어서 지구상의 인간들은 경제적 안정을 이루기 위해 지구의 엄청남 양의 에너지와 자원을 착취하였고, 그 여파로 공감의식도 점차 생겨났다. 하지만 공감의식이 급격히 확대되는 현상은 지구의 여러 지역을 황무지로 만들어 놓고 인류를 더욱 가난에 빠트린 엔트로피 흐름의 증가로 나타났다.[48] 따라서 세계시민적 가치를 지향하는 나라는 점점 감소하고 있다.

---

45) 제레미 리프킨, 『공감의 시대』, 564쪽.

46) 제레미 리프킨, 위의 책, 583쪽.

47) L. Rayer and James Zachos, 2008, 217쪽.

48) 제레미 리프킨, 『공감의 시대』, 565쪽.

제 7 장

기후변화와 탈핵의 정치

제7장
기후변화와 탈핵의 정치

기후변화와 위험

최근 한국 사회에서 위험사회의 징후가 부쩍 잦아지고 있다. 기후변화의 이상기후로 인해 대지진과 쓰나미가 빈발하는 지구촌에서 지난 구(舊) 소련의 체르노빌과 일본의 후쿠시마와 같은 엄청난 재앙의 핵 발전사고를 경험하고도 견고하게 핵발전소 건설을 지속적으로 추진하고 원전의 수출확대를 외치는 위험사회를 살아가고 있다. 특히 핵 발전은 과학기술로 인한 의도하지 않은 위험들이다. 위험사회시대에 한국정부와 과학자들은 핵발전소와 같은 과학기술의 결과물들을 안전하다고 강조하고, 시민들은 이를 믿지 못하고 거리로 뛰쳐나오는 갈등도 비일비재하게 발생하고 있다.

현대사회에서 "위험은 아직 일어나지 않았지만, 다가오고 있는 파국과 관련"[1]이 있다. 특히 원자력 기술자들은 일반적으로 무조건적으로 원자력 발전소가 안전하다고 얘기하는 경향이 짙었다. 최근 들어 이런 분위기는 점차 바뀌고 있다. 과거에는 원자력 전문가들만 원전을 다루었지만, 최근에는 비전문가 그리고 원전에 반대하는 사람들도 다루고 있다. 아직

1) 울리히 벡, 『위험사회-새로운 근대성을 향하여』, 새물결, 1997, 73쪽.

소수이기는 하나 진보매체를 비롯한 매스미디어도 이제 반대편의 얘기도 전하고 있다. 특히 이들이 원전 이외의 대안을 얘기하면서 무게중심이 반대 진영으로 넘어왔다. 과학은 예전처럼 유일하고 지고의 불변하는 진리가 아니다. 이제 핵과 과학기술의 결과물들은 보는 입장에 따라 다르며 어떤 측면에서는 다분히 당파적이라는 사실을 알아야 한다.

주지하듯이, 20세기 산업문명이 도처에서 연출하고 있는 생태위기의 현상 속에서 가장 가공할만한 위력은 핵에너지이다. 핵에너지는 현대과학기술이라는 판도라의 상자에서 나온 가장 무서운 사자이다. 지난 1983년 11월 20일 미국 ABC 방송에서 방영된 TV 영화 “그날 이후”[2]는 핵전쟁의 결과로 빚어진 파국상태를 실감나게 묘사함으로써 핵폭탄의 위험성을 전 세계에 경고한 바 있다. 핵에너지의 사용 자체가 극단적인 위험을 내포하고 있는 것이다. 흔히 핵 찬론자들은 핵발전소가 폭발할 확률은 몇 백만분의 일이라는 수치를 제시한다. 그리고 이에 기반하여 핵발전소는 대단히 안전하고 경제적으로 대량의 에너지를 생산할 수 있는 유일한 방식이라 핵 찬반론자들은 주장한다. 그러나 사고가 발생할 수 있는 모든 경우의 수를 미리 예측한다는 것은 불가능할 뿐만 아니라 핵발전소가 폭발할 경우에는 지난 2011년 후쿠시마 사고에 보듯이, 파국의 상태를 초래한다.

지난 1979년 3월 28일 미국 펜실베니아주 해리스버그에 있는 스리마일 섬의 5등급의 원전사고와 1986년 구소련에서 발생한 우쿠라이나의 체

2) 이 영화는 NATO 연합군과 바르샤바 조약기구 사이의 전쟁이 급속도로 확대된 핵전쟁을 그린 영화이다. 캔자스주와 캔자스시티, 미주리주 등 핵미사일 기지가 근처에 살고 있는 주민들의 이야기를 다루고 있다. 이 영화는 에드워드 흄(Edward Hume)이 극본을 쓰고, 니콜라스 메이어(Nicholas Meyer)가 감독을 맡았다. 핵전쟁을 그린 대표적인 작품으로 핵폭발 이후 생길 수 있는 사건에 대해 사실적인 묘사를 했다는 평을 받고 있다. 이후 2004년 5월 DVD로도 출시되었다.

르노빌 핵발전소의 폭발 사고[3], 그리고 2011년 일본의 후쿠시마 핵발전소의 사고는 7등급 이상에 해당하는 최악의 사고였다. 미국 스리마일 사고는 노동자 한 사람의 실수로 일어난 사고였다. 체르노빌 사고는 과학자들의 실험에 의해 의한 것이었고, 후쿠시마 사고는 지구적 기후변화로 인한 자연재해였다. 첫 번째 핵 사고를 일으킨 미국의 핵발전소 개수는 104개, 두 번째 핵 사고를 일으킨 러시아, 당시 소련은 러시아, 우크라이나 등 여러 나라로 구성되어 있었는데 이들 국가의 원전 수를 합하면 66개로 세계 2위, 그리고 58개를 운영하는 3위 프랑스에서는 핵 사고가 일어나지 않았고, 54개를 운영하는 세계 4위인 일본에서는 핵사고가 일어났다. 그리고 23개를 운영하고 있는 세계 5위인 한국에서는 일어나지 않았다. 이렇게 원전 23기를 가동 중인 대한민국은 개수로만 치면 미국, 프랑스, 일본, 러시아에 이어 세계 5위지만, 땅 넓이에 대비하면 가장 많은 원전을 가지고 있는 셈이다. 여기에 추가로 짓고 있는 5개의 원전과 신규부지로 확정된 삼척과 영덕의 원전을 합치면 42개의 원전이 운영될 예정이다. 따라서 향후 "핵사고는 확률대로 일어날 것이다. 즉 다음 핵 사고는 역시 원전 개수가 많은 나라에서 일어날 확률이 높을 것[4]"이라 예측한다.

미국과 러시아는 이미 큰 핵 사고가 일어났고, 그 핵 사고의 순위를 살

---

3) 체르노빌에서 발생한 사상 최악의 핵발전소 폭발 사고는 현대 공업문명이 처해 있는 한계상황을 알리는 묵시록이다. 체르노빌 핵발전소의 끔찍한 잔해는 문명의 성장과 발전에 한계가 있음을 웅변으로 보여 주는 파국의 성상(聖像)인 것이다(홍성태, 『위험사회를 넘어서』, 새길, 2000, 16쪽.). 지난 2000년 코피아난 유엔사무총장은 체로노빌 사고에 때래 이렇게 말했다. "우리들 대부분은 체르노빌이 이제 안전하다고 생가할지 모르지만, 아직 비극이 잊혀서는 안 되는 이유가 두 가지 있다. 첫째, 우리가 체르노빌을 잊는다면 우리는 앞으로 체르노빌과 같은 기술참사 그리고 환경참사의 사고 재발 가능성을 증가시키게 될 것이다. 두 번째, 현재 7 백만 이상의 우리 이웃이 이 사건의 고통에서 벗어나지 못했다.(2000년 유엔 사무총장 코피아난)

4) 김익중, 『한국탈핵』, 한타재, 2013, 50쪽.

펴보면 한국이 바로 뒤따를 수 있다는 사실을 간과하지 말아야 한다. 우리나라의 원자력발전소[5]는 모두 해안가에 위치해 있는데, 엄청난 냉각수를 필요로 한다. 문제는 지구온난화로 인한 우리나라 주변의 바다 높이가 세계평균보다 점점 높아지게 되면, 해변가 주변에 있는 원자력발전소가 그만큼 위험에 노출된다는 점이다. 또한 한국의 원자력발전소는 30년 이상 노후한 발전소가 6개나 있으며, 75년에 건설된 고리 1호기는 40년이 넘었다.

지난 2008년 광우병 사태나 2011년 3월 후쿠시마 사고 때 정부와 주류 과학자는 광우병에 걸릴 확률이나 방사능으로 죽을 확률이 번개에 맞을 확률보다 적다고 하면서 이런 위험에 대한 공포가 과장되었다는 논리를 지피곤 했다. 많은 나라에서 이와 비슷한 상황이 전개되기도 했다. 하지만 핵 사건은 아주 순간적이다. 이 사건으로 인해 몰고 오는 여파는 우리의 상상을 초월한다. 지난 체르노빌 사고로 인명피해가 최대 100만 명까지 헤아린다. 그러면 피해의 범위를 어디까지 볼 것인가? 이를테면 후쿠시마 사고로 인해 엄마 뱃속의 태아가 피폭됐을 때, 이 태아가 성장하여 배우자를 찾을 때 어떻겠는가? 이것도 미래에 곧 닥칠 피해가 아닐까?

일본 후쿠시마(福島) 원자력발전소 사태의 영향이 핵재앙의 대명사인 1986년 체르노빌 사태보다 더 심각하다는 과학자들의 분석이 나왔다. 또한 일본 정부는 후쿠시마에서 유출된 방사능 물질의 양이 히로시마에 투하된 원자폭탄의 168.5배에 달한다고 공식 인정했다. 후쿠시마의 경우 경

---

5) 현재 한국에서 가동되는 원전은 총23기이다. 설비 용량은 20.7기기와트로 세계 6위이며, 가동률이 높아서 한국 은 발전량이 세계 5위에 이르는 핵발전 강국이다. 총전력 생산에서 핵발전이 차지하는 비중은 34%로 프랑스, 우크라이나, 스웨덴에 이어 4위를 차지하고 있다. 전 세계발전에 핵발전이 차지하는 비중이 13,5%인 것을 감안하면 두 배 이상 높다(게르트 로젠크란츠, 『왜 원전을 폐기해야 되는가』, 박진희 · 정계화 옮김, 시금치, 2011, 181쪽.).

제적 손실이 1,880억 파운드(331조 5,378억원), 체르노빌의 경우 1,440억 파운드(253조 3,435억원)로 추산했다. 후쿠시마 원전 운영사인 도쿄전력(TEPCO)은 방사능 피해를 입은 주민 1인당 1760만원의 보상금을 지원했고 유엔 인도적 사업조정실(UNOCH)도 9,500만 달러(1,020억원)의 인도적 지원을 했다. 다만 체르노빌 사태 때는 보상금이나 국제지원은 거의 없었다. 체르노빌 사태의 경우 발전소로부터 반경 30km 지역을 대피구역으로 설정했지만 일본 정부가 지정한 대피구역의 반경은 20km에 불과하다. 많은 주민들, 특히 어린아이를 둔 부모들과 임신한 여성들은 도쿄 등지로 피난했으며 여건이 되는 부모들은 아이들을 수백 km 밖의 친척집에 맡기기도 했다.[6)]

이처럼 위험사회에서의 재앙은 어디까지를 피해의 시점으로 설정할 것인지가 여전히 논란거리다. 따라서 위험사회에서의 피해는 측정 불가능하고 지역적 경계가 없다는 점이다. 이제까지 원자력의 신화가 지속되어 왔던 이유는 첫째, 원자력은 안전하다, 둘째, 핵 발전은 싸다, 셋째, 재생가능에너지는 비싸다. 넷째, 재생가능 에너지로는 충분한 전기를 생산할 수 없다는 데서 기인한 바 크다.[7)] 이런 점에서 우리는 한국사회를 비롯해 인류가 핵 없는 사회, 핵 위험사회에서 벗어나 어떻게, 누가, 우리의 생존을 위해 책임져야 하는 지를 살펴 보자.

6) 곽재훈, "후쿠시마 핵재앙, 앞으로 100만명 이상 죽는다" 『경향신문』, 2011년 8월 29일.

7) 김익중, 앞의 책, 188쪽.

기후변화와 원자력발전소

지난 2014년 4월 3일 "정부간 기후변화 위원회(IPCC)"가 대책 보고서를 발표했다. 경제협력개발국(OECD)은 2050년까지 배출량을 80~90% 줄이고 기타 국가도 30~70%를 감축해야 하다고 발표했다. 이런 온실가스의 지속적인 감축 노력이 없으면, 지구의 기온은 가파르게 상승하여 슈퍼 태풍과 폭우, 가뭄 등 널뛰기로 엄청난 재앙이 닥칠 것이 틀림없다. 해마다 지구촌 각국에서 지난 2001년 일본 후쿠시마의 3 · 11 쓰나미(지진해일), 유럽과 러시아의 대폭염, 미국 카트리나와 같은 허리케인들이 연속적으로 닥쳐온다면 얼마나 불안에 떨어야 할까? 우리 한국정부는 포스코가 세계적인 철강기업이라 자랑하고 있지만, 온실가스 배기량이 10% 이상 나오는 것은 애써 눈감는다. 철강 1톤을 생산하려면, 온실가스 2톤이 배출된다. 영국과 독일은 향후 2050년까지 온실가스 배출량을 80% 줄이겠다고 발표했다. 온실가스가 지속적으로 대량 배출될 경우, 지구적 기후변화의 위협들은 훨씬 증폭될 수 있다. 확인되지 않은 배출량은 예측하기 어려운 지구적 기후변화의 영향 빈도를 가중시킬 것이다.

지난 2013년 IPCC는 지구적 기후변화가 인류에 가져올 주요 위험을 8가지로 분류했다. 즉, 이는 해수면 상승, 해안가 홍수 및 폭풍해일, 가뭄 및 강수 가변성, 내륙 홍수 및 물 부족, 해양 및 육지 생태계 손실, 생태계 서비스 및 다양한 상호적 위험성들을 포함시키고 있다. 이들은 차례로 식량과 물 공급에 차질을 빚을 것이며 집, 터전, 문화의 손실 및 부상과 사망을 불러올 수 있다. 따라서 글로벌 기후변화는 다음과 같은 증후군들에 주의를 기울여야 한다.

첫째, 글로벌 기후변화로 인해 해수면이 상승하거나 태풍과 같은 위험에 상시적으로 노출되어 있는 해안가 지역은 그 예방책이 절실하다. 특히 동남아시아의 주요한 쌀 생산지인 메콩삼각주 지역은 현재 추세로 온도가 상승한다면 2070년쯤에는 해수면이 33cm 가량 높아져 이 지역의 60%가 침수될 가능성이 있다.[8)] 전 세계적인 해수면 상승으로 인해 향후 2080년까지 100만 명의 사람들이 집과 땅을 잃어버리고, 태풍과 홍수와 같은 환경재해로 각종 사회적 · 경제적 어려움을 겪을 수 있다고 경고한다.

둘째, 글로벌 기후변화와 관련된 위험요소들은 다른 요소들을 악화시킨다. 특히 빈곤지역 사람들의 생계에 종종 부정적인 결과를 가져온다. 기후변화 영향의 전반적인 위험성은 기후변화의 속도와 규모를 제한함으로써 줄일 수 있다. 전 세계적으로 기후변화는 많은 위험에 노출되어 있지만, 특히 취약한 지역은 국가별로 1차 산업에 의존하는 개발도상국가, 지역별로는 해수면 상승의 위험에 처해있는 해안가지역, 사막지역 및 대도시들이다. 또한 지구적 기후변화에 취약한 국가와 지역은 대표적으로 해수면 상승으로 인한 직접적인 피해를 입을 수 있는 방글라데시 및 베트남을 들 수 있으며, 가뭄으로 인한 피해가 우려되는 사막지역 국가들(에티오피아, 소말리아 등)과 몽골, 홍수피해와 산불이 우려되는 동남아시아 인근 국가들과 페루 등이 있다. 소말리아와 에티오피아의 경우, 지난 1970년대 가뭄으로 인한 대기근 이후에도 여전히 주민들은 식량문제와 영양실조로 어려움을 경험하고 있다. 지구적 기후변화로 인해 폭염(strong heat wave)의 증가와 심각한 가뭄으로 기근이 발생할 빈도가 높아져 식량생산의 감소와 영양실조와 관련된 빈곤 문제를 더욱 심각하게 할 것으로 전망된다. 또한 지구적 기후변화와 관련된 온도상승이 전 세계적으로 빈곤문

8) IPCC 4차 기후변화 평가보고서.

제와 불평등 문제를 악화시키며 이는 지구촌 곳곳에서 사회불안으로 이어지고 있다. 특히 40%의 빈곤국가에서 이러한 문제가 더욱 심각해 질 것으로 예상한다.

셋째, 글로벌 기후변화로 인해 대도시 사람들이 겪는 위험은 주로 대기오염으로 인한 각종 호흡기 질병의 증가 및 폭염으로 인한 사망률 증가들을 손꼽을 수 있다. 예컨대 지난 2003년 프랑스를 비롯한 유럽각국에서 폭염으로 인한 사망자가 속출했다. 그 당시 전문가들은 프랑스 원자력 발전소의 냉각능력이 떨어져 원전의 절반을 가동 중지했던 상황까지 직면했던 것으로 보고했다.[9] 이러한 기후변화의 문제를 해결하기 위해 우리가 취해야 할 행동으로 재생 가능한 에너지를 통한 깨끗한 도시 만들기, 지역기반의 농업을 통해 불필요한 자원 및 에너지를 감축하는 방안들을 마련해야 한다. 따라서 해안가 지역, 농어촌지역, 그리고 주요 대도시 지역에 따른 지구적 기후변화의 위험성과 우리가 감축 및 적응 전략(adaptation)을 취해 우리가 얻을 수 있는 긍정적인 변화를 이끌어내야 한다.

지난 2001년 9 · 11 테러폭발과 2011년 3 · 11 일본 후쿠시마 원전 사고를 전 세계가 안방에서 지켜보았듯이, 위험은 전 세계에 동시에 전달되어 여러 나라와 시민이 연쇄적으로 반응한다. 원자력발전소에서 사고가 일어났을 때 어떻게 위험이 세계화되는지를 잘 보여주었다. 이렇게 최근의 위험은 더욱 글로벌화되어 가고 있음을 목격한다.[10] 세계인이 후쿠시마에서 연기가 치솟는 상황을 지켜보면서 동시에 위협을 느꼈다. 현대의 위험들은 감각적인 정보에만 의존할 수 없기 때문에 어디에나 잠복해 있다.

---

9) 정희성, 「원자력은 안전한가」, 김수진 외, 『기후변화의 유혹, 원자력』, 도요새, 2011, 122쪽.

10) 헬렌 조페, 『위험사회와 타자의 논리』, 박종현 · 박해광 옮김, 한울, 2002, 22쪽.

지난 2011년도 1월 후쿠시마 제1원전 2호기 압력 용기의 온도가 갑자기 치솟기 시작했다. 보통 40도 정도를 유지하던 이곳의 온도는 2월 6일에는 70도로 상승하였고, 12일에는 냉온정지 상태의 기준인 80도를 초과했다. 도쿄전력은 물 주입량을 늘리고 핵분열을 억제하는 붕산을 투입하는 등 전력투구했으나, 온도는 400도를 돌파했었다. 그 당시 결론은 온도계의 고장'이었다.

재차 2011년 3월 11일 오후 2시 46분, 일본 미야기현 오시카반도 동남동쪽 130㎞ 지점 해저에서 매그니튜드 9.0의 거대지진이 발생했다. 일본 지진 관측 사상 최대의 규모였고, 19세기 이래의 세계 지진 관측 사상 다섯 번째로 큰 규모의 지진이었다. 당시 후쿠시마 제1원자력발전소(원자로 6기)에서 계측된 진도는 6이었다. 충격적인 요소들 하나는 방사능의 영향이 명백하지 않다. 앞서 언급했듯이, 후쿠시마 사고는 국제 원자력 사고 고장 등급(INES)상 1998년 일어난 체르노빌 원자력발전소 사고와 같은 최악의 수준인 7등급이었다. IAEA(국제원자력기구)에서는 경중에 따라 0~7단계로 핵시설의 사고등급을 정한다. 즉, 국제 원자력 사고 등급 중 7등급은 방사성물질이 대량 유출되어 생태계에 심각한 영향을 초래하는 경우로 최고등급이다. 이는 수치가 높을수록 심각함을 의미한다. 체르노빌사고의 경우 7단계, 1979년 미국의 스리마일 사고는 5단계로 기록되었다. 그러나 일부 전문가들은 후쿠시마사고이후 핵 시설 사고에 대한 등급이 새로 매겨야 한다는 의견을 제시하기도 한다. 그만큼 이번사고가 다른 양상으로 진행되고 있다는 것을 의미한다.[11]

지난 2011년 9월 원자력안전위원회가 채택한 '인접국가 방사능누출사고 매뉴얼'에 따르면, 한국 정부는 후쿠시마 방사능 오염수 유출을 확

---

11) 안재훈, 「핵에서 탈출하라!, 일본 핵 발전소 사고의 교훈」, 『함께사는 길』, 환경운동연합, 2011,4 36쪽.

인한 순간 '주의(YELLOW)' 이상의 위기경보를 발령해야 했다. 하지만 원자력발전소[12]에서 종사하는 엔지니어 집단뿐만 아니라 관련 연구기관, 감시기관, 심지어 정책을 생산하는 중앙부처의 담당자 모두 원자력산업계와 이해관계가 얽혀 있고, 원자력 관련 기관에 비판적 인사가 참여하는 경우가 거의 없기 때문에 안전하다고 앵무새처럼 외칠 뿐이었다.[13]

그러면 원자력 발전소와 관련하여 위험이란 무엇일까? 먼저 위험이란 객관성과 통제성을 암시하는 면밀한 계산을 암시한다. 독일의 사회학자 벡(Ulrich Beck)이 정의하듯이, 계산과 통제가 결여된 위험사회에서는 단지 전문가들의 열망에 불과하다. 위험(risk)사회의 개념은 혁신에 의해 만들어지는 사회적, 정치적, 생태적 개인적 위험들이 산업사회의 통제와 보호제도들을 점점 벗어나는 근대사회의 발전 국면을 기술한다.[14] 전근대 시대에 사람들은 대체로 운명과 숙명에 의존하였다. 하지만 현대사회의 위험은 계산 가능한 위험들을 인과적으로 점점 측정할 수 없는 세계로 빠져들고 있다. 특히 산업적 위험은 인간의 감각에 직접 감지되지 않고 그것을 만들어 내거나 거기서 이윤을 얻는 사람들에게 피해를 입힌다. 또한

12) 원자력 발전소의 미래에 대한 문제는 첫째 기술로는 우라늄 저장고가 석유만큼이나 고갈될 것이라는 점이다. 원전 연료인 우라늄-235(1940년 MAUD위원회는 우라늄235로 강력한 원자 핵폭탄이 가능하다는 결론을 내리고 우라늄 농축공장을 건설할 수 있는 개념 설계를 마련함)는 천연 우라늄의 0,73%에 불과하다. 천연 우라늄의 99%는 핵분열 과정에서 사용되지 않는다. 현재 속도라면 기존 우라늄 매장량으로는 80년에서 150년밖에 버티지 못한다. 원전사용이 가속화되면서 빨리 고갈될 수 있다는 점이다. 둘째, 핵폐기물과 관련되어 있다. 원전이 개발될수록 폐기물의 양도 막대해지고 위험성도 증가하게 된다. 세 번째, 핵확산과 관련되어 있다. 플로토늄을 도처에서 구할 수 있고, 원전 전문가들이 사방에 분포할수록 테러의 위험도 증가한다는 점이다(클로드 알레그르, 『원자력 대안은 없다』, 이소영 옮김, 흐름출판, 2011, 143: 안준호, 『핵무기와 국제정치』, 열린책들, 2011, 59쪽.).

13) 염광희, 『잘가라, 원자력-독일 탈핵 이야기』, 한울, 2012, 24쪽.

14) 울리히 벡, 『글로벌 위험사회』, 박미애 · 이진우 옮김, 길, 2010, 27쪽.

산업적 위험은 욕구의 밑 빠진 통과 같은 거대사업이며, 사회적으로 안정된 위험은 독특한 정치적 발화물질을 포함하고 있다. 원자력 발전은 이 모든 위험의 특성을 보여 준다.[15] 이렇게 벡이나 기든스(A. Giddens)와 같은 사회학자들이 보기에 위험이 주는 사회적 충격은 기술의 발달로 인해 자연이 인간에 의해 정복당하였다는 관념을 가져 왔지만, 동시에 유례없는 위험하다는 생각을 팽배하게 했다.

울리히 벡은 『글로벌 위험사회』(2007)를 통해 위험사회가 세계적인 지평으로 확장해 나가야 한다고 말한다. 이를테면 기존 위험사회에서는 방사능, 유전자조작식품 등 생태위기가 주요 위험이었다. 하지만 1997년 아시아 금융위기와 2001년 9 · 11 테러를 겪은 후로 여기에 세계 금융위기와 테러 위협 등을 새로운 위험으로 추가됐다. 원자력발전소에서 사고가 일어났을 때 어떻게 위험이 세계화 되는지를 잘 보여준 바 있다. 지구는 하나의 생태계를 이루고 있기 때문에 한 곳의 문제는 다른 곳으로 확산될 확률이 높다.[16] 체르노빌, 환경호르몬, 후쿠시마 사고가 그러하다. 울리히 벡은 이러한 생태학적 위험의 문제를 위험사회가 안고 있는 가장 중요한 근원적 위험으로 파악한다. 특히 이 위험은 과학기술의 위험과 직결되어 있다. 그러기 위해 벡은 첫째, 투명한 정보 공개를 통한 정부 · 기업의 신뢰 확보, 둘째, 1차 근대를 뛰어넘는 성찰적 과학의 필요성 등을 강조한다.

지난 후쿠시마 사고는 전 세계의 안방으로 실시간 중계된 바와 같다. 세계인이 후쿠시마에서 연기가 치솟는 걸 목도하면서 동시에 많은 위협을 느꼈다. 위협을 느끼는 만큼 피해는 초국가적이다. 현대사회에서 위험은 동시적이고 전 세계적이다."위험과 재앙은 동의어가 아니다. 위험은

15) 울리히 벡, 『위험사회-새로운 근대(성)을 향하여』, 1997, 29-31쪽.

16) 홍성태, 『대한민국 위험사회』, 당대, 2007, 34쪽.

미래사건과 발전가능성을 논하고 아직 존재하지 않는 상황을 눈앞에 보여준다. 재앙은 공간적 시간적 사회적으로 규정할 수 있는 반면, 재앙의 예측은 시간이나 공간이나 사회의 측면에서 구체화된 것을 대상으로 삼지 않는다. 위험은 가능성의 현실로 드러나면서 논란을 일으킨다. 한편으로 위험은 사변적인 가능성과 구분되고, 다른 한편으로 이미 닥친 재앙과도 다르다. 위험이 현실이 되는 순간, 핵발전소가 폭발하고 테러 공격이 발생하면, 위험은 재앙으로 돌변한다. 국가 정책은 테러를 방어하는 데 집중되고 반대로 테러 공포를 조장해 정권을 안정시킨다. 그린피스 같은 환경단체는 핵 위협과 지구적 기후변화를 옹호하는 기업에 대항하여 초국가적으로 싸운다. 유전자조작식품과 가축전염병의 공포는 무역정책에 반영되어 나라간 힘겨루기로 이어진다.

이렇듯 세계는 위험을 매개로 돌아간다. 위험은 가능성으로 우리 앞에 있는 우리를 위협하는 미래 사건이다. 즉 현대사회는 이런 위험을 매개로 움직이고 있다. 예컨대 방사능 유출이나 경제위기, 그리고 테러와 같은 사태들은 모두 돌발적으로 발생하여 예측 불가능하고 피해를 집계하기도 곤란한 특징들을 보여 왔다. 이렇게 울리히 벡을 비롯한 사회과학자들은 과학기술의 무한질주가 이런 글로벌 위험사회를 빚어냈다고 진단한다. 우리가 이를 해결하고자 한다면, 성찰적 근대화의 길을 가야 할 필요가 있다. 따라서 위험사회에 노출된 우리 한국사회는 과학에 내재된 물질적 욕망을 관리하고 사회와 다양한 통로의 소통이 더욱 절실한 시점이다.

한국은 대표적인 핵발전 국가이다. 주지하듯이, 원자력 발전소는 원자력법에 의거하여 지진이나 지각변동이 일어날 가능성이 희박한 곳에 설치한다. 또한 원자력발전소의 간접 냉각수로 해수를 사용하기 때문에 해안가에 위치해 있으며, 주민 반발을 우려하여 인구가 적은 마을에 세워졌다.[17] 1971년 고리원전 1호기의 기공식이 열렸고, 1973년에는 월성원전 1호기의 건설과 관련된 논의가 시작됐다. 고리원전 1호기는 1978년 가동을 시작으로 우리나라 최초의 원전이었다.[18] 점차 국내에 원자력 발전소가 들어선 지역은 지난 2013년말 까지 고리 6기(신고리2기 포함), 영광 6기, 월성 5기(신월성 1기 포함), 울진 6기 등 총 23기(총 20.7GW)의 원자력 발전소가 가동 중에 있다. 또한 신고리 3 · 4호기(1.4G*2), 신월성 2호기(1GW), 신울진 1 · 2호기(1.4GW *2) 등 5기(총 6.6GW)가 건설 중에 있으며, 신고리 5 · 6호기(1.4GW*2), 신울진 3 4호기(1.4GW*2) 등 4기(5.6GW)가 건설 준비 중에 있다.[19] 이러한 원자력 발전소는 현대사회의 가장 필수적인 기술생산품 가운데 하나인 전력을 대단히 효율적으로 생산해 낼 수 있다.

하지만 이와 동시에 원자력발전소는 수많은 생명체를 파괴할 수 있는 핵분열의 생성물을 만들어 낸다. 핵사고가 전혀 일어나지 않는다고 가정하더라도 원자로에서 나오는 핵폐기물은 정기적으로 볼 때, 많은 생태적 재앙을 초래할 수 있다.[20] 그래서 원자력발전을 가동하면 크고 작은 방사

---

17) 이유진, 「사회 환경갈등의 씨앗, 원자력」, 김수진 외, 『기후변화의 유혹, 원자력』, 도요새, 2011, 223쪽.

18) 김성환 · 이승순, 『한국 원전잔혹사』, 철수와 영희, 2014, 71쪽.

19) 윤순진, 「에너지 전환을 위한 중단기 정책과 전략-에너지 전환, 어떻게 가능할 수 있는가?」, 『탈핵과 문명전환』, 탈핵선언교수 신년세미나, 2013, 25쪽.

능 유출사고가 발생하고 이러한 사고는 지역주민들에게 직접적인 위험이 된다.

지난 2011년 3월 11일, 일본 후쿠시마 원자력 발전소 사고 이후 우리 한국사회에서도 탈핵 및 탈핵의 정치에 대한 논의가 활발해 지고 있다. 하지만 반핵진영의 목소리도 다소 원칙론적이거나 당위론적 주장에 그치고 있는 형국이다. 지난 2년간 한국 사회에서도 핵 발전의 문제점을 지적하며 탈핵 및 탈핵의 정치를 하자는 목소리도 다소 높아졌다. 그래서 2012년 4월 11일 총선을 계기로 '탈핵'의 정치를 전면에 내건 녹색당도 창당을 하였다. 그러나 핵 발전의 문제점을 지적할 때마다 항상 나오는 목소리는 "대안"이 무엇인지를 여전히 묻는다. 전체 전기 생산량의 약 30%를 차지하는 핵 발전의 비중을 염두에 둔 반문이기도 하다. 석기 시대로 돌아가자고 하는 퉁명스러운 반응도 나온다. 입만 열면 핵을 강조했던 이명박 前 대통령의 녹색에너지에 대한 인식 수준도 이와 비슷하기도 했다.

후쿠시마 원자력 사고

20) 이필렬, 『에너지 대안을 찾아서』, 창자과 비평사, 2002, 63쪽.

지난 2011년 일본 후쿠시마 원전 재앙이 일어난 지 두 달이 지난 이후에 독일은 원자력발전 포기를 결정했다. 즉, 독일은 후쿠시마 사고 이후 원자력발전소를 향후 2022년까지 폐쇄하겠다는 "에너지 전환"정책의 결정을 내렸다. 에너지 전환정책은 이미 2002년 사민-녹색 연립정부에서 입법한 사안이기 때문에 그다지 새로운 결정은 아니었다. 하지만 독일의 이러한 결정은 전 세계의 이목을 끌기에 충분했다. 후쿠시마 사고발생 후에 가장 먼저 독일이 원자력의 포기를 천명했다. 그 이전까지는 원자력발전의 절반을 지지하는 보수당 정권이 원자력 정책을 주도했다. 독일은 체르노빌 방사능 낙진을 직접 경험하여 사회적으로 탈핵 요구가 드센 상황이었다. 독일 보수당은 지난 1998년 정권을 잡는데 실패한 이후, 사민-녹색 연립정부의 원자력 포기 계획에 온 힘을 기울여서 저지했다. 의석의 다수를 차지하지 못해 저지하는데 성공하지는 못했다. 하지만 그들이 다시 정권을 잡으면 원자력 포기의 결의를 되돌릴 것이라는 '기대'와 '우려'가 증폭되었다.

지난 2012년 보수정당인 기독민주당(기민당)의 메르켈(Angela Merkel) 총리가 원전의 수명연장을 결정하면서 이를 둘러싼 정치적 논쟁은 한층 치열했다. 하지만 그 논쟁은 '원전을 폐쇄하느냐 마느냐'의 문제가 아니라 '언제 원전을 폐쇄하느냐'하는 시점의 문제였을 뿐이었다. 행정부 수장인 앙겔라 메르켈 총리 자신이 물리학을 공부한 자연과학자이고 그가 속한 기민당은 전통적 원자력을 지지하는 입장이었다. 독일은 후쿠시마 사고가 일어나기 반년 전인 2010년 8월 경제성을 이유로 원자력 발전소의 수명을 12년 연장했다. 그러나 후쿠시마 사고를 목격한 메르켈 행정부는 자신들이 결정을 반 년 만에 철회하는 정치적 결정을 감행하였다. 이렇게 메르켈 총리는 "후쿠시마 사고가 지금까지의 내 생각을 바꾸었다. 우리에게는 안전보다 더 중요한 것이 없다"고 강조한 바 있다.

그러면 전 세계의 거의 모든 나라에서 의아하게 생각하는 원전 포기를 독일의 보수당 정부가 결정하게 된 이유는 어디에 있을까? 첫째는 독일인의 오랜 원전 반대 전통과 에너지 전환에 광범위하게 참여하는 것이었고, 둘째는 원전 없이 에너지 전환이 가능하다는 것을 이론적으로 뒷받침해 주는 민간 싱크탱크가 존재했고, 셋째는 원전 폐기와 에너지 전환을 핵심 강령으로 채택한 정당이 존재했던 이유이다. 당시 독일의 원자력 발전소 폐쇄 결정에 원자력발전을 가동하는 대다수 유럽 국가들은 불만을 표시했다. 당시 프랑스 대통령 사르코지는 기자들에게 "독일 바이에른에서 지진해일이 일어나느냐"고 물음으로써 도무지 이해가 안 된다는 반응을 보였고, 1980년 최초로 원전 포기를 결정했지만 보수당이 정권을 잡은 뒤 이를 번복한 스웨덴은 신중하지 못한 결정이라고 비판했다. 원자력 발전을 운영하지 않는 오스트리아에서만 올바른 결정이라고 환영했을 뿐이다.

독일의 핵 폐기결정은 여러 측면에서 의미를 지닌다. 독일은 재생 가능 에너지의 설비를 생산하는 많은 기업체의 설립을 원자력발전을 반대하는 시민들이 주도했다. 풍력발전기 생산의 선두주자인 에네르콘의 설립자 알로이스 보벤과 독일의 모범 기업으로 꼽히는 풍력발전기 회사 푸어란더의 사장도 원자력발전에 대항하는 기술을 생산하고자 하는 의지로 사업을 시작했다. 태양에너지 기업의 설립자 중에도 유사한 경력을 가진 인물이 많다. 이런 기술자들이 시작한 재생 가능 에너지는 지금은 거대한 산업이 되었다. 여기에서 일하는 노동자도 지난 2010년 36만 명을 넘어섰다. 이에 비해 원자력산업체에서 일하는 노동자 수는 3만 명도 채 안 된다. 이런 에너지 전환정책으로 인해 지난 2013년 이후 독일은 풍력과 태양광 두 개의 재생가능에너지만으로 생산하는 전기가 63.5TWh로 핵 발전 전기가 75,0TWh에 맞먹는 상황에 이르렀다.[21] 지난 2013년 7월 연방환경부에 따르면, 2012년 말까지 풍력, 태양광 및 바이오매스 등을 포함한 재생 가능에너지원으로 생산한 전기는 총량의 23,5%를 차지하여 16%인 핵 발전 전기량을 넘어섰다.

독일인들은 정치인들의 논의뿐만 아니라 지난 1960년대 말부터 원자력을 반대하는 대규모 집회를 수없이 열었다. 원자력 정책에 항의해서 분신한 시민들도 있었다. 1977년에는 독일 남부의 원자력발전소 건설 반대 운동에 참여한 시민 27명이 원자력 폐기와 에너지 전환을 이론적으로 뒷받침하려고 생태연구소를 설립했다. 그 이후 지난 1980년에는 녹색당이 출범해 원자력 폐기를 강령으로 채택한 정당이 활동을 시작했다. 이들은 40년 이상의 원자력 반대운동의 결실이 바로 보수당 정권의 원전 포기 선언으로 맺어졌다.

독일의 원자력 포기의 결정은 스웨덴의 원전 포기 번복과 극명하게 대비된다. 스웨덴의 보수당 정권은 지난 2010년 1980년의 결정을 포기하고 새로운 원전을 건설할 수 있는 길을 열어 놓았다. 후쿠시마 사고 이후에도 스웨덴 총리는 "어떤 에너지든지 환경에 영향을 끼칠 수밖에 없다"는 말로 원자력 정책을 바꾸지 않겠다는 의지를 드러냈다. 두 나라의 이런 차이는 원자력 포기 이후의 상황에 대한 전망이 서로 크게 다르기 때문에 나타난다. 스웨덴은 1980년 원전 포기를 결의했지만, 그 이후 30년이 지난 지금도 원자력 의존도가 여전히 매우 높다. 1998년 47%에서 2008년에는 42%로 약간 줄어들었을 뿐이다. 당연히 재생 가능 에너지 비중도 거의 증가하지 않았다. 이에 반해 독일에서는 원전 의존도가 1998년 31%에서 2008년에는 23%로 줄어들었다. 그 이유는 재생 가능 전기의 생산량

21) 박진희, 「시민참여와 제생가능 에너지 정책의 새로운 철학」, 『환경철학』, 제8집, 한국환경철학회, 2013, 161쪽.

이 크게 늘어났기 때문이다. 전체 전기 소비 중에서 풍력 · 수력 · 태양 · 바이오 에너지 등이 차지하는 비중은 지난 2000년의 6.3%에서 2010년에는 17%로 증가했다.

독일의 실례와는 다르게 후쿠시마 사고 이후 핵발전 사고로 인한 우리 사회의 핵발전 수용은 80% 초반을 유지하다가 2009년 아랍에미리트 원전 수출 이후 90%까지 증가했다. 후쿠시마 사고이후 지난 2013년 12월 원자력 국민인식조사에 따르면, 국민 10명 가운데 6명은 원자력이 발전소가 안전하지 않은 것으로 나타났다. 원전이 안전하다는 응답은 31.2%로 지난 조사 때 보다 5.8% 하락했다. 그럼에도 불구하고 지난 2016년 6월 23일 박근혜 정부는 29 · 30번째 원자력발전소인 신고리 5 · 6호기 신규 건설을 허가했다. 2021년 3월 신고리 5호기, 2022년 3월 신고리 6호기가 예정대로 준공되면 국내 원전은 모두 30기로 늘어난다. 고리, 신고리 원전 단지 반경 30㎞ 안에만 부산, 울산, 경남 인구 380만 명이 밀집해 사는 상태에서 추가로 건설되면, 인구밀집지역에서의 안전을 담보할 수 없게 되었다.[22)]

이제 탈핵은 막연한 이상이 아닌 구체적 현실로 논의되어야 한다. 이것은 현재 전체 에너지 소비의 6%, 전체 발전량의 30% 정도를 차지하는 핵 발전소의 비중을 어떻게 소화할 것이냐의 문제다.[23)] 고유가와 온실가스 감축 요구에 부응한다는 취지로 '원전 확대론'을 폈던 지난 이명박 정부는 2008년 확정한 '1차 국가에너지기본계획'을 통해 전력설비 대비 원전 비중을 41%까지 높이겠다고 밝혔다. 그러나 이런 원전 확대론은 2011

---

22) "신고리 5 · 6호기 건설 승인…부산 · 울산에만 원전 10기", 한겨레, 2016년 6월 23일자

23) 김현우, 「한국사회 탈핵 시나리오를 생각한다.」, 박진희 외, 『탈핵』, 이매진, 2011, 157쪽.

년 일본 후쿠시마 원전 사고를 계기로 수면 밑으로 가라앉은 바 있다. 하지만 2014년 1월14일 박근혜 정부는 2035년까지 원자력 발전소를 현재 23기에서 최소한 39기 이상으로 늘리는 것을 뼈대로 제2차 에너지 정책을 공식화 했다.[24] 일본 후쿠시마 원전 사고 이후 증폭된 원전 안전성에 대한 국민적 우려에도 불구하고 핵 발전 증설을 공식화했다.

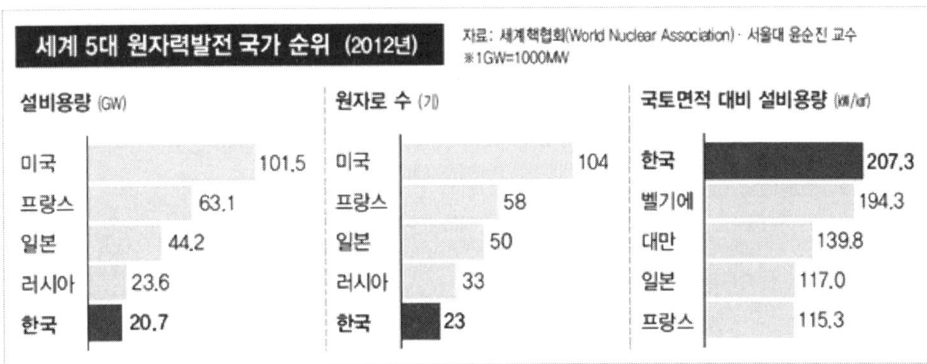

전문가들에 의하면, 정부가 제시하는 예측처럼 에너지 수요가 계속 증가한다고 하더라도 재생 가능 에너지를 통해서 이를 모두 대체하는 것이 기술적으로나 경제적으로 모두 가능하다고 밝히고 있다. 그러나 에너지 수요가 계속 증가할 경우에 재생 가능 에너지를 통해 생산해야 하는 양도 계속 증가해야 하지만, 재생 가능 에너지 설비에 들어가는 자원의 한계 로 인해 그 가능성을 낙관할 수 없다. 에너지 수요가 지금과 같은 추세로 계속 증가 한다면 에너지 전환이 결코 쉽지 않다. 따라서 에너지 수요를 절대량의 차원에서 감소시킬 필요가 있는 것이다.

전 세계 전기 생산 중 태양광, 풍력, 수력 등 재생가능발전의 비율은

24) 『한겨레』, 2014년 1월 15일.

20%, 핵 발전의 비중은 11%에 불과하다. 중국조차도 재생가능에너지의 비중은 18%에 달한다(핵발전 2%). 우리나라는 핵 발전에서 얻는 전기 생산 비중이 35%인데 반해 재생가능발전은 3%. 그나마도 쓰레기매립지 가스를 제외하면 순수한 재생가능에너지만 계산하면 2%도 채 되지 않는다.[25]

한국의 전체 에너지에서 재생에너지가 차지하는 비중이 약 1%에 불과해 경제협력개발기구(OECD) 회원국 가운데 최하위인 것으로 나타났다. 재생에너지는 태양광, 풍력, 수력, 조력, 지열, 바이오에너지 등을 일컫는 가운데 2015년 한국의 1차 에너지 총 공급량(TPES)에서 재생에너지의 비중이 1.1%로 OECD 회원국 34개국 중 최하위였으며 평균(9.2%)에도 크게 못 미쳤다. 한국의 재생에너지 비중은 1990년(1.1%)부터 25년간 답보상태다. 무엇보다 한국의 재생에너지 비중이 낮은 것은, 에너지 수요가 증가하고 있는 가운데 값싼 원자력이나 석탄화력 발전을 대폭 확대해 왔기 때문이다.[26]

동일한 후쿠시마 사고를 목격

25) 김익중, 『한겨레』, 2014년 01월 19일자.

26) 서양덕, "한국 재생에너지 비중 1%…OECD 최하위", 『에너지경제신문』, 2015년 12월 02일자

하면서 독일은 탈핵선언을 했고, 한국은 오히려 원전 수출을 여전히 언급한다. 그러면 독일의 탈핵정치의 선언을 성찰적 근대화의 일환으로 볼 수 있을까? 독일의 탈핵정치의 선언이 성찰적 근대화라면 어떤 요소가 한국의 성찰적 근대화를 지체시키고 있을까? 지난 1차 근대화는 기술개발과 경제성장 그리고 양적인 안전을 추구해 왔다. 기술이 경제를 살리고 안전을 보장해 줄 것이라고 믿던 시대였다. 과학이 종교를 대신했고 과학자의 발언들은 신앙처럼 받아들여졌다. 하지만 방사능, 유전자조작식품 등 과학기술이 야기한 불특정한 위험이 양산되기 시작했다. 지난 1차 근대화에서 위험은 보험으로 해결되었다. 예컨대 산업재해나 교통사고 등이 그러했다. 하지만 2차 근대에서는 보험으로 감당되지 않는 위험이 존재한다. 원전 사고를 맡아 줄 보험업체는 없다. 왜냐하면 위험사회에서 위험은 불특정적이고 초국적이기 때문이다. 2차 근대화에 들어서 이제 사람들은 어떤 기술을 선택하고 무엇이 좋은지 성찰적으로 반응을 보여 왔다. 이를테면 유전자조작식품에 대한 반응은 사뭇 달랐다.[27] 과거에는 원전을 지지하는 전문가만 주종을 이루었지만, 이제는 이것으로부터 탈피해야 한다는 전문가도 나왔다. 성찰적 근대화의 조건은 자유롭게 말할 수 있는 환경이 얼마나 보장되느냐의 여부에 달려 있다.

우리 한국은 여전히 1차 근대화가 빚은 위험사회에 살고 있지만, 동시에 성찰적 근대화가 정치에서가 아닌 정치외적인 환경에서 진행되고 있다. 즉 환경운동연합, 녹색당, 녹색연합, 탈핵교수모임 등 시민사회 운동에서의 반핵 및 탈핵 운동이 활발한 것이 그러하다. 따라서 정부 · 기업과 과학자 그리고 시민의 역할을 재규정할 필요가 있다. 무엇보다 정부와 기업은 원자자력발전소의 위험 정보를 투명하게 공개해야 한다. 바로 이것

27) Ulrich Beck · Anthony Giddens · Scott Lash, *Reflexive Modernisierung. Eine Kontroverse*, Frankfurt. a.M. 1996, 19쪽.

이 위험 관리의 사회적 지혜다. 시민들도 기술적 지식을 쌓아서 대응해야 하고 중앙정부와 담당부처와 다른 입장을 주장하는 과학자들도 필요하다. 그렇게 해야 기업이나 정부와의 협상 과정에서 원활하게 문제를 제대로 풀어 나갈 수 있을 것이다.

이런 점에서 지구적 기후변화는 인간의 행위는 결과에 대한 책임을 통해 사회적 체계의 정체성과 밀접히 연관되어 있음을 인식하고 이에 대해 대비해 나가야 한다. 핵에너지는 원인을 제공한 현세대에게는 이득을 가져다 줄 수 있지만, 그 결과로 인한 피해는 미래세대의 몫으로 남겨지는 철저하게 불공평한 에너지다. 후쿠시마 핵사고와 같은 세기적 재앙이 또 다시 발생하게 된다면 그 결과에 대한 책임은 이미 인류능력의 한계를 넘어서 있다. 다시 말해 우리가 그 책임을 묻고, 책임을 지울 수 있는 그런 영역을 훨씬 뛰어 넘는 것이다.

모든 정치적 행위는 정치체계의 정체성에 귀결된다. 예컨대 방사성폐기물건설이나 한반도 대운하건설, 한미쇠고기 FTA협상 등도 협상 장관이나 주무 담당관이 개인적으로 책임져야 하는 것이 아니라 중앙정부가 책임을 져야 한다. 문제의 발단이 될 수 있는 요소는 중앙정부가 자신에게 귀속된 부정적 결과에 대해 어떻게 책일 질 것인가에 있다. 즉 향후 미래에 닥칠 결과의 불확실성에 대해 어떻게 책임질 것인 지는 여전히 모호하다. 21세기의 불확실한 우리의 미래는 "생명에 대한 책임이 개인이나 공동체 모두에게 1차적으로 현재의 행위"에서 비롯되었다. 중앙정부가 책임수용을 통해 불확실성을 흡수할 수 있다고 할지라도 위험에서 벗어난 것은 아니다.[28] 향후 미래의 불확실성은 내 · 외적 원인을 밝혀 규명할 수 있다. 다시 말해 책임의 사회적 기능은 미래세대를 위한 불확실성을

---

28) 노진철, 『불확실성 시대의 위험사회학』, 한울, 2010, 446쪽.

어떻게 받아들일 것인가에 있다는 것이다. 따라서 앞서 언급한 바와 같이, 한국사회의 정치집단과 시민사회단체는 서로 얼굴을 맞대어 핵에너지의 내 · 외적인 기준을 찾아내서 소통의 문화적 맥락에서 미래의 불확실성을 책임질 수 있는 여건을 마련해야 한다. 더욱이 원자력발전소와 같은 불확실성이 만연된 우리 한국사회에서 책임수용은 절실히 요구된다.

우리 한국사회에서 원자력발전소의 증설은 사후적 책임을 넘어서 사전적 책임까지 고려하는, '사전예방원칙(precautionary principle)'의 필요성을 확산시켜 나갈 필요가 있다. 왜냐하면 현대 과학기술의 모호한 결과와 가늠할 수 없는 파급력의 결과에 주목해야 하기 때문이다. 비록 합법적인 목적의 과학기술 활동이라 할지라도 그 결과에 있어서는 충분히 위협적인 위력을 지니고 있으며, 실패보다는 성공의 결과에 오히려 위험이 도사리고 있다. 또한 그것의 인과적 연쇄의 결과는 우리 인식의 한계를 넘어 서고 있다는 점을 지적하여 더 심각한 위기를 피할 수 있도록 가능한 행동의 결과들을 예측하여 미리 예방될 수 있어야 한다. 예컨대 일본 후쿠시마(福島)원전 사고로 발생한 오염토가 정상을 회복하는데 170년은 걸린다는 견해가 일본 정부 안에서 나왔다는 사실에 가볍게 넘어갈 사안이 아니다. 후쿠시마 원전사고로 오염된 흙을 도로나 제방 공사에 사용하는 방안 등을 검토하는 회의에 이런 견해가 제시됐다.[29] 일본의 원전사례를 교훈

---

29) "후쿠시마 '오염토' 정상회복에 170년 걸린다." 『경향신문』, 2016년 6월 27일자.
마이니치 신문에 따르면 일본원자력연구개발기구(JAEA)는 '1kg당 세슘 함량이 5,000베크렐(Bq)인 오염토를 재사용하면 세슘이 100Bq까지 줄어드는 데는 170년은 걸린다'는 취지의 설명을 했다. 이는 100Bq/kg은 원자로 등 규제법이 원전 해체로 나오는 금속 등을 안전하게 재이용하는 기준으로 제시한 세슘 농도이다. 일본 환경성이 지난 7일 콘크리트로 포장하는 것을 전제로 세슘 농도를 1kg에 6,000베크렐(Bq) 이하로 낮춘 오염토를 도로 지반 쌓기용으로 사용하는 구상을 승인한 바 있다. 세슘 농도가 100Bq/kg을 초과하더라도 콘크리트로 덮어 방사선 피폭량을 줄이는 등 조치를 하기 때문에 6,000Bq/kg 이하라면 재사용이 가능하다

삼아 정부는 인간의 생명이나 건강, 안전 그리고 환경에 심각한 손상이나 위협을 가할 가능성이 있는 경우에 미리 염려하고 예방적 조치를 취해야 한다.

는 결론이다.

제 8 장

기후변화, 에코(ECO) 철학이 응답하다

21세기 에코(ECO)담론 그리기

환경문제는 우리에게 단순히 자원이거나 개발의 대상으로서만이 아니라 우리 자신이 삶을 영위해야 하는 집이라는 사실이다. 21세기 에코담론은 인간과 자연, 인간과 사회, 인간과 동식물 등 물리환경을 재구성하여 새로운 방향의 생태학을 다음과 같이 모색해 보자.

첫째, 21세기 에코담론은 물리학과 화학과 같은 생물학에서 뿐만 아니라 복잡계를 통해 다양한 생태세계로 나아갈 수 있게끔 해야 한다. 제1장에서 생태학에 대해 살펴보았듯이, 자연은 지금 우리가 일상사에서 생각하거나 인지하는 것보다 훨씬 더 복잡하게 얽혀 있다. 즉 자연의 생태계는 수많은 부분들이 서로 복잡하게 얽혀 있는 상호연관체계이며 동시에 거대하고 복잡한 순환체계이다. 가이아와 마찬가지로 복잡계속의 혼돈이론은 과학자들의 상상력을 고취시켰으며, 고대 그리스의 잃어버린 이교적 우주론에서 찾아냈다. 생태계는 초원이나 산호초 바다에서 진화된 혼란 속에서 등장하고 사라져 갔다. 생태계의 복잡한 시스템들은 영원히 지속되는 것은 아니지만, 지구가 존재하는 동안에 동적인 응집력, 안정성과 질서에 대한 놀라운 능력을 보여 왔다. 현재 지구의 건강한 항상성의 상태가 분명하게 안정적인 균형점을 구분할 수 없을지라도 감소하는 종, 개체군, 군집, 그리고 생태계를 멸종으로부터 구하기 위한 향후 21세기 생태학의 새로운 복잡계에 대한 통찰력을 갖추어야 할 시점이다.

둘째, 21세기 에코담론은 감성적인 환경미학적인 체험이 자연스럽게 묻어나야 한다. 이러한 입장들은 제1장에서 살펴보았듯이, 레오폴드의 대지의 윤리에서 자연의 생태계를 하나의 전체(holism)로 보는 관점, 롤스턴 3세의 늪지에서의 미적 체험, 아르네 내스의 자연의 대자아를 체험하는 방법, 자기 이탈-감정이입-타자 체험의 단계 등을 숙지해 나가야 한다. 따라서 우리는 미학적 자연체험의 유구한 전통을 인정하여 자연에 대한 오늘날의 생태학적 이해가 환경미학에 끼칠 수 있는 영향에 대해 신중하게 숙고하고 대안책 마련이 필요한 시점이다. 그리하여 21세기 에코담론은 자연의 생태학적 기능과 생명의 가치를 하나의 체계로서 받아들여야 한다. 이런 점에서 21세기 에코담론은 자연체험의 양면성과 서구의 자연에 대한 이분법적 가치관을 반드시 넘어서야 한다.

셋째, 21세기 에코담론은 인간도 자연의 일부분이라는 사실을 정확하게 인식하고 인간 스스로 자연스럽게 만들어 가는 자연이어야 한다. 현재의 생태위기는 이제까지의 목적론적 방향에서 벗어나 인간 상호간의 관계에서 인간과 자연과의 관계로 보다 확장해 나가야 하는 것은 상식이 되었다. 말하자면 우리는 개개인을 위해 또한 모든 인간을 위해 지구를 더 편리한 세상으로 만들고 그것을 능동적으로 실천해야 하는 의무를 절실히 요구한다. 즉 21세기 생태담론에서 진보, 기술, 자연의 균형, 자연에서의 상호협동, 혼동, 질서 등은 인간과 자연사이의 일치와 불일치의 여부가 중요한 것이 아니라 생물의 다양성을 보존하려는 통합된 의무라는 사실을 인식해야 한다.

에코민주주의의 향방을 제시하다

이제까지 제3장에서 고찰해 보았듯이, 에코민주주의는 자연과 인간의 소통체계를 회복하고 생태적인 원리가 구체화된 대안제도들의 논의를 실험하는 장이다. 에코민주주의의 사회로 가기 위한 전략은 녹색 공공영역의 활성화, 시민사회의 공적영역을 더욱 확산해 나가는 것이다. 따라서 우리는 한국사회에서 에코민주주의가 향후 나아갈 향방을 다음과 같이 제시해 보자.

첫째, 에코민주주의는 개발주의와 전면 대치된다. 왜냐하면 개발주의는 인간과 자연의 상호의존을 전제로 하여 권력의 생태적 배분과 균형을 추구하는 에코민주주의와 정면으로 충돌하기 때문이다. 21세기 생태위기의 시대에서 에코민주주의는 인간중심의 근대민주주의를 대체해야 할 대안민주주의로 주목받는 것은 당연하다. 불행하게도 최근 한국사회에는 만연(漫然)한 개발주의로 인해 인간중심의 근대민주주의를 넘어 생태적 민주주의의 이행을 가로막아 왔다. 이 때문에 한국사회를 멍들게 하는 개발주의의 문제는 현재의 문제이면서 미래의 문제이자 지구 에코공동체의 한 구성원으로서 한민족이 함께 해결해야 할 생존의 문제가 되었다.

울리히 벡(Ulrich Beck)이 지적한 바와 같이, 이제까지 "자연은 자연이라기 보다 오히려 하나의 개념, 규범, 회상, 반(反) 유토피아의 구상이었다."[1] 자연은 현재 존재하지 않을 만큼 제멋대로 인간의 때 묻은 손길을 타고 길러지고 있다. 현시점에서 환경운동은 자연과 사회가 전 지구에 걸쳐 모순적으로 대립되고 있는 상황에 민감한 반응을 보일 수밖에 없다. 이 과정에서 자연과 사회라는 두 개념이 모순적으로 대립하고 있지만, 아직 원

---

1) 울리히 벡, 『적이 사라진 민주주의』, 정일준 옮김, 새물결, 2005, 301쪽.

만한 해결점을 찾지 못했다. 따라서 환경문제에서 자연 자체의 파괴의 측정기준으로 자연을 이용한다면, 자연주의적 오해라는 함정에 빠질 수 있다.

주지하듯이, 우리 한국사회는 아직 에코민주주의의 실천적 기반을 제대로 마련하지 못했다. 민주주의를 심화해 나가는 과정에서 환경문제의 해결을 위한 대의민주주의의 인식과 대안적 모색의 단계가 시급하다. 지난 IMF 경제위기 탈출이라는 시대적 상황을 감안하더라도 한국에서의 민주화는 집권세력의 변화를 넘어서 대안민주주의를 모색하는 차원에서 에코민주주의를 향한 논의를 활성화하는데 지속적으로 이어지지 못했다. 지난 김대중 정부 이후 10년 동안 한국정치는 민주화되었지만, 민주화된 국가의 녹색화는 실패했다. 이명박, 박근혜 두 정부 들어서 지금까지 애써 이루어 놓은 민주주의체계는 거의 실종되었으며 녹색화라는 이름으로 거창하게 치장은 했지만, 녹색화는 쇠퇴한 황색화로 변해 가고 있다. 이명박, 박근혜 두 정부는 시민단체들의 공적 영역의 의사를 무시하는 것은 물론, 대의민주주의의 제도를 송두리 채 뒤흔드는 권위주의적, 일방주의적 밀어 붙이기 정책을 강행해 왔으며, 거의 모든 정책에 걸쳐서 국민의 여론을 무시하며 강행하는 행태는 도를 넘어섰다. 이에 대해 시민단체는 물론 진보적 정치단체들은 민주적 대안세력의 대비책을 하루빨리 마련해야 할 절박한 시점에 와 있다.

둘째, 시민의 적극적 참여를 견인할 한국의 현실에 맞는 정치제도로서 에코민주주의가 절실히 요구된다. 앞서 에코민주주의 담론에서 고찰하였듯이, 에코민주주의의 이론적 차원의 논의는 다양하다. 이론적 토대는 에코민주주의의 논의를 확산시키는 데 중요한 공헌을 했지만, 동시에 극복해야 할 과제들도 동시에 떠안고 있다. 우리 한국의 현실에서 에코민주주의 논의 자체가 제대로 무르익지 않았기 때문에 향후 의사결정 과정에서 직면하게 되는 딜레마와 이것을 해결하기 위한 전략적 이해가 필요하다. 무릇 에코민주주의는 인간세계와 자연체계 사이의 경계선을 없애는 것이다. 여기서 에코민주주의가 경계선 없는 민주주의의 의미를 되새길 필요가 있다.[2] 환경문제와 그 쟁점들은 기존 정부의 사법권을 넘어서기 때문에 정부의 사법권 안에 있는 기존의 권위가 반동적 행태를 지속된다면, 그에 저항하는 민주주의의 영역으로서 비정부 기구의 영향력을 확산시킬 대안마련이 절실하다.

셋째, 민주주의가 지향점은 구딘, 드라이잭, 돕슨 등의 에코민주주의 담론에서 강조하는 **소통**이다. 에코민주주의의 담론에서 소통을 왜곡시키는 장벽을 넘어서는 일이 가장 시급한 사안이 되었다. 지금껏 민주주의적 소통의 장벽이 두터웠으나, 이제 녹색적 사고의 활성화로 인간 밖의 세계, 즉 자연과 소통하는 길은 활짝 열려 있다. 故 문순홍이 『생태학 담론』에서 지적하였듯이, 시민사회의 주도적인 거버넌스에 대해 가능성과 한계를 성찰해야 한다. 거버넌스는 시민의 권한을 강화할 수 있다는 점에서 분명히 새로운 기회이다. 그러나 강력한 반국가주의 담론은 시민적 책임의 핵심영역들을 손상시킬 가능성이 크다. 이러한 문제는 시민사회가 사적 이익의 장이 되는 것을 막기 위해서 시민사회 내에 소통적 거버넌스 체계를 구축하는 노력이 필요하다. 유감스럽게도 이러한 소통의 거버넌스 체제의 원활함이 우리 사회에서 활성화되지 않았다. 무릇 모든 실재가 목적으로 간주된다는 것은 수단과 목적 관계가 불확실해 질 수 있다는 것을 뜻한다. 예컨대 강이 “운하”[3]가 된다는 것이 바람직하지 못한 이유는 개발비용이 비싸고 쉽게 침식될 수 있기 때문이 아니라, 강이 자신의 합

---

2) 존 S. 드라이잭, 『지구환경정치학담론』, 정승진 옮김, 에코리브르, 2005, 344-346쪽.

3) 4대강 토건 진설 보고서에 대한 자세한 내용은 다음을 참조: 김정욱, 『나는 반대한다 -4대강 토목공사에 대한 진실 보고서』, 느린 걸음, 2010: 최병성, 『강은 살아 있다』, 황소걸음, 2010.

목적성을 드러내지 못하고 수단으로만 간주되었기 때문에 바람직하지 못하다.

넷째, 에코민주주의는 자연생태계와 인간사회의 조화로운 유지를 가능하게 해주는 다양한 삶의 방식에 기반한다. 이러한 에코민주주의는 두 가지 기본속성을 갖고 있다. 하나는 역동적이고 지속가능한 균형성에 입각하여 인간의 삶을 바라보는 것이다. 다른 하나는 인간 삶의 근본적인 변화를 전제한다. 인간의 삶이 근본적으로 변화해서 에코민주주의가 성립하느냐 혹은 성립하지 않느냐 하는 문제는 물론 인간의 능력에 달려 있다.[4] 에코민주주의는 단지 사회질서를 위한 규범을 말해 주는 것이 아니다. 그것은 현재와는 다른 사회를 만드는 것이며, 인간과 인간, 인간과 자연사이의 다양하고 복잡한 연관관계를 중요시 한다. 이런 점에서 에코민주주의는 우리가 서 있는 지금, 새롭게 시작해야 한다. 더 이상 우리는 자연과 문화를 서로 다른 영역으로 간주해서는 안 된다. 다시 말해 우리 인간은 자연을 인위적으로 통제하지 말아야 하며 또한 인간들끼리도 서로 통제하지 않아야 한다. 따라서 우리 인간은 자연과 조화를 이루는 동시에 인간들 상호 간에도 조화를 이루도록 노력해 나가야 한다.

기후변화, 책임윤리로 응답하다

지금까지 역사적으로 고찰해 보았을 때, 선진국에서 지구 온난화에 대해 사회복지나 이산화탄소 배출량의 감축정책에 의해 분담율을 완화시킨다고 할지라도 전체적인 관점에서 남반부(후진국)를 수단으로 간주함

4) Roy Morrison, 앞의 책, 39쪽.

으로써 가능했다. 자본주의의 전지구화(globalization)는 선진국, 후진국을 포함하여 세대 간 대립과 경제적 차이의 갈등을 보편화한다. 이와 다르게 선진국 안에서도 이미 남쪽이 존재한다. 생태적 세계화를 위해 먼저 요청되는 윤리는 책임윤리다. 지구온난화에 가장 많은 책임이 있는 선진국들은 세계화가 선진국은 물론이고 개발도상국에도 소득을 증대시킬 수 있다고 본다. 그러나 현실은 그다지 녹록치 않다는데 있다. 세계화로 인한 이윤은 아주 선진국과 개발도상국사이에 불균등하게 배분되고 있다는 사실이다. 투자, 성장, 신기술은 전 세계 몇몇 지역(유럽, 북아메리카, 일본, 동아시아의 신흥공업국)에만 집중되고 있고, 두 번째 서열에 속하는 나라들은 떡고물에 해당하는 어느 정도 세계화에 이득을 보고 있다.[5] 하지만 그 밖의 나라들은 전적으로 성장에서 배제되어 있거나 단지 패배자로서 참여하고 있을 뿐이다. 가난한 나라들은 대부분 빚더미에 눌려 국민의 기본욕구조차 채워주지 못하고 있으며, 가난한 나라와 부자 나라의 간극은 점점 깊어만 가고 있다.[6]

10억이 넘는 사람들은 아직도 하루에 1달러 미만의 돈으로 생활하고 있고, 대부분은 전화를 걸어 본 적도, 태어난 곳을 벗어나본 적도 없다. 환경의 파괴는 국경의 범위를 넘어 국가 문화 종교적 정체성과 아무런 관련이 없이 진행된다. 오존층의 파괴, 해양오염, 산림파괴, 사막화, 토질악화, 산성비, 이산화탄소 배출, 유해 폐기물, 핵위협 등은 우리 모두에게 영향을 미친다.[7] 21세기 후반에 명료해진 것은 산업 자본주의의 발전이 자연사적으로 보아 결정적인 한계에 직면했다는 사실이다. 구체적으로

---

5) 김일방, 「세계화가 환경에 미치는 영향과 세계화의 윤리」, 51쪽.

6) 마티 코어, 「인간의 지구화」, 에른스트 울리히 폰 바이체커, 『환경의 세기』, 권정임 · 박진희 옮김, 생각의 나무, 1999, 252-253쪽.

7) Held David, Anthony McGrew, David Goldblatt and Jonathan Perraton, *Global Transformations*, Stanford University Press, 1999, 391쪽.

전지국적 환경파괴, 에너지와 식량부족 등이 눈앞에 닥쳐왔다. 우리가 현재의 생활수준을 유지하는 한에서 생태위기를 전면적으로 피할 수는 없다. 그 비참한 사태를 체험하는 것은 미래의 타자다. 그것을 우리가 이미 인지하고 있다고 할지라도 이러한 지구온난화를 불러오는 산업자본주의적 발전을 멈추게 하는 것은 단지 공리주의적 행복의 원리에서 나오는 것은 아니다. 우리가 공리주의를 채택하여 행복을 극대화하는 것을 인정한다고 가정해 보자. 행복을 극대화한다는 것은 전체 행복의 총량을 증진하는 것인가? 아니면 평균 행복을 증진하는 것인가? 우리의 관심이 현재의 상황에 제한한다면, 이러한 구분은 그다지 중요하지 않다. 행복주의의 관점에서 물론 최대다수의 행복을 추구할 자유를 누릴 수 있다. 또한 그것이 공적 합의에 근거한다면 누구도 불평을 할 수는 없을 것이다. 하지만 향후 등장할 미래의 인간은 그러한 합의에 참여할 수 없기 때문이다.[8)]

지금까지 고찰해 보았듯이, 화석연료는 전력을 생산하기 위해 소비되는 일차에너지의 약 4분의 3을 공급한다. 전력에서 비롯되는 CO_2 배출을 줄이는 데는 기술적으로 세 가지 방법을 전문가들은 말한다. 첫째, 탄소의 포집과 저장, 둘째, 원자력 발전, 셋째, 지열, 바람, 태양열, 조수, 파도, 해류와 같은 재생가능 에너지원을 이용한 발전이 그것이다.[9)] 또한 최근 "스턴보고서"[10)]에 의하면, 기후변화에 대처하는 가장 중요한 요소들로서 첫째, 탄소배출권 거래, 둘째, 기술협력, 셋째, 산림파괴 중지, 넷째, 선진

8) 가라타니 고진, 『윤리 21』, 송태욱 옮김, 사회평론, 2003, 122쪽.

9) 민치리, 「기후변화, 성장의 한계, 사회주의」, 존 벨러미 포스터 외 9인/김철규 외 옮김, 『생태논의의 최전선』, 필맥, 2009, 73쪽.

10) 토니 블레어 영국 전 수상은 전 세계적으로 기후변화에 대한 공동 대처 필요성을 가장 적극적으로 주장한 사람들 중의 한 사람이었다. 블레이어 수상은 2006년 기후변화분석 수석자문관인 니콜라스 스턴경에게 종합보고서 작성을 요청했고, 2006년 11월 스턴보고서(Stern Review)가 출간되었다.

국들의 공동개발원조(ODA) 지원증대를 통한 개발도상국들의 기후변화 적응노력 지원을 열거하였다. 스턴보고서는 2012년 종료되는 교토의정서 체제의 "후속체계(post-2012)를 논의"11)하는 국제협상이 시작되는 현시점에서 매우 중요한 영향을 미쳤다. 기후변화와 책임소재는 향후 대처방안을 놓고 많은 논란들이 불거졌다. 지구온난화를 초래하고 있는 이산화탄소를 어느 국가에서 주로 발생한 것인가에 대한 역사적 책임을 가리고, 일차적으로 책임을 져야 할 미국을 비롯한 부국들이 우선적으로 이산화탄소를 감축해야 한다. 현재 발효 중인 기후변화협약과 교토의정서의 내용은 이러한 역사적 책임원칙에 의거해 있다. 또한 향후 어느 국가들이 주로 이산화탄소를 많이 발생시킬 것인가를 예측하고, 이산화탄소의 발생을 최대한 억제하자는 것이다.

이 두 부류가 post-2012체제(교토의정서 이후의 체계)에서 대체로 다루어 졌다.12) 지난 2015년 파리협정은 교토의정서를 대체하는 신기후체제다. 이 협정은 2020년 이후부터 적용된다. 지난 1997년 COP3에서 체결된 교토의정서는 과거의 책임을 물어 선진국에만 온실가스의 감축의무를 부과했다. 예정대로 진행되었다면, 2012년 온실가스 감축의무 부가가 종료예정이었지만, 2012년 이후에 대해 국제합의를 이끌어내지 못했다. 지난 2009년 15(코펜하겐)에서 포스트(Post) 2012년에 대한 국제적 합의를 실패했기 때문이다. 교토의정서 체제에서 미온적 태도로 일관하던 미국은 전향적으

11) 교토의정서는 오는 2012년 그 효력을 잃게 된다. 지난 2005년 의정서가 발효된 직후부터 '포스트 교토'에 대한 논의가 일찌감치 시작된 것도 이 때문이다. 유럽연합은 가장 발 빠른 행보를 보이고 있다. 2007년 3월 9일 벨기에 브뤼셀에선 27개 유럽연합 회원국 정상들이 모여 오는 2020년까지 ① 회원국에서 사용하는 에너지의 20% 이상을 재생 가능 에너지로 교체 ② 교통수단에 사용하는 연료의 10% 이상을 바이오연료로 충당 ③ 온실가스 배출량을 지난 1990년 수준에서 20%까지 삭감하는 등의 내용을 뼈대로 한 기후변화 대응 방안에 합의했다.

12) 문하영, 앞의 책, 40쪽.

로 입장을 바뀌었다. 미국 오바마 대통령은 청정전력계획(Clean Power Plan)을 이끌며 적극적으로 참여했다. 다소 늦었지만 미국은 선진국들의 책임을 강조하였고, 참여를 거부하던 중국도 적극적으로 돌아섰다.[13]

환경에 대한 대중의 공포가 다소 과장되었을지라도 모든 날, 모든 사람들이 똑같이 책임이 있고, 이들이 모두 똑같은 영향을 받을 수 있다. 지구온난화를 야기하는 선진국들은 그 이전보다 적극적이면서 강한 책임의식이 필요하다. 우리는 이에 대해 생태철학자 한스 요나스의 총체적 책임이라는 말에 귀를 기울일 필요가 있다. 즉, "다음에는 무슨 일이 발생할 것인가? 그것은 어떤 결과를 가져오는가? 그리고 동시에 "이전에는 무슨 일이 발생하였는가? 지금 일어나는 일은 이 실존의 전체적으로 형성된 존재와 어떻게 결합되는가? 한마디로 총체적 책임은 역사적으로 접근해야 하며 그 대상을 역사성 속에서 파악해야 한다."[14] 인간이 마구잡이식의 자연정복을 역전시킬 수 있는 능력이 거의 비슷할 것이라 생각해서는 더 이상 안 된다.

환경문제에 있어서도 선진국과 개발도상국 사이의 격차는 점점 크게 벌어지고 있는 실정이다. 만약 선진국들이 엄격한 환경규제의 법규를 제정했다고 할지라도, 미국과 일본, 한국을 비롯한 기타 OECD 국가들이 지구온난화 및 환경공해에 대해 가장 책임이 크다. 다른 지역에 비해 1인당 환경오염물 배출량이 평균 4배에 이르는 사실은 되 바꿀 수 없다.[15] 흔히 어떤 나라가 경제적으로 발전을 했다는 것은 공해를 가장 많이 배출한나라로서 가장 잘 사는 나라가 되었다는 것을 의미한다. 또한 미래의 환경

---

13) 환경재단, 『2030 에코리포트, 파리기후변화의 특별판』, 환경재단, 2016, 34쪽.

14) H. 요나스, 『책임의 원칙: 기술시대의 생태적 윤리』, 이진우 옮김, 서광사, 1994, 192쪽.

15) Held David, Anthony McGrew, David Goldblatt and Jonathan Perraton, *Global Transformations*, Stanford University Press, 1999, 397쪽.

정책에 있어서도 불공평하게 큰 영향력을 발휘할 것이라는 사실을 함축한다.

최근 지구온난화는 세계경제를 20%까지 위축시킬 수 있고, 세계 양차 대전과 대공황 때와 같은 경제적 사회적 분열을 초래할 수 있는 잠재력을 지니고 있다. 그럼에도 불구하고 세계는 이 문제의 해결에 그다지 적극적이지 않다. 세계에서 가장 많은 온실가스를 배출하는 미국은 교토의정서에 서명을 거부했고, 이미 서명한 국가들도 지구온난화의 위협에 맞서 싸우는 시늉만 하고 있다. 교토의정서를 전면적으로 이행한다고 해도 온실가스효과는 미미한 정도에 불과하지만, 그마저도 외면당하고 있다. 교토의정서에 관한 협의가 시작되고 16년이 흐르는 동안에 온난화의 원인인 온실가스는 점점 더 증가해 왔고, 전문가들은 교토의정서가 발효된다고 해도 계속 증가할 것이라 믿어 왔다.[16] 지구 온난화의 문제가 현재 인류가 직면한 가장 심각한 문제라는 것을 알고 있으면서도 이에 대한 대책이 이 정도에 불과한 실정이라면, 그 밖의 문제에 대한 대책을 어떻게 기대할 수 있겠는가? 세계에서 이산화탄소를 가장 많이 배출하는 부유한 나라들은 자신들의 활동으로 전 세계적 환경 악화의 42%를 유발했으면서도 그로 인한 비용을 단지 3%만을 떠맡고 있다는 현실을 부끄럽게 여겨야 하며 그에 대한 도덕적, 법적 책임을 져야 할 의무가 있다. 다른 선진국들을 굳이 거론하지 않더라도 한국은 이러한 현실을 직시하고 환경문제 개선을 위해 정부는 보다 현실적이면서 구체적인 정책 수립과 그 집행을 도모해 나가야 한다.

기후변화와 오존층의 감소는 20세기가 마감할 때까지 미비한 정도였으나 21세기에 들어 그 영향력이 지대할 것으로 추정된다. 그러나 아직

16) 나얀 찬다, 앞의 책, 485-486쪽.

그 누구도 피해의 범위를 정확히 예감할 수 없다. 당장 내일부터 오존층을 파괴하는 화학물질의 방출을 완전히 중단한다고 할지라도 오존층을 다시 원상회복하는 기간은 최소한 한 세기이상은 기다려야 한다. 기후변화의 경우 대기시간은 더 길어진다. 지난 20세기에 대기 중에 방출되어 이산화탄소의 대부분은 향후 몇 세기동안 대기 중에 머물 것이다. 따라서 지난 20세기에 자행된 화석연료의 연소는 몇 세기 동안 우리의 운명을 일정정도 이미 결정해 놓고 있다 해도 과언이 아니다.[17] 궁극적인 목표는 "온실가스의 감축이나 지구 온난화를 막는 그 자체가 아니라 삶의 질과 환경을 개선하는 것임을 잊지 말아야 한다."[18] 우리 한국사회에서 핵발전소의 확산은 현세대뿐만 아니라 미래세대의 생존과 그들의 삶의 조건에 엄청난 영향을 미치게 되는 중대한 사안이다. 현세대가 미래세대에게 수만 년 동안 지속되는 엄청난 위험을 물려줌으로써 결코 자연의 권리와 미래세대의 권리를 존중하지 못한다. 생태 철학자 요나스가 『책임의 원칙』(1979)[19]에서 강조한 "너의 행위의 영향이 믿을 수 있게 영원히 지상의 진정한 인간적인 삶이 되도록 행위 하라"는 발언은 미래의 책임에 대해 심각하게 고민한 흔적에서 나왔다는 것을 상기할 필요가 있다.

21세기 인류는 "향후 자연에 대해 어떤 태도를 취하는가에 따라 달려 있다. 인간이 아직도 얼마만큼 행위를 더 할 수 있는가가 아니라 자연이 얼마만큼 견딜 수 있는가의 문제[20]"[21]로 바싹 다가섰다. 지구가 세계의

---

17) J.r. 맥닐, 『20세기 환경의 역사』, 홍욱희 옮김, 에코리브르, 2008, 207쪽.

18) 비외른 롬보르, 『쿨잇-회의적 환경주의자의 지구 온난화 충격보고-』, 김기응 옮김, 살림, 2008, 27쪽.

19) Hans Jonas, *Das prinzip Verantwortung, Versuch einer für technologische Zivilisation*, Frankfurt a. M. 1979.

20) Hans Jonas, 앞의 책, 329쪽.

21) 한스 요나스의 생태학적 사유의 자세한 내용은 다음을 참조: 양해림, 『한스 요나

종말에 대해 예측하고 있는 현 상황에서 인간이 스스로 승리자라고 자만한 승리는 승리자 자신을 오히려 위협에 빠트릴 수 있다는 사실을 제대로 인식해야 한다. 이런 점에서 우리는 인간과 자연, 자연과 인간의 관계를 다음과 같은 요나스의 발언에 주목할 필요가 있다.

> "오늘날 많이 논의되는 인간과 자연의 관계에 관한 물음에 핵심적 역할을 담당하는 것은 바로 살아있는 것과 우리를 위해 어떤 생명도 가지고 있지 않은 것의 구별이다. 만약 우리가 자연에 대한 인간의 관계를 말하고 특히 자연에 대한 인간의 책임을 말한다면, 그것은 우리가 지각하는 은하계에 대한 책임을 말하는 것이 아니라 지상의 사물들, 곧 지구표면에 존재하고 있는 것과 유기체적 생명을 지닌 얇은 껍데기에 대한 책임을 말하는 것이다. 이 자연은 살아있기 때문에 훼손될 수 있다. (....) 우리로 인해 실제로 위협받는 것은 오직 살아있는 자연이다. 살아있는 자연 안에도 아주 특별한 자연, 우리의 존재 자체인 그런 종류의 자연, 정신을 보여주는 종류의 자연이 위협받고 있다."

이렇게 인간과 자연, 자연과 인간은 긴장과 대립 그리고 화해의 관계를 지금까지 지속되어 왔다. 인간은 자연에 의해 어떠한 제재를 받지도 않았고 모든 것이 허용되었던 까닭에 자신들의 창조적인 자유도 존재하였다는 것을 새겨둘 필요가 있다. 그렇지 않으면 인간은 향후 엄청난 재난을 피할 수 없다. 핵발전소의 주원료인 우라늄은 그 매장량이 매우 제한되어 있고 더욱이 석유처럼 지역편중성이 심한 편이다. 따라서 자원고갈과 가격변동성의 위험은 여전하기 때문에 안정적인 에너지 공급원으로서의 전망은 그리 밝지 않다.[22] 핵에너지는 결코 지속가능한 에너지가

스의 생태학적 사유읽기』, 충남대학교 출판문화원, 2013.

22) 한국수력원자력(주) 홈페이지(http://www.khnp.co.kr/)에 소개된 에너지자원 이용 예상기간으로 석유는 40년, 석탄 230년, 천연가스 60년 그리고 우라늄은 60년 정도로 추정하고 있다. 비록 핵연료를 재처리하는 '고속증식로(fast breeder reactor)'와

아니다. 인간의 능력과 자연환경의 수용 범위를 훨씬 넘어선 핵에너지는 인류를 포함한 생태계의 지속적인 존립자체를 위협하는 에너지이다. 에너지를 생산하고 소비하는 문제는 현세대뿐만 아니라 미래세대의 생존과 그들의 삶의 조건에 상당한 영향을 미치게 될 중요한 사안이다. 오늘날 우리가 현세대를 뛰어 넘어 미래세대가 우리로부터 물려받을 내용과 모습을 결정짓게 한다는 점에서 매우 엄중하다. 이는 대부분의 편익을 누리는 수혜자로서의 현세대와 향후 위험과 손실을 감수해야 할 잠재적 피해자로서의 미래세대로 철저히 분리되는 세대 간에 걸친 형평성의 문제다.

하지만 현세대와 미래세대간의 정의에 관한 윤리의 문제인 동시에 인간을 포함한 다른 생물종에까지 영향을 미칠 수 있는 모든 환경문제를 포괄하는 것이다. 결국 에너지의 문제는 시공을 초월한 전 지구적인 생명과 삶의 문제인 것이다.

기후변화, 윤리적 정의로 응답하다

IPCC는 지난 2014년 10월 덴마크 코펜하겐에서 열린 IPCC 제40차 총회에서 '기후변화에 대한 IPCC 2013 제5차 평가종합보고서(SyR, Climate Change 2014 Synthesis Report)'를 승인하였다. 지난 제21차 기후변화협약 당사국총회(2015년 12월 12일)에서 국제기후변화협상 역사상 기념비적인 파리협정(Paris Agreement)이 체결되었다. 기후변화협약의 196개 당사국들은 파리 협정에서 선진국과 개발도상국 모두의 참여를 통해 지구 평균 온도 상승 폭을 산업화 이전 대비 2℃보다 훨씬 낮게, 1.5℃까지 억제하기로 합의하였

같은 기술을 대안으로 제시하면서 거의 무한에 가까운 에너지원이 확보가능하다고 설명하고 있지만(3600년), 그 비용과 기술적 어려움이 여전히 상존한다.

다. 이 파리협정은 2100년까지 산업화 이전 대비 지구 평균기온 상승폭을 2도 이상 유지하며, 1.5도까지 제한할 수 있도록 노력한다는 목표가 담겨 있다. 감축의 투명성과 실효성을 높이는 제도적 장치도 마련했다. 구체적인 국가감축목표(Nationally Determined Contribution, NDC)를 2018년까지 제출하고, 그 이행사항을 2023년부터 5년마다 국제사회의 검증을 받도록 했다.[23) 기후변화에 관한 정부간 협의체(IPCC)가 발간한 제5차 보고서에 따르면, 지구평균온도 상승폭을 2도 이하로 억제하려면 전 세계 온실가스 배출량을 2050년까지 2010년 대비 40~70% 감축해야 한다. 또한 21세기 후반부에는 화석연료의 완전퇴출이 불가피하다.

기후변화를 유발하는 온실기체들 중 가장 비중이 높고 대기 중 체류기간이 오랜 이산화탄소가 주로 화석연료를 태울 때 발생하기 때문에 이러한 합의를 지키기 위해 이산화탄소 배출량이 넘지 말아야 한다. 파리협정은 전 인류의 탄소예산을 한정하고 태울 수 없는 탄소의 양을 확정한 것이다. 그렇기 때문에 파리협정은 "화석시대의 종언"을 선언한 것이다. 이것이 글로벌 기후변화를 해결하기 위해 국제사회가 도출한 에너지 합의이다. 하지만 제5차 평가 종합 보고서나 파리협정에서 기후변화에 대해 합의하였음에도 불구하고 그 어려움은 다음과 같이 여전히 산적해 있다.

첫째 기후변화 합의의 어려움은 배출감축의 재분배가 무엇을 추구한다면, 기후변화의 위협에 소요되는 선진국과 개발도상국간의 비용거래는 그것을 조정하기까지에는 다소 시간이 걸린다. 두 번째 기후변화 합의의 어려움은 현세대가 미래세대의 이익을 위해 현재의 자원을 절약하여 지불할 경우, 미래세대는 현세대보다 향후 훨씬 더 부유해 질 수 있다. 현재 개발도상국들의 빈민들은 미래의 빈민들보다 오히려 더 가난해 질 수

23) 환경재단, 『2030 에코리포트, 파리기후변화의 특별판』, 환경재단, 2016, 34-42쪽.

있다. 배출량 감축의 목표가 빈민들을 도와주는 것이라면, 선진국들이 현재를 무시하면서 많은 자원을 소비하는 것은 그다지 효율적인 정책이 아니다. 개발도상국의 입장에서 현금을 지원받는 것이 더 많은 이익을 얻을 것이며, 현재의 개발도상국은 미래의 개발도상국보다 절실한 지원을 요청해야 한다. 셋째, 기후변화협약은 분배 정의의 관점에서 여전히 문제가 있다. 분배정의의 범위는 부유한 선진국부터 개발도상국에 이르기까지 광범위하게 걸쳐 있다. 분배정의의 논쟁들은 어떤 나라는 부유하고 어떤 나라는 가난하다고 간단하게 넘어갈 수도 있다. 가난한 사람은 부자인 사람보다 1달러만 갖고도 더 많은 편익을 취할 수 있다. 예컨대 미국과 같은 선진국에서도 빈민이 도처에 있고, 인도와 같은 개발도상국에서도 부자가 있는 것과 같은 이치다. 재분배가 목적이라면, 이득을 얻은 국가들이 대부분 부유한 나라들일지라도, 그 반대의 개발도상국을 알아보는 것도 도움이 될 수 있다.[24]

무엇보다 선진국과 개발도상국사이의 비용 분배의 정의를 일차적으로 평가하는 기준은 비용분배가 모두에게 적용되고 거의 동일한 관련 비용이 모든 당사자에게 부과된다는 것이다. 하지만 윤리적 정의 모델은 정치적으로 반드시 동의를 구해야 한다는 부담에서 벗어났기 때문에 기존의 불평등을 받아들이는 경향이 덜하다. 오히려 이러한 모델은 출발수준의 불공평 자체를 문제시하는 것을 과제로 여긴다. 또한 이 윤리적 정의의 모델은 기후변화에서 발생하는 문제를 완화시키기 위한 책임의 분배를 소정의 규모에 비례하여 결정하는 것은 아니다. 그 대신에 이익이나 부담을 향후 적합 내지 공정하다고 여겨지게 분배할 수 있는 적합성에 따라 결정한다. 여기서 결정된 책임분담이 얼만 만큼 실현가능한 것 인가는

24) Eric A. Posner/David Weisbach, *Climate Change Justice*, Princeton university Press, 2010, 79쪽.

상관이 없다.[25)]

파리협정에서 또 하나의 중요한 쟁점은 기후기금이다. 2020년부터 매년 1,000억 달러의 기금을 조성하여 개발도상국을 지원한다는 코펜하겐 회의의 결정을 재확인한 부분이다. 따라서 기후변화에 대한 대응에서 우리가 달성하고자 하는 목표, 즉 기후변화에 대한 효율적 대응 방안을 모색해야 나가야 한다. 물론 이 과정에서 경제적 분석이나 정치적 논의가 당연히 수반되어야 한다. 이런 점에서 기후변화에 대해 적절한 대응을 모색하는 일은 관련 과학적 결론과 그에 근거한 비용-편익 분석만으로는 해결하기 곤란하기 때문에 윤리적, 정치적 안건에 대한 책무를 더욱 필요로 한다. 기후변화의 안건이 윤리적 정의의 측면을 포함하는 인문학적 고려를 우회하는 방식으로 해결하기란 그다지 쉽지 않다.

이런 측면에서 기후변화 연구의 미래상이 단순한 학문적 연구를 넘어 가치적 고려를 적극적으로 도입하는 학제적 연구가 활성화 되어야 하는 이유가 있다.[26)] 말하자면 기후변화의 대처상황에 대한 합리적이고 바람직한 대응을 위해 기존 학제적 연구가 전제하고 있는 개념적, 제도적 틀 자체에 대한 반성적 사유를 통한 제도 개혁이 필요한 것이다. 따라서 기후변화는 기후정의라는 개념을 통해 기후변화대응이 미래세대에 대한 책임의식에서 전개되는 것이 아니라 현재 진행형으로 성과를 약속해야 한다는 점을 시사한다.[27)] 따라서 우리는 기후변화에 적응해야 하는 이유를 눈여겨 살펴보고, 범정부차원의 보다 효율적인 대비책을 다음과 같이 함께 고민해야 할 것이다.

---

25) 디터 비른바하, 「기후책임은 분담의 문제다.」 하랄드 벨처외, 『기후문화-기후변화와 사회적 현실』, 성균관대학교 출판부, 2013, 155쪽.

26) Thomas S. Kuhn, *The Structure of Scientific Revolutions*, 2010.

27) 마크 미슬린, 『기후변화의 정치학』, 조홍섭 옮김, 한겨레출판, 2013, 209쪽.

첫째, 지구상에서 기후변화는 더 이상 피할 수 없다. 둘째, 기후변화는 예상을 하고 대응하는 사전 예방차원의 적응은 최후 순간의 비상대응보다 선진국과 개발도상국간에 효율적인 비용의 대비가 필요하다. 셋째, 기후변화는 현재 상황에서 예측한 것 이상으로 앞당겨서 닥쳐올 가능성이 높다. 우리가 앞서 고찰한 것처럼, 예상 밖의 기후변화로 인해 뒤따르는 사건들이 발생할 가능성은 여전히 높다. 넷째, 기후의 변동성과 극단적 대기사고에 잘 적응함으로써 신속하고 지혜롭게 대처해야 한다. 예컨대 허리케인, 후쿠시마 원자력 발전소 사고와 같이 기후변화에 대비하여 건축법을 강화하고 기존의 비상 대피 훈련 등을 개선할 필요가 있다. 다섯째, 잘못된 기후변화의 적응 정책과 관행을 개선해 나가야 한다. 여섯째, 기후변화는 위협과 함께 동시에 기회를 가져다 줄 수 있다.

기후변화, 공감을 확장시켜 나가다

앞서 기후변화와 공감의 확장과 관련하여 온실가스 증가추세의 원인을 살펴보았다. 따라서 우리는 지속가능한 발전을 담보하기 위한 기후변화 대응 전략을 다음과 같이 주시해야 할 것이다.

첫째, 세계기구가 세계중앙 정부의 성격을 모두 아우를 수는 없지만,[28] 유엔은 세계경제와 환경문제를 지속적인 협의와 협상체계의 틀을 확대해 나가야 한다. 현재 미국을 제외한 포스트 도쿄기후변화정책을 실행하기 위해 "필요한 권력과 충분히 대표적 협상권한을 갖춘 세계적 차원의 행위주체"로 나서야 한다. "왜냐하면 세계기구는 환경과 기후변화라

[28] Jürgen Habermas, *Zur Verfassung Europas Ein Essay*, Suhrkamp, 2012, 85쪽.

는 삶의 당면한 현실문제들"[29]에 대해 당연히 관심을 기울여야 하기 때문이다. 말하자면 유엔을 비롯한 세계 선진 국가들은 전 지구를 휘감고 있는 생태계의 문제(리우데자네이루), 인구증가의 문제(카이로), 빈곤문제(코펜하겐), 기후변화의 문제(베를린)에 관한 회의에서 현안문제들을 향후 구체적으로 다루어 나가야 한다. 이런 점에서 세계정상회의가 세계적 공론장 안에서 기후변화를 비롯한 현안문제들을 시급히 논의해야 한다.[30] 지난 2015년 11.30.~12.11까지 파리에서는 140여개 정상들 및 과학자들이 모여서 현재 기후 변화와 관련된 여러 문제에 대해 논의하고 해결책을 모색하는 제21차 유엔기후변화협약 당사국총회(COP21-2015 United Nations Climate Change Conference)는 좋은 실례이다. 이 총회에서 교토 의정서 체제가 종결된 이후의 온실가스 감축에 관련된 사항을 다루었다. 교토 의정서 체제에서는 선진국만 온실가스 감축의 의무가 주어졌지만, COP21에서는 모든 나라가 감축 의무를 져야 한다. 2015년 UN은 온실가스 배출의 60% 이상을 차지하는 40여 개국에 대해 '포스트-2020 기후변화 목표'를 세웠다. 따라서 유엔기후변화협약 당사국총회는 산적한 기후변화의 문제에 대해 각 세계 정부들을 향해 적어도 정치적 압력을 가해야 하는 절박한 시점이 서 있다.

둘째, 2015년부터 '온실가스배출권거래제'의 시행은 전 세계가 주목하고 있다. 시민단체를 중심으로 확정된 온실가스배출권거래제는 무상할당 비율이 1단계 100%, 2단계 97%로 원안보다 높아졌다. 시장안정화 조치 기준 가격도 톤당 1만원으로 낮아졌다고 우려하는 목소리도 들린다. 따라서 기후변화 정책을 비롯한 배출권거래제가 성공하기 위해서는

29) Christoph Menke/Arnd Pollmann, *Philosophie der Menschenrechte zur Einführung*, Hamburg, 2012, 194쪽.

30) Jürgen Habermas, *Die Einbeziehung des Anderen*, Frankfurt. a.M. 1996, 205쪽.

각 정부의 적극적인 정책지원과 기업의 적극적인 협력을 절실히 필요로 한다.

셋째, 공감의식이 증가할수록 지구의 에너지와 그 밖의 자원 소비가 급증하게 된다. 이것은 지구의 건강이 급속도로 악화되고 있다는 역설이기도 하다. 인류사의 한복판에는 공감-엔트로피의 역설적 관계가 이미 형성되었다. 지난 오랜 인류역사를 통해 새로운 에너지는 새로운 커뮤니케이션의 혁명을 통해 훨씬 복잡한 사회를 만들어 냈다. 기술적으로 진보한 현대사회는 다양한 사람들을 하나로 묶어 인간의 의식을 확장하고 **공감적 감수성**을 고조시켜 왔다.[31] 그러나 환경이 복잡해질수록 에너지 사용이 점차 많아짐에 따라 자원은 급속도로 고갈되었다. 공감-엔트로피의 수수께끼와 믿기 어려운 힘이 인류 역사의 방향을 결정해야 할 시점에 있다.

넷째, 지구온난화의 배출을 감축하려면, 부유한 선진국이든 개발도상국이든 일관되고 통일적이고 체계적인 장기계획을 세워 나가야 한다. 이러한 장기계획이 지지부진하게 설계된다면, 지구는 생명체에 돌이킬 수 없는 재앙을 초래할 수 있다,[32] 기후변화는 온실가스 농도에 비례하는 점진적 단계를 밟지 않고 갑작스러운 체제변환을 통해 일어날 수 있다. 그러므로 인류는 과거에 일어났던 갑작스러운 기후변화의 적절성을 경시하거나 가능성을 무시한다면 값비싼 대가를 치러야 할 것이다.

---

31) 제레미 리프킨, 『공감의 시대』, 2010, 6-7쪽.

32) 제레미 리프킨, 위의 책, 607쪽.

핵 없는 사회, 탈핵의 정치를 말하다

앞서 제7장에서 고찰하였듯이, 향후 원자력 발전의 증설이 지속된다면, 인류는 예측할 수 없는 글러벌 위험사회에 빠질 수밖에 없다. 이런 위험사회에서 향후 대체에너지를 위한 국가적 대안책들이 현재는 물론 미래세대를 위해서도 절실한 시점이다.

첫째 위험은 필연적으로 책임과 밀접하게 연관되어 있기 때문에 책임은 현재의 결정이 가져올 미래의 결과를 준비해야 한다. 어떤 측면에서 책임의 수용은 위험할 수 있다. 왜냐하면 위험이 그 원인에 대한 완전한 정보 없이 오직 그 결과에 대한 책임수용에 의해서만 다루어지기 때문이다. 예컨대 독일은 원자력의 위험성에 대해 성찰하면서 구체적인 대안을 고민한다. 즉 독일은 재생에너지 사용 비율이 높아 탈핵의 정치를 감행함으로써 재생에너지 산업의 수출 증대 기회로 인식되고 있다. 우리는 원자력의 위험에 대해 얘기하면서 원전의 위험을 낮추는 것이 아니라 그에 대해 미온적으로 대처한다. 국제원자력기구 발전 원자로 정보시스템을 살펴보면, 2014년 3월 기준으로 전 세계에서 가동 중인 435기 가운데 21%인 92기가 한국, 중국, 일본, 대만에 있다. 2010년~2020년 사이에는 매해 56GWe가 늘어날 것으로 보인다. 이는 앞으로 폐로하는 발전소의 36%에 해당하는 용량이다.[33]

우리가 원자력의 위험에 대한 성찰을 보다 진지하게 한다면, 보다 적극적인 대안이 필요하다. 물론 전력의 30% 이상을 원자력에서 얻는 일본이나 80%이상을 얻는 프랑스에서 다른 구체적인 대안을 고민하여 해결

33) 국제원자력홈페이지:(http://www.world-nuclear.org/info/Country-Profiles/Others/Asia-sNuclear-Energy-Growth) 참조할 것.

책을 내놓기란 쉽지 않다. 특히 일본은 원자폭탄을 경험하였기 때문에 원자폭탄이나 원전이나 똑같은 기술을 이용하는데 정작 후쿠시마 원전사고 전에는 그다지 원전에 대해서 위험하다고 생각지 않았다. 왜냐하면 그들은 문화적인 기제를 통해 두 위험을 분리하여 인식했기 때문이다. 지난 2011년 일본 후쿠시마 원전사고 이후 우리나라도 기후변화에 대한 우려로 화석연료에 대한 의존을 탈피하는 동시에 핵 발전을 넘어서 탈핵 에너지 전환에 관심을 보이는 지자체들이 늘어나고 있다. 지난 2012년 2월에 서울시 성북구청장 주도로 45개 지자체들이 탈핵을 선언했고, 2012년 4월부터 서울시는 원전 하나 줄이기 정책을 추진했다. 2015년 6월에는 경기도가 "에너지 비전 2030"을 발표했다. 또한 11월에는 서울시, 경기도, 충청남도, 제주도가 "지역에너지 전환을 위한 공동선언문"을 발표하면서 탈핵의 논의를 지피고 있다.

둘째, 우리사회에서 핵 없는 세상, 신속한 결단을 내려야 한다. 지난 이명박 정부는 2011년부터 2024년까지 핵 발전소 건설에만 29조 9,748억 원을 예정했다(5차 전력수급기본계획). 전 국토를 파헤쳐 황폐화시킨 4대강사업이 22조 정도였던 것을 감안하면, 이 또한 엄청난 금액이다. 이 돈으로 핵발전소를 건설하지 않고 재생 가능한 에너지로의 전환에 이용한다면, 핵 발전소의 전력을 대처하는 커다란 효과를 가져 올 수 있다.[34] 우리가 핵 없는 세상, 아이들의 미래가 행복한 세상을 만들기 위해서는 먼저, 원자력안전위원회의 독립적인 체계를 마련하고 방사선 비상 계획을 확립하며 원자력손해배상법을 개정해 핵 발전의 안전성을 높이고 핵발전소 사고에 대한 대비, 사고 처리 체제를 개선 보완해야 한다. 그리고 사용 후 핵연료 재처리를 금지하고 고준위 폐기물 처분장에 대한 사회적 공론화

34) 안재훈, 「핵에서 탈출하라! 일본 핵 발전소의 교훈」, 『함께사는 길』, 환경운동연합, 2011,4, 38쪽.

를 시작해야 한다. 또한 "중 · 저준위 핵폐기물 처리장 설비의 안전성에 대한 철저한 검토, 폐기장 운영에 대한 안전 규제를 강화"[35]해야 한다. 그렇게 하였을 때 생활 방사능 물질에 대한 종합적인 안전 대책을 수립하여 일상 방사능 노출로 인한 건강, 환경 피해를 줄일 수 있을 것이다.

셋째, 탈핵 및 탈핵의 정치는 에너지의 전환의 큰 기획 속에서 국회가 행정부를 감시하고 핵에 대한 안전성을 확보해야 한다. 핵 발전의 위험성과 문제점에 대한 분석 및 확산과 그리고 핵을 넘어설 수 있는 대안제시가 절실하게 필요한 시점이다. 독일의 경우에서도 확인할 수 있듯이, 대안의 존재 여부가 시민의 인식에 큰 영향을 준다. 핵에너지가 아닌 다양한 대안 에너지의 가능성을 보여줄 때 핵발전소를 둘러싼 논의도 더욱 더 활발해질 수 있다. 독일과 한국 · 일본은 그 밖의 다른 사회적 상황에 놓여 있다. 독일은 원자력의 위험성에 대해 성찰하면서 대안을 고민하는 단계에 접어들었다. 재생에너지 사용 비율이 높아 탈핵이 재생에너지 산업

---

35) 지난 2012년 이명박 정부는 2003년도부터 원전 철거 비용을 호기 하나당 3251억 원으로 상정하고 이를 '원전 철거비 충당금'으로 정한바 있다. 그러나 원전을 폐로하는 데에는 이보다 많은 비용이 들 것이라는 게 일반적인 예측이다. 황일순 서울대 원자핵공학과 교수는 원전 1기당 철거해체 비용을, 6,000억원 이상으로 추산했고, 환경운동연합과 강창일 민주당 의원은 지난 9월 우리나라에서 가장 오래된 원전인 고리 1호기의 폐로 비용을 9,860억 원으로 추산하는 보고서를 냈다. 최근 유럽에서도 원전의 폐로 비용이 과소평가되어 왔다는 지적이 나왔다. 지난달 8일 유럽 감사원은 가동이 중단된 원전의 해체철거비용은 지금까지 알려져 왔던 것보다 2배가량 많다는 특별보고서를 냈다. EU는 1999년부터 불가리아, 리투아니아, 슬로바키아에 있는 총 8기의 원전을 폐쇄, 철거하는 비용을 28억 유로(4조 3,000억 원)으로 산정하고 지원해 왔으나, 실제로는 이에 더해 25억 유로를 추가로 투입해야 한다는 것이다. 사용후 핵연료 처리 비용도 마찬가지다. 현재 우리나라는 사용후 핵연료를 각 원전의 저장 수조에 임시로 저장하고 있으며 매년 약 700톤의 사용후 핵연료가 발생해 2016년 포화에 이를 것으로 보인다. 그러나 이를 폐기할 '고준위 폐기물 처리장'을 어떻게 건설할지에 관한 공식적인 논의는 아직 이루어지지 않고 있다"(『오마이뉴스』, 2012-03-05).

의 수출 증대 기회로 인식되고 있다. 위험에 대해 얘기하면서 원전의 위험을 낮추자고 하는 것이 아니라 근본적으로 새로운 방향의 에너지 정책을 제시해야 한다. 특히, 정치인들이 원자력의 위험에 대해 성찰을 한다면, 어느 정도 문제의 해결이 가능하다. 독일의 경우에서 보듯이, 에너지 절약과 효율 향상을 통해 에너지 소비를 줄이고 재생가능에너지를 확대하는 방식이 경제적으로 기회로 제공되었고, 풍력에너지나 태양에너지 및 바이오에너지를 확산시켜 나가고 있다. 이런 논의를 하는데 있어서 국회가 제대로 된 역할을 하는데 조금이라도 이바지할 수 있어야 한다. 국회가 핵발전소 감시와 같은 일에 보다 더 많은 권한을 갖고 행정부를 견제해야 할 뿐만 아니라 핵발전소 문제를 공론화하는 데도 보다 더 적극적인 역할을 해야 할 것이다.[36] 따라서 독일의 실례에서도 확인할 수 있듯이, 대안에너지의 존재 여부가 시민의 인식에 큰 영향을 준다. 핵에너지가 아닌 다양한 대안 에너지의 가능성을 보여줄 때 핵발전소를 둘러싼 논의도 더욱 더 활발해 질 수 있을 것이다. 이런 논의를 통해 국회가 제 역할을 하는데 조금이라도 이바지할 수 있어야 한다.

넷째, 한국사회에서 원전마피아를 하루 빨리 해체할 수 있는 제도적 여건을 마련해야 한다. 지난 2014년 4월 16일 세월호 침몰사건 이후 마피아라는 단어는 관피아(공무원+마피아), 철피아(철도+마피아), 모피아(재정경제(MOFE)관료+마피아), 해피아(해양수산부관료+마피아) 등으로 불리면서 진화 내지 응용되고 있다. 이들 문제의 핵심은 카르텔, 즉 업계 안에서 학연과 지연, 예산 등으로 복잡하게 얽혀 각자의 이익을 좇는 패거리 현상을 보이는데 있다. 이러한 마피아 현상은 학계와 각종 위원회에 포진한 특정학교 출신들은 산업계와 연결되면서 자연스럽게 형성되었다.[37] 원자력은 비전공

36) 『프레시안』, 2013. 8, 22.

37) 김성환 · 이승순, 『한국원전 잔혹사』, 철수와 영희, 2014, 100쪽.

자가 알 수 없는 한계를 갖고 있다. 문제는 원전사고가 전문가와 비전문가와 상관없이 일어난다는데 있다. 물론 한국사회에서 좁은 원자력계 인력 풀의 한계, 과학성과 전문성이라는 조건으로 인해 쉽게 매듭을 풀기 어려운 측면이 있다.[38] 하지만 원전에 대한 철저한 감독과 감시는 국민의 안전을 위해 당연히 해야 함은 물론이거니와 국민과 눈높이를 맞출 수 있도록 시민사회 참여를 지속적으로 개방해야 한다. 이런 변화의 개방을 위해 지난 2004년 참여연대 시민과학센터가 주도한 '시민합의회의'를 경험을 확대하여 적극 도입할 필요가 있다.

38) 김성환 · 이승순, 앞의 책, 107쪽.

참고문헌

제1장. 에코담론의 철학

가토우 히사티케, 한귀현 옮김, 『환경윤리』, 동남기획, 2001.

강호정, 「환원주의를 극복하려는 생물학」, 최재천 · 주일우 엮음, 『지식의 통섭』, 이음, 2007.

구승회(2001), 『생태철학과 환경윤리』, 동국대학교 출판부, 2001.

김명식, 「환경위기의 원인」, 『환경, 생명, 심의민주주의』, 범양사 출판부, 2002.

김성진, 「철학적 인간학의 생태학적 과제」, 송상용 외, 『생태문제와 인문학적 상상력』, 나남출판, 1999.

______, 「환경미학과 썩음의 미학」, 『환경철학』, 제6집, 한국환경철학회, 2007.

김진, 『퓌지스와 존재사유-자연철학과 존재론의 문제들』, 문예출판사, 2003.

노희정, 「도덕공동체의 확장과 도덕적 의무」, 『환경철학』, 제6집, 한국환경철학회, 2007.

도널드 워스터, 강헌 · 문순홍 옮김, 『생태학, 그 열림과 닫힘의 역사』, 아카넷, 2002.

맥닐, J.r., 『20세기 환경의 역사』, 홍욱희 옮김, 에코리브르, 2008.

문순홍, 『생태학의 담론』, 아르케, 2006.

______, 「생태여성론, 그 닫힘과 열림의 이론사」, 문순홍 편저, 『생태학의 담론』,솔, 1999.

박이문, 「생태학적 합리성과 아시아 철학」, 숲과 문화연구회편, 『숲께 드리는 숲의 철학』, 철학과 현실사, 2006.

______, 『환경철학』, 미다스북스, 2002.

박준건, 「생태적 세계관, 생명의 철학」, 『인문학과 생태학』, 백의, 2001.

북친, 머레이, 「사회생태론의 철학」, 문순홍 옮김, 솔, 1997.

송명규, 『현대생태사상의 이해』, 도서출판 따님, 2004.

송상용, 「휴머니즘과 환경위기」, 『생태문제와 인문학적 상상력』, 나남출판, 1999.

슈지, 오제키 외, 『환경사상 키워드』, 김원식 옮김, 알마, 2007

숲과 문화연구회편, 『숲께 드리는 숲의 철학』, 철학과 현실사, 2006.

이도흠, 「전지구적 차원의 환경위기」, 『인류의 위기에 대한 원효와 마르크스의 대화』, 자음과 모음, 2015.
이상헌, 『생태주의』, 책세상, 2011.
양해림, 『대학생을 위한 서양철학사』, 집문당, 2015.
______, 『디오니소스와 오디세우스의 변증법』, 철학과 현실사, 2000.
장춘익,「생태철학: 과학과 실천사이의 지적 사상력」, 송상용 외, 『생태문제와 인문학적 상상력』, 나남출판, 1999.
정민걸, 「환경철학에서 생태적 접근의 한계」, 『환경철학』, 제7집, 한국환경철학회, 2007.
한면희, 『동아시아 문명과 한국의 생태주의』, 철학과 현실사, 2009.
______, 『미래세대와 생태윤리』, 철학과 현실사, 2007.
진교훈, 『환경철학』, 민음사 1998.
칼렌바크, 어니스트, 노태복 옮김, 『생태학 개념어 사전』, 에코리브르. 2009.
호지, 헬레나 노리베리 · 시바, 반다나, 홍수원옮김,『진보의 미래』, 두레, 2006.
황수영, 「생태학적 관점에서 본 베르그손의 자연관」, 경상대학교 인문과학연구소편, 『인문학과 생태학』, 백의, 2001.
홍기빈, 『아리스토텔레스, 경제를 말하다』, 책세상, 2001.
화이트, 린, 주니어, 강일휴 옮김, 『중세의 기술과 사회변화』, 지식의 풍경, 2005.
Bowler, P. J., The Science of Ecology. 2nd ed., Orlando, FL: Saunders College Publishing, 1994.
Capra, Fritjof, *The Web of Life: A New Scientific Understanding of Living System*, New York: Ander Books,1966
David Griffin, Albany, *Postmodern Spirituality, Political Economy and Art,* N.Y: State University of New York Press., 1990.
DesJardins, J. R., 『환경윤리』, 김명식 옮김, 자작나무, 1999.
Haeckel, Ernst, *Generelle Morphologie der Organismen: Allgemeine Grundzüge der organischen Formen-Wissenschaft. mechanische begründet durch die von Charles Dawin reformierte Descendenz-Teorie.* vols. Berlin; G. Remar, 1866.
Jonas, Hans, *Das Prinzip Verantwortung, Versuch einer Ethik für technologische Zivilisation,* Frankfurt. a.M. , 1979.(이진우 옮김(1994), 『책임의 원칙: 기술시대의 생태학적 윤리』, 서광사.)
Kirchner, J. W., "The Gaia Hypothesis: Are They Testable? Are They Useful?" in: Schneider, S. H. and P. J. Boston eds, Scientist on Gaia, MIT Press, 1992.
Leopold, Aldo, A *Sand County Almanac and Sketches Here and There,* New York: Oxford University Press, 1996.

Macy, Joanna, "The Ecological Self: Postmodern Ground for Right Action." in:Sacred Interconnections, 1990.
Meyer-Abich, Klaus Michael, Wege zum Frieden mit der Natur, München, 1984.
________________________, "Naturphilosophie auf neuen Wege," Osward Schwemmer(Hg.), Über Natur, Frankfurt. a. M. 1987.
Morrison, Roy, *Ecological Democracy,* South End Press, 1995(『생태민주주의』, 노상우 · 오성근 옮김, 교육문화사,) 2005.
Naess, Arne, "The Shallow and Deep, Long-Range Ecology Movement", *inquiry,* Vol. 16, Spring, 1973.
________, *Ecology, Community and Lifestyle,* Cambridge University Press, 1989.
________, "The Deep Ecological Movement; Some Philosophical Aspects", Micheal E. Zimmerman, ed. *Environment Philosophy,* New Jersey: Prentice Hall, 1998.
Nash, Roderick Frazier, *Wilderness and the American Mind,* New Haven; Yale University Press, 1967.
____________________, *The Right of Nature : A History of Enviromental Ethics,* Madison: University of Wisconsin Press, 1989.
Odum, E. and Barrett, G. W., *Fundamentals of Ecology*(5th Ed), Brooks Cole. 1990
Rolston III, Holmes, "Values in and Duties to the Natural Rights," David Schmidtz(Hg.), Enviromental ethics, Oxford University, 2002.
Tayler, Miller, Jr. G., *Essentials of Ecology,* 3rd ed., Brooks/Cole, Thomson Learning, 2005
White, Jr., Lynn, "The Historical Roots of Our Ecologic Crisis", in: *Science,* 155. 1967.
Zimmermann er. al(eds), *Enviromental Philosophy,* Englewood Cliffs. 1993.

제2장. 마르크스의 에코담론

권정임, 「비결정론과 생태적 합리성-비결정론에 대한 맑스의 생태사회론의 양가성 비판과 변형」, 『환경철학』 제9집, 2010.
_____, 「근대성과 맑스-생태문제를 중심으로-」, 『철학연구』, 대한철학회, 제104집, 2007.
그룬트만, 라이너, 『마르크스주의와 생태학』, 박만준 · 박준건 옮김, 동녘, 1995.
김영균, 『맑스, 탈현대적 지평을 열다』, 메이데이, 2007.
김창호, 「자연 속에서의 인간의 지위」, 『마르크스의 역사적 유물론과 인간론』, 도서출판 죽산, 1991.

뤼티겐, 스벤, 「비자연적 역사?」, 『뉴레프트리뷰』, 정태훈 옮김, 2011/3, 도서출판 길, 2011.
메리 필드, 앤디, 『매혹의 도시, 맑스주의를 만나다』, 남청수 외 옮김, 도서출판 서울, 2005.
박이문, 「생태학적 합리성과 아시아 철학」, 숲과 문화연구회편, 『숲께 드리는 숲의 철학』, 철학과 현실사, 2006.
______, 『예술과 생태』, 미다스북스, 2010.
서양근대철학회 엮음, 『서양근대윤리학』, 창비, 2010.
서영표, 「한국의 녹색담론과 사회주의」, 『진보평론』, 제40호, 메이데이, 2009.
알뛰세, 루이, 『마르크스를 위하여』, 이화숙 옮김, 백의, 1990.
양해림, 「생태위기와 베이컨의 유토피아적 기획-한스 요나스의 베이컨의 유토피아주의의 비판을 중심으로」, 『에코 · 바이오테크시대의 책임윤리-과학기술의 진보와 이성』, 철학과 현실사, 2005.
______, 『대학생을 위한 서양철학사』, 궁미디어(충남대학교 출판부), 2009.
______, 「생태담론의 연원(淵源)적 고찰」, 『환경철학』, 제9집, 2010.
______, 「생태민주주의와 생태공동체적 사유」, 『환경철학』, 제10집, 2010.
______, 「헤겔의 법철학과 공동체주의-도덕성과 인륜성을 중심으로-」, 『철학연구』, 제117집, 대한 철학회 2011.
이성백, 「마르크스의 자연문제와 생태론」,『사회철학대계4』, 민음사, 1998.
이진경, 『맑스주의와 근대성-주체생산의 역사이론을 위하여』, 문화과학사, 1997.
______, 『미래의 맑스주의』, 그린비, 2006.
최병두, 「자연의 지배, 탈소외, 승인-맑스주의적 생태학에서 인간과 자연간 관계의 재고찰」, 『도시연구』, 제3호, 1997.
______, 「마르크스의 생태학과 생산적 환경정의」,『비판적 생태학과 환경정의』, 한울, 2010.
최형익, 『마르크스의 정치이론』, 푸른숲, 1999.
포스터, 존 벨라미, 『마르크스의 생태학』, 이범용 옮김, 인간사랑, 2010.
______________, 『생태혁명』, 박종일 옮김, 인간사랑, 2010.
______________, 「자본주의에서 사회주의로의 이행과 생태」, 김철규 외 옮김, 『생태논의의 최전선』, 필맥, 2009.
______________, 『환경과 경제의 작은 역사』, 현실문화연구, 2001.
______________, 『생태계의 파괴자 자본주의』, 추선영 옮김, 책갈피, 2008.
Adorno , Th. W., "Die Idee der Naturgeschichte", *Gesammelte Schriften I,* Frankfurt. a.M. 1933.
Arendt, Hannah, *The Human Condition,* Chicago; University of Chicago Press, 1958(한나 아렌트, 『인간의 조건』, 이진우 외 옮김, 한길사, 1996.)

Bacon, Francis, *Novum organon, in The Works of F. Bacon*, iv. Stuttgart, 1986.

____________, *The Great Instauration and New Atlantist,* Harlan Davidson, 1980.

Bahro, Rudolf, *Elemente einer neuen Politik. Zum Verhältnis von Öklogie uns Sozialismus,* Berlin, 1980.

Benton, Ted, "Marxism and Natural Limited", in: *New Left Review,* No. 178. 1989.

Bookchin, Muray(1983), *Toward an Ecological Society,* Montreal, 1983.

Bramwell, Anna, *Ecology in the Twentieth Century,* New Haven, Conn: Yale University Press, 1989.

Bukharin, *Historical Materialism,* Eckersley, Robyn, *Environmentalism and political Theory,* New York: State University of New York Press, 1992.

______________, "Socialism and Ecocentrism", in: T. Benton(Hg.), *The Greenting of Marxism,* New York, 1996.

Fetscher, Iring, "Hegel-Feuerbach-Marx", *Hegel-Studien,* Bd. 2. Berlin. 1963.

Giddens, Anthony, *A Contemporary Critique of Historical Materialism,* London; Macmillan, 1981.

Goldblatt, David, *Social Theory and the Environment,* Boulder, Colo: Westview Press, 1996.

Hegel, G.W.F., *Grundlinien der Philosophie der Rechts,* Frankfurt. a. M, 1987.

Habermas, Jürgen, *Erkenntnis und Interesse,* Frankfurt. a. M, 1968.

Korsch, Karl, *Marxismus und Philosophie,* Leipzig, 1930.

Kyoung-Soo, Kim, Zum Begriff der Philosophie im Vormarz, Freien Universität, Bern, 1998.

Lipietz, Alian, "Die politische Ökologie und die Zukunft des Marxismus", in: *Argument-Sonderband* Neue Folge, Berlin/Hamburg, 1998.

Marx, Karl, und Engles, F., *Grundrisse der politischen Ökonomie,* MEW 42, Berlin, 1985.

________, *Texts on Method,* Terrell Carver(Trans), Oxford; Blackwell, 1975.

________, *Differenz der demokritischen und epiureischen Naturphilosophie*(『데모크리토스와 에피쿠로스 자연철학의 차이』, 고병권 옮김, 그린비, 2001.) Berlin, 1985.

________, und Engles, F., *Ökonomische-philosophische Manskripte(1844), MEW 40.* Berlin, 1985.

________, und Engles, F., *Kapital,* 3. Berlin, 1985.

________, *Deutsche Ideologie,* MEW 3. Berlin, 1985.

Meyer-Abich, Klaus Michael,"Naturphilosophie auf neuen Wege", Osward Schwemmer(Hg.), Über Natur, Frankfurt. a. M. 1987.

Nove, Aloc, "Socialism", in J. Eatwell(Ed.), *The New Palgrave Dictionary of Economics,* vol. 4.

New York: Stockton, 1987.

Ottmann, Hennig, "Der Begriff der Natur bei Marx-Überlegungen im Light ökologischer Fragestellungen", in: *Zeitschrift für philosophische Forschung,* Bd. 39-2, 1985.

Quaini, Massimo, *Geography and Marxism,* Totowa, N. J: Barnes & Noble, 1982.

Reddift, Michael, and Woodgate, Graham, "Sociologie and Environment,'" Michael Reddift and Tesd Benton(ed.), *Social Theory and Global Environment,* New Haven, Conn: Yale University Press, 1989.

Schmidt, Alfred, *Der Begriff der Natur in der Lehre von Marx,* Hamburg, 1993.

Schmied-Kowarzik, Wolfdietrich, *Das Dialektische Verhältnis des Menschen zur Natur: Philosophiegeschichliche Studien zur Naturproblematik bei Karl Marx,* Freiburg/München, 1984.

Spaemann, Robert, "Technisch Eingriffe in die Natur als Problem der politischen Ethik", in; Dieter Birnbach(Ed.), *Ökologie und Ethik,* Stuttgart: Reclam, 1991.

Vaillancourt, Guy, "Marxism and Ecology: More Benedictine than Franciscan," in Ted Benton, ed., *The Greenting of Marxism,* New York: Guilford, 1996.

White, Jr. G., "The historical Roots of our Ecologic Crisis", in: *Science,* 155, 1967.

제3장. 생태적 근대화와 에코민주주의

강정인, 『민주주의의 이해』, 문학과 지성사, 2000.

______, 『서구중심주의를 넘어서』, 아카넷, 2004.

고르. 앙드레, 임희근 · 정혜용 역, 『에콜로지카 -정치적 생태주의, 붕괴 직전에 이른 자본주의의 출구를 찾아서』 서울: 생각의 나무, 2008.

구도완, 「환경철학과 환경운동」, 『한국환경철학회 · 한국사회학회 가을공동학술대회 자료집』, 2005.

김명식, 『환경, 생명, 심의민주주의』 서울:범양사, 2002.

______, 『환경과 숙의민주주의』, 철학과 현실사, 2009.

김정욱, 『나는 반대한다 -4대강 토건공사에 대한 진실 보고서-』, 느린걸음, 2010.

김윤성, 『그림으로 이해하는 생태사상』, 개마고원, 2009.

달, 로버트, 김왕식 외 옮김, 『민주주의』, 동명사, 2002.

드라이잭. 죤 S, 정승진 역, 『지구환경정치학담론』 서울: 에코리브로, 2005.

리프킨, 제라미, 『공감의 시대』,민음사, 2010.

___________, 『에트로피』, 이창희 옮김, 세종연구원, 2010,

리터, 요하임,『헤겔의 사회철학』, 한울. 1997.

문순홍,『생태학의 담론』 서울: 아르케, 2006.

______,『정치생태학과 녹색국가』 서울: 아르케,2006.

______편,『개발국가의 녹색성찰』 서울:아르케, 2006.

______편,『녹색국가의 탐색』 서울: 아르케. 2006b.

미래기획위원회,『녹색성장의 길: 미래를 바꾸는 그린이코노미 전략』 서울: 중앙books, 2009.

리터, 요하임, 황태연 옮김,『헤겔의 사회철학』, 한울, 1992.

벡. 울리히,『위험사회』, 홍성태 옮김, 서울: 새물결, 2006.

________,『적이 사라진 민주주의』, 정일준 옮김, 새물결, 2005.

벨. 데이비드 외. 정규호 외 역. 2005.『정치생태학』서울: 당대, 2005.

신광영,「시민사회 개념과 시민사회 형성」, 유팔무 편,『시민사회와 시민운동』, 한울, 1998.

안건훈,『환경문화와 생태민주주의』, 강원대학교출판부, 2011.

양해림,『디오니소스와 오디세우스의 변증법』, 철학과 현실사, 2000.

______,「하버마스의 생활 세계 이론(Ⅰ)— 생활 세계 이론을 통한 분단 극복의 한 시도-」『디오니소스와 오디세우스의 변중법』, 철학과 현실사, 2000.

______,「생태담론의 연원적 고찰」,『환경철학』, 제9집, 2010.

워스터. 도널드 외. 문순홍 편역,『지속가능한 사회를 향한 생태전략』 서울: 나라사랑, 1995.

이상헌,『세상을 움직이는 물』, 이매진, 2003.

장춘익 외,『하버마스의 사상』, 나남출판, 1996.

정대연,『환경주의와 지속가능한 발전』, 집문당, 2005.

조명래, "국가론의 녹색화를 위한 시론"『한국정치학회보』 36집 2호. 771-789. 2002.

______,『개발정치와 녹색진보』, 서울: 환경과 생명, 2006.

최병두,『환경사회이론과 국제환경문제』, 서울: 한울, 1995.

최병성,『강은 살아있다』, 황소걸음, 2010.

한면희, "자연환경에 대한 도덕적 고려"『철학』 서울: 한국철학회, 1996.

______,「산업 자본주의 및 사회주의 자연이념의 특성과 한계」,『환경철학』, 제3집, 한국환경철학회, 2003.

황태연.『환경정치학과 현대정치사상』서울: 나남, 1994.

홍성태,『생태사회를 위하여』, 문화과학사, 1998,

포스터, 마크,「사이버 민주주의 — 인터넷과 공적 영역」,『현대사상』 7, 한길사. Benjamin Andrew Dobson, "Representative Democracy and Environment", William M. Lafferty & James

Meadowcroft(eds.), *Democracy and the Environment,* Edward Elgar, 1996b.
Baxter, H., "System and Life-World in Habermas's Theory Communikative Action, in : *Theory and Society.* Vol. 16. 1987.
Bohnen, A., "Handlung und System in der Soziologischen Theoriebildung : Zur Kritik der Theorie des kommunikativen Handelns von Jürgen Habermas," in : *Zeitschrift für Soziologie.* Jg. Heft. 3. 1984.
Bubner, R., Rationalität als Lebensform, Zu Jürgen Habermas' Theorie des kommunikativen Handeln, in : Merkur. 36. Jg. Heft. 413. 1982.
________., *Habermas's Concept of Critical Theory,* in : J. B. Thompson / D. Held(Ed), Habermas Debates, London. 1982.
Calhoun. C.,(Hg.), *Habermas and the Public Sphere,* The MIT Press, 1992.
Capra, Fritjof, *The Web of Life: A New Scientific Understanding of Living System,* New York: Ander Books, 1966.
Carson. R. *Silent Spring.* 이태희 역. 『침묵의 봄』, 1991.
Dobson, Andrew. *Representative Democracy and the Environment, 1996.a*
______________, 1980, *Green Political Thought,* Unwin Hyman(정용화 옮김, 『녹색정치사상』, 민음사, 1993.
____________, "Representative Democracy and Environment", William M. Lafferty & James Meadowcroft(eds.), *Democracy and the Environment,* Edward Elgar, 1996.
Dawin, Charles, *The Origin of Speisies by means of Natural Seletion,* Harmondswoorth: Penguin Books, 1968.
Dahl, Robert, *Democtacy and Its Critics,* New Haven, CT: Yale university Press, 1989.
Dietz, S., Lebenswelt und System. Wiederstreitende Ansaetze in: der Gesellschaftstheorie von Jürgen Habermas, Würzburg, 1996.
Doyle, T. · McEacherm, D., 『환경정치학』, 이유진 옮김, 서울: 한울아카데미, 2002.
Dryzek, John, S. *Deliberative Democracy and Beyond.* Oxford University, 2000.
____________, 'Present Choices, Future Consequences: A Case for Thinking Strategically", World Futures, 19, 1983.
____________, *Rational Ecology. Environment and Political Economy,* Oxford: Basil Blackwell, 1987.
____________, *Deliberative Democracy and Beyond,* Oxford University Press, 2000.
Eckersley, Robyn. *Environmentalism and political theory: toward an ecocentric approach.* Albany, NY: State University of New York Press, 1992.

Gorz, A., Vigderman, P & Cloud, J (trans), *Ecology as Politics,* London: Pluto Press, 1980.

Golly, Frank, 1993, A History of the Ecosystem Concept in Ecology, New Haven, Conn; Yale University Press, 1999.

Groh, D., "Spuren der Vernunft in der Geschichte. Der Weg von Jürgen Habermas zur Theorie des kommunikativen Handelns im Schatten Max Weber", in : Geschichte und Gesellschaft. 12. Jg. 1986.

Habermas, J., *Strukturwandel der Öffentlichkeit,* Frankfurt a. M. 1969.

___________, *Theorie des kommunikativen Handelns,* Bd. 1. Frankfurt. a. M. 1985.

___________, *Theorie des kommunikativen Handelns,* Bd. II. Frankfurt a. M. 1985.

___________, "Zur philosophischen Diskussion um Marx and den Marxismus," in : *Philosophische Rundschau.* 5. Jg. Hef. 3 / 4. 1957.

Haferkamp, H., "Eine handlungstheoretische Kritik der Theorie des kommunikativen Handelns", in : *Kölner Zeitschrift für Soziologie und Sozialpsychologie.* Jg. 36. Heft. 4. 1984.

Hohendahl, P. U., "Volkssouveraenität als Verfahren. Ein normativer Begriff von Öffentlichkeit", in : *Merkur.* Heft. 6. 1989.

Horster, D., "Jürgen Habermas, Strukturwandel der Öffentlichkeit", in :*Philosophische Rundschau.* 12. Jg. 1964.

Jakob, S., Zwischen Gespräche und Diskurs. Stuttgart, 1985.

Jäger, W., Öffentlichkeit und Parlamentarismus. Eine Kritik an Jürgen Habermas, Stuttgart, 1973.

Kodalle, K., "Versprachlichung des Sakralen?" in : *Allgemeine Zeitschrift für Philosophie.* 12 /1. 1987.

Ilting, K. H., "Hegels Auseinndersetzung mit der aristotelischen Politik", in: *Philosophisches Jahrbuch,* 71. 1963.

Latour, B., "To modernse or to ecologie?" That is the Question", in Braun, B & Castree, N.(ed), Remaking Reality; Nature at the Millenium, London & New York; Routledge, 1998.

Morrison, Roy, 『생태민주주의』, 노상우 · 오성근 옮김, 교육과학사, 2005.

Mol, A. P.J., "Ecological Modernisation and Institutional Reflexivity": Environmental Reform in the Late Modern Age", *Ecological Politics,* Vol. 5. No. 2. 1996.

Naess, Arne. "The Shallow and the Deep, Long-Range Ecology Movement: A Summery",

Inquiry 16. 1973.
Ritter, J., *Zur Grundlegung der praktischen Philosophie bei Aristoteles,* in: *ARSP* 46. 1960.
Rawls, John, *The Law of Peoples,* Harvard University Press. 1999.

제4장. 기후변화와 환경위기

고진, 가라타니, 『윤리 21』, 송태욱 옮김, 사회평론, 2003.
고어, 앨, 『불편한 진실』, 김명남 옮김, 좋은 생각, 2008.
구승회, 『생태철학과 환경윤리』, 동국대출판부, 2001.
공병호, 『3년후, 세계는 그리고 한국은』, 21세기북스, 2009.
김동광, 「환경을 억누른 부시의 미국」,『한겨레21』, 2001년 04월24일 제356호.
김명식, 「기후변화의 윤리적 쟁점」, 양해림 외, 『21세기 글로벌 기후변화와 윤리적 정의(Justice)』, 충남대학교 출판문화원, 2015.
김수병 외 4인, 『지구를 생각한다』 해나무, 2009.
김일방, 「세계화가 환경에 미치는 영향과 세계화의 윤리」, 『철학연구』, 제108집, 대한철학회, 2008.
______, 『환경윤리의 쟁점』, 서광사, 2005.
김형철, 「환경위기와 세대간 분배정의 문제」, 한국사회 · 윤리연구회편, 『사회계약론』, 철학과 현실사, 1993.
데자르뎅, J. R., 『환경윤리』, 김명식 옮김, 자작나무, 1999
롤즈, J., 『사회정의론』, 황경식 옮김, 서광사, 1985.
롬보르, 비외른, 『쿨 잇-회의적 환경주의자의 지구 온난화 충격보고-』, 김기응 옮김, 살림, 2008.
리프킨, 제레미, 『수소혁명』, 이진수 옮김, 민음사, 2003.
____________, 『한계비용제로사회』, 안진환 옮김, 민음사, 2015.
마티 코어, 「인간의 지구화」, 에른스트 울리히 폰 바이체커, 『환경의 세기』, 권정임 · 박진희 옮김, 생각의 나무, 1999
먹가, 폴, 『녹색은 적색이다.』 조성만 옮김, 책갈피, 2007.
맥닐, Jr., 『20세기 환경의 역사』, 홍욱희 옮김, 에코리브르, 2008.
몬비오, 조지, 『CO2와의 위험한 동거』, 정주연 옮김, 홍익출판사, 2008.
민치리, 「기후변화, 성장의 한계, 사회주의」, 존 벨러미 포스터 외 9인/김철규 외 옮김, 『생태논의의 최전선』, 필맥, 2009.
문하영, 『기후변화의 경제학』, 매일경제신문사, 2007.

미래기획 위원회, 『녹색성장의 길』, 중앙 books, 2009.
미셸린 이샤이, 『세계인권사상사』, 조효제 옮김, 도서출판 길, 2006.
브라운, 레스터 외, 『바이탈사인 2001』, 서형원 외 옮김, 도요새, 2001.
브로이엘, 비르기트 편저, 『아젠다 21』, 윤선구 옮김, 생각의 나무, 2000.
브라이언 스키너 · 스테핀 포터, 『생동하는 지구: 지질학 입문』, 박수인 외 옮김, 시그마 프레스, 1998.
싱어, 피터, 『이 시대에 윤리적으로 살아가기-현대 사회와 실천윤리』, 구영모 외 옮김, 철학과 현실사, 2008.
________, 『세계화의 윤리』, 김희정 옮김, 아카넷, 2003.
________엮음, 김성한 외 옮김, 『응용윤리』, 철학과 현실사, 2005.
요나스, H., 『책임의 원칙: 기술시대의 생태적 윤리』, 이진우 옮김, 서광사 1994.
이연상, 『쉽게 풀어보는 기후변화협약』, 한울, 2008.
이시 히로유키 외, 『환경은 세계사를 어떻게 바꾸었는가』, 이하준 옮김, 경당, 2003.
전용호, 『교토의정서 발효와 한국의 미래』, 2005.
정원섭, 『롤즈의 공적이성과 입헌민주주의』, 철학과 현실사, 2008.
정인환, 「기후변화를 둘러싼 국제정치학, 두 '온실가스 대국'과 인도 · 중국의 반응이 관건」, 『한겨레 21』, 2007년 03월22일 제652호.
정회성, 『전환기의 환경과 문명』, 도서출판 지모, 2009.
죈트겐, 엔스 & 렐러, 아르민, 『이산화탄소-지질권과 생물권의 중개자』, 유영미 옮김, 자연과 생태, 2015.
캄프, 에르베, 『부자들은 지구를 어떻게 망쳤나』, 진민정 옮김, 에코리브르, 2008.
클레그, 브라이언, 『과짜 생태학』, 김승욱 옮김, 웅진 지식하우스, 2010.
타테이마 · 오창길 · 권혜선, 『교실 밖 펴떡이는 환경이야기』, 스마트주니어, 2016.
플레이쉐커, 새뮤얼, 『분배적 정의의 소사(小史)』, 강준호 옮김, 서광사, 2007.
『한겨레신문』, 2009년 5월 8일자.
플래너리, 팀, 『지구 온난화 이야기』, 이충호 옮김, 지식의 풍경, 2007.
Barry, B., "Intergenerational Justice in Energy Policy", D. MacLean/R. I. Brown, *Energy and the Future,* Prometheus Books, 1980.
Bentham, Jeremy, *The Principles of Morals and Legislation,* Oxford: Oxford University Press, 1907
Broome, John, *Climate Matters, Ethics in a Warming World,* New York/London, 2012.
Giddens, Anthony, *The Politics of Climate Change,* Cambridge, USA, 2009.(『기후변화의 정치학』, 홍욱희 옮김, 에코리브르, 2010.)

Held David, Anthony McGrew, David Goldblatt and Jonathan Perraton, *Global Transformations*, Stanford University Press, 1999.

Engels, Friedrich, "Dialectics of Nature, in Friedrich Engels and Karl Marx, Marx and Engels on Ecology.

Crowley, J. Thmas, Causes of Climate Change over the past 1000 Years", *Science*, 14. July. 2000.

Intergovemmental Panel on Climate Change, 'Summary for Policymakers of Synthesis Report of the IPPCC Fourth Assessment Report, November 2007,

King, Peter, N. & Mon, Hydeiuki,"Policy Selection and Diffusion Theory", *International Review for Environmental Strategies*, 7(1), 2007.

Partridge, Earneast, "Why care About the Future?", in: *Responsibilities To Future Generations,* ed by Partridge, E. Prometheus Books: New York, 1981.

Rawls, John, A Theory of Justice. Cambridge, MA: Belknap Press of Havard University Press, 1971

__________, "Distributive Justice," in: John Rawls: Collected Papers, Edited by Erin Kelly. Cambridge, MA: Havard University Press 1999.

Spratt, David, "The Big Melt: lessons from the Arctic Summer of 2007," October 2007.

http: www.jpoc.ch.

제5장. 기후변화와 윤리적 정의

김명식, 「기후변화의 윤리적 쟁점」, 『환경철학』, 제14집, 한국환경철학회, 2012.

______, 「기후변화, 사회적 활인율 숙의민주주의」, 『범한철학』, 제76집, 범한철학회, 2015.

김재진, 「소득재분배 문제와 정책적 대안」, 참여연대 사회복지위원회편, 『한국 사회복지의 현실과 선택』, 나눔의 숲, 2007.

기든스, 앤서니, 『기후변화의 정치학』, 에코리브르, 2010.

롤즈, 존, 『정의론』, 황경식 옮김, 서광사, 1996.

리프킨, 제라미, 『3차 산업혁명』, 안진환 옮김, 민음사, 2012.

미슬린, 마크, 『기후변화의 정치경제학』, 조홍섭 옮김, 한겨레출판, 2013.

벡, 울리히, 「변화의 기후인가 아니면 녹색 근대가 어떻게 가능할까?」, 하랄드 벨처 외, 『기후문화-기후변화와 사회적 현실』, 성균관대학교 출판부, 2013.

벨처, 하랄드 외, 『기후문화-기후변화와 사회적 현실』, 성균관대학교 출판부, 2013.

양해림, 「기후변화와 책임윤리」, 『환경철학』, 제8집, 한국한경철학회, 2009.

_____, 『한스 요나스의 생태학적 사유읽기-책임의 원칙 독해-』, 충남대학교 출판문화원, 2013.

_____, 「지구적 기후변화와 탈핵의 정치」, 『환경철학』, 제18집, 한국환경철학회, 2014.

_____외 7인, 『21세기 글로벌 기후변화와 윤리적 정의(Justice)』, 충남대학교출판문화원, 2015.

앵거스, 이안엮음,『기후정의』, 김현우외 옮김, 이매진, 2012.

윤순진, 「공유지 비극론을 통해 본 기후변화 대응과 기후정의: 당위와 현실의 간극」, 양해림 외, 『21세기 글로벌 기후변화와 윤리적 정의(Justice)』, 충남대학교 출판문화원, 2015.

이상욱, 「학제간 과학철학 연구의 두 방향: 간학문 STS와 다학문 STS」, 『과학기술학연구』 5(2): 1-21. 2005.

존스턴, 데이비드, 『정의의 역사』, 정명진 옮김, 부글, 2001.

Bert, Bolin, *A History of the Science and Politics of Climate Change: The Role of the Intergovernmental Panel on Climate Change*, Cambridge: Cambridge University Press, 2007.

Broome, John, *Climate Matters, Ethics in a Warming World,* New York/London, 2012

Caplow, Louis and Shavell, Steven, *Fairness Versus Welfare,* 12. 2005.

Climate Change, Samall ISSland Developing State, UNFCCC, 2005.

___________, “threans unprecedented human development reversal", UNDP News Release, 11. 27. 2007.

Darly J. Levinson, Stanford Law Review, 345. 2003.

Dietric, Frank/Zanetti, Veronique, *Phiilosophie der international Politik,* Hamburg, 2014.

Eduardo M. Penalver, Acts of God or Torts? Applying Tort Principles to the Problem of Climate Change, 38. natural Resources Journal 563. 1998.

Gardiner, Stephen M. et al. (eds.), *Climate Ethics: Essential Readings*, Oxford: Oxford University Press, 2010.

Hunter, David and Salzman, James, Negligence in the Air: "The Duty of Care in Climate Change Litigation," 155 *University of Pennsylvania Law Review* 174. 2007.

Kuhn, Thomas, S., *The Road Since Structure*, Chicago, IL: University of Chicago Press 2010.

IPCC WG III Report, supra n. 12. 2007.

Konrad, Ort, *Umwelt zur Einführung,* Hamburg, 2010.

Mayell H., "UN Highlights World Water Crisis", *National Geographic News*. June 5. 2003.

Nussbaum, Martha, *Frontiers of Justice*, Vanderheiden, supra, n.4. 2005.

Posner, Eric A. /Weisbach, David, *Climate Change Justice,* Princeton University, 2010.

Singer, Peter, *One World. The Ethics of Globalization*, 2. Aufl. New Haven/London, 2004.
The Economics of individual versus Group punishment, 46, *Journal of Studies* 81.2007.
UNDP, Human Development Report, 2007/2008.
Von Soest, *Peace and social justice as integral part of the social work curriculum: A North American perspectives. social Work: Australian social work* 45,10. 1999.
Williams and Sen Williams, Bernard and Sen, Amartya (eds.), *Utilitarianism and Beyond*, Cambridge: Cambridge University Press, 1982.

제6장. 기후변화와 공감, 그리고 확장

그린, 브라이언, 『우주의 구조』, 박병철 옮김, 승산, 2007.
김혜숙, 「세계시민사회와 평화의 정초」, 「철학과 현실」, 2014.
리프킨, 제레미, 『공감의 시대』, 이경남 옮김, 민음사, 2010.
____________, 『엔트로피』, 이창희 옮김, 서울, 세종연구원, 2006.
____________, 『3차산업혁명』, 안진환 옮김, 민음사, 2012.
____________, 『한계비용제로사회』, 안진환 옮김, 민음사, 2015.
박성희, 「공감학-어제와 오늘」, 학지사, 2010.
양해림, 「세계시민주의와 세계시민권 -하버마스의 논의를 중심으로-」, 「동서철학연구」, 제74집, 한국동서철학회, 2014.
에얼릭, · 온스타인, 로버트, 『공감의 진화』, 고기탁 옮김, 에이도스, 2012.
임현진, 「지구시민사회의 구조와 역학: 이론과 실제」, 나남, 2012.
_____, 「복합위기 시대와 지구시민사회」, 「철학과 현실」, 2014.
슈뢰딩거, 에르빈, 『생명이란 무엇인가 · 정신과 물질』, 전대호 옮김, 서울, 궁리, 2013.
정갑수, 「물리법칙으로 이루어진 세상」, 다른, 2007.
칸트, 임마누엘, 『영구평화론』, 이한구옮김, 서광사, 2008.
호프만, 마틴, 『공감과 도덕발달-배려와 정의를 위한 함의들-』, 박재주 · 박균열 옮김, 철학과 현실사, 2011.
Bernard J. Baars, Nicole M. Cage, 『인지, 뇌, 의식』, 교보문고, 2011.
Gorden, Mary, *Roots of Empathy*, Toronto, 2005.
Habermas, Jürgen, *Zur Verfassung Europas Ein Essay*, Suhrkamp, 2012.
______________, *"Hat die konstitutionalisierung des Völkerrechts noch eine Chance", Der gespaltene Westen*, Frankfurt a. M. 2004.
______________, *Die Einbeziehung des Anderen*, Frankfurt. a. M. 1996.

Menke, Christoph/Pollmann, Arnd, *Philosophie der Menschenrechte zur Einführung*, Hamburg, 2012.
http:www.ipcc/publication_and _data/ar4/syr/en/frontmattersforeword.html.
Tomlinson, John, *Globalization and Culture*. Chicago: University of Chicago Press, 1999.

제7장. 기후변화와 탈핵의 정치

김명식, 「원자력과 숙의민주주의」, 『환경철학』, 제13집, 한국환경철학회, 2012.
김익중, 『한국탈핵』, 한타재, 2013.
김현우, 「한국사회의 탈핵 시나리오를 생각한다.」 박진희 외 『탈핵』, 이메진, 2011.
노진철, 『불확실성 시대의 위험사회학』, 한울, 2010.
로젠크란츠, 게르트, 『왜 원전을 폐기해야 되는가』, 박진희 · 정계화 옮김, 시금치, 2011.
박진희, 「시민참여와 재생가능에너지 정책의 새로운 철학」, 『환경철학』, 제16집, 한국환경철학회, 2013.
벡, 울리히, 『글러벌 위험사회』, 박미애 · 이진우 옮김, 길, 2010.
________, 『위험사회-새로운 근대(성)를 향하여-』, 새물결, 1997.
양해림, 「기후변화와 책임의 윤리」, 『환경철학』, 제8집, 한국환경철학회, 2009.
______, 『에코 · 바이오테크시대의 책임윤리』, 철학과 현실사, 2007.
______, 『한스 요나스(Hans Jonas)의 생태학적 사유읽기』, 충남대학교 출판문화원, 2013.
염광희, 『잘가라, 원자력-독일 탈핵 이야기』, 한울, 2012.
조폐, 헬렌, 『위험사회와 타자의 논리』, 박종연 · 박해광 옮김, 한울, 2012.
윤순진, 「에너지 전환을 위한 중단기 정책과 전략-에너지 전환, 어떻게 가능할 수 있는가?」, 『탈핵과 문명전환』, 탈핵선언교수 신년세미나, 2013. 01.10.
알레그르, 클로드, 『원자력, 대안은 없다』, 이소영 옮김, 흐름출판, 2011.
안준호, 『핵무기와 국제정치』, 열린책들, 2011.
이유진, 「사회 환경갈등의 씨앗, 원자력」, 김수진 외, 『기후변화의 유혹, 원자력』, 도요새, 2011.
이필렬, 『에너지 대안을 찾아서』, 창작과 비평사, 2002.
정희성, 「원자력은 안전한가」, 김수진 외, 『기후변화의 유혹, 원자력』, 도요새, 2011.
홍성태, 『위험사회를 넘어서』, 새길, 2000.
______, 『대한민국 위험사회』, 당대, 2007.
『한겨레』, 2014년 1월 15일자.
『프레시안』, 2013. 8.22.

『오마이뉴스』, 2012.03.05.
『오마이뉴스』, 2014.01.19.
Beck, Ulrich · Giddens, Anthony · Lash, Scott, *Reflexive Modernisierung Eine Kontroverse,* Frankfurt a. M. 1996.
Broome, John, *Climate Matters Ethics in a Warming World,* New York, London, 2012.
Jonas, Hans, *Das prinzip Verantwortung, Versuch einer für technologische Zivilisation,* Frankfurt a. M. 1979.
Gardiner, Stephen M./Caney, Simon/Jamieson, Dale/Shue, Henry, *Climate Ethics essetial Reading,* Oxford University Press, 2010.
Ott, Konrad, *Unweltethik zur Einführung,* Hanburg., 2010.
Posner, Eric A/Weisbach, David, *Climate Change Justice,* Princeton University Press, 2010.
www.khnp.co.kr

제8장. 기후변화, 에코(ECO)철학으로 응답하다

고진, 가라타니, 『윤리 21』, 송태욱 옮김, 사회평론, 2003.
김성환 · 이승순, 『한국원전 잔혹사』, 철수와 영희, 2014.
김일방, 「세계화가 환경에 미치는 영향과 세계화의 윤리」, 『철학연구』, 제108집, 대한철학회, 2008.
김정욱, 『나는 반대한다 -4대강 토목공사에 대한 진실 보고서』, 느린 걸음, 2010.
드라이잭, 존. S., 『지구환경정치학담론』, 정승진 옮김, 에코리브르, 2005.
리프킨, 제레미, 『공감의 시대』, 민음사, 2010.
맥닐,J.R. 『20세기 환경의 역사』, 홍욱희 옮김, 에코리브르, 2008.
문하영, 『기후변화의 경제학』, 매일경제신문사, 2007.
민치리, 「기후변화, 성장의 한계, 사회주의」, 존 벨러미 포스터 외 9인/김철규 외 옮김,『생태논의의 최전선』, 필맥, 2009.
미슬린, 마크, 『기후변화의 정치학』, 조홍섭 옮김, 한겨레출판, 2013.
비외른, 롬보르, 『쿨잇-회의적 환경주의자의 지구 온난화 충격보고-』, 김기응 옮김, 살림, 2008.
비른바하, 디터, 「기후책임은 분담의 문제다.」, 하랄드 벨처 외, 『기후문화-기후변화와 사회적 현실』, 성균관대학교 출판부, 2013
벡, 울리히, 『적이 사라진 민주주주의』, 정일준 옮김, 새물결, 2005.

양해림, 『한스 요나스의 생태학적 사유읽기』, 충남대학교 출판문화원, 2013.
최병성, 『강은 살아 있다』, 황소걸음, 2010.
코어, 마티, 「인간의 지구화」, 에른스트 울리히 폰 바이체커, 『환경의 세기』, 권정임 · 박진희 옮김, 생각의 나무, 1999.
환경재단, 『2030 에코리포트, 파리기후변화의 특별판』, 환경재단, 2016.
『프레시안』, 2013. 8. 22.
『오마이뉴스』, 2012. 03. 05.
David, Held, Anthony McGrew, David Goldblatt and Jonathan Perraton, *Global Transformations*, Stanford University Press, 1999.
Eric A. Posner/David Weisbach, *Climate Change Justice,* Princeton university Press, 2010.
Habermas, Jürgen, *Die Einbeziehung des Anderen,* Frankfurt. a.M. 1996.
_______________, *Zur Verfassung Europas Ein Essay,* Suhrkamp, 2012.
Jonas, Hans, *Das prinzip Verantwortung, Versuch einer für technologische Zivilisation,* Frankfurt a. M. 1979.
Kuhn, Thomas S., *The Structure of Scientific Revolutions,* 2010.
Morrison, Roy, Ecological Democracy, South End Press, 1995(『생태민주주의』, 노상우 · 오상근 옮김, 교육문화사, 2005.)
Menke, Christoph/Pollmann, Arnd, *Philosophie der Menschenrechte zur Einführung,* Hamburg, 2012.
http://www.khnp.co.kr

찾아보기

찾아보기

ㄱ

ㅇ

ㅈ

ㅊ

ㅋ